KB042188

100세 시대, 재앙이 아닌 축복으로

노후설계
행복 콘서트

100세 시대, 재앙이 아닌 축복으로

노후설계 행복 콘서트

초판 1쇄 발행일 2023년 4월 28일
초판 2쇄 발행일 2023년 6월 5일

지은이 김재철
펴낸이 양옥매
디자인 표지혜
마케팅 송용호
교 정 조준경

펴낸곳 도서출판 책과나무
출판등록 제2012-000376
주소 서울특별시 마포구 방울내로 79 이노빌딩 302호
대표전화 02.372.1537 **팩스** 02.372.1538
이메일 booknamu2007@naver.com
홈페이지 www.booknamu.com
ISBN 979-11-6752-309-9 (03320)

100세 시대, 재앙이 아닌 축복으로

노후설계
행복 콘서트

· 김재철 지음 ·

책과나무

훌륭한 노후설계 가이드북

사람은 누구나 때가 되면 은퇴한다. 은퇴했다고 해서 사회와 격리되는 것이 아님에도 불구하고, 인적 네트워크 단절과 경제적 어려움 등으로 인간의 존엄이 위협받는다면 과연 성공한 삶이라 할 수 있겠는가.

이런 측면에서 저자는 은퇴 이후 본인이 하고 싶었던 박사 학위를 받았고, 대학 강의를 나가는 등 성공적인 인생 후반전을 보내고 있다고 해도 과언이 아닐 듯하다.

저자의 추천서 부탁을 받고서 원고를 읽어 보았더니, 실업급여 신청 방법, 건강보험료 절약 방법, 자식에 대한 상속과 증여 문제 등 노후 생활에 필요한 지혜들이 골고루 담겨 있어 훌륭한 노후설계 지침서가 되리라 생각한다. 특히 저자 본인의 노후 생활 실전 경험이 책 속에 고스란히 녹아 있다.

모쪼록 이 책이 많은 분께 삶의 지혜와 즐거움을 동시에 제공하는 은퇴 설계 가이드북으로 오랫동안 사랑받기를 기대한다.

김주하 · 삼일회계법인 상임고문

행복한 노후를 준비하는 완벽한 길잡이

미래를 준비하는 과정은 삶의 주기(life cycle)에 따라 달라지게 마련이지만, 궁극적으로는 행복한 노후를 위한 은퇴에 초점이 맞추어진다.

다행히 최근 노후 생활을 준비하는 책들이 발간되고 있으나 대부분 거시적 관점을 제시하거나 피상적 설명에 그치고 있다. 그러던 차에 다양한 금융회사에서 오랜 기간 금융 업무를 경험한 저자가 노후 준비를 위한 쉽고 재미있는 책을 발간하게 된 일은 무척 반갑고 뜻깊은 일이라 하겠다.

이 책은 우리가 살아갈 미래에 어떤 세상이 올 것인지 살펴본 후, 행복한 노후를 위한 은퇴 준비에는 무엇이 있는지를 알아보고, 100세 시대를 살아가는 다양한 방법을 제시하고 있다. 또한 경제 문제에 한정되지 않고 가정생활과 시간 위험에 대비하는 방법 등 전반적인 삶으로 생각의 범위를 넓히고 있다.

행복한 노후를 준비하는 많은 독자에게 친절하고 충실한 안내서가 되리라 믿어 의심하지 않는다.

임 경 · 수원대학교 경상대학 교수

은퇴 전 확인해야 할 체크리스트

2025년에는 한국의 65세 이상 고령인구가 1,000만 명을 넘어선다. 총인구 대비 20.6%로 인구 5명 중 1명이 65세 이상이 된다. 이쯤 되면 노후 걱정은 일부 은퇴자의 문제가 아니라 사회적 문제가 된다.

바야흐로 노후는 일상이 되지만, 우리 사회에서 노후는 아직도 낯설다. 은퇴 후 생활은 지금보다 경제적으로 훨씬 힘들 테고, 갑자기 주어진 많은 여유 시간은 어떻게 써야 할지 몰라 당황스러우며, 어떻게 노후 준비를 해야 할지는 막막하기만 하다. 이 책은 경제적 위험, 건강 위험, 자식 위험, 시간 위험 등 노후에 닥칠 다양한 위험들을 대비할 아이디어를 제공해 준다.

은퇴 후 펼쳐질 노후가 어떨지 궁금하다면 이 책을 펴 보라. 그리고 무엇을 준비할지 체크리스트를 만들어 보자. 설사 100점짜리 정답을 구하진 못하더라도, 적어도 제대로 된 방향은 구할 수 있을 것이다.

박병률 · 경향신문 경제부장

은퇴 후의 미래를 밝히는 길라잡이

우리는 이미 100세 시대를 살고 있지만, 너무 빨리 찾아온 은퇴기의 중장년은 불안하기만 하다. 노후설계를 해야지 하는 막연한 생각만 갖고 있고, 정작 실천에 옮기는 사람은 많지 않다.

은퇴 후의 달라지는 생활 패턴을 위해 이 책은 두려워하지 말고, 경제 · 자식 · 시간 · 건강의 네 가지 위험에 대비할 것을 강조한다.

지금의 변화에 대한 대비는 미래를 결정한다. 이 책은 그 변화를 미세하게 읽어 내고 어둠을 밝히는 길라잡이가 되어 줄 것이다.

김원규 · 이베스트투자증권 대표

100세 시대는 축복이다 ▶▶▶

　불로초를 구해서 불로장생을 꿈꾸었던 진시황제도 50년을 채 살지 못했고, 조선 시대 27명의 임금도 평균 47세밖에 살지 못했다. 아프지 않고 오래 살고 싶은 것은 어찌 보면 인간의 오랜 염원이자 본능이라 하겠다. 수년 전부터 회자하던 100세 시대가 이제는 일상용어로 자리 잡았으며, 재수 없으면 120세까지 살아야 한다고 걱정을 한다. 장수의 상징이었던 환갑잔치가 사라진 지도 꽤 오래되었고, 우리나라 사람들의 기대 수명도 83.6세(21년 기준)로 세계 2위를 기록하고 있다.

　이렇듯 인간의 본능이자 영원한 로망이었던 장수 시대가 우리에게 왔지만, 사람들은 오래 사는 것이 축복이 아니라 재앙이라고 한다. 사람들은 왜 오래 사는 것을 재앙이라고 생각할까? 여기에 대한 해답은 여러 가지가 있겠지만 뭐니 뭐니 해도 은퇴 전 충분한 노후 준비가 되어 있지 않기 때문이라 생각한다. 은퇴 이전부터 노후 준비를 충분히 해 왔다면 오래 사는 것이 축복이 될 가능성이 높다.

　그러나 대부분의 사람은 언젠가는 은퇴할 것이라는 사실을 분명히 알면서도, 막연하게 노후 준비를 해야지 하는 생각만 할 뿐, 막상 실천에 옮기는 사람은 많지 않다. 특히 자녀 교육에 모든 것을 투자하는 한국 사회의 특성상 노후 준비는 우선순위에서 밀려날 수밖에 없다.

볼테르(Voltaire)는 "자기 나이에 맞는 이지(理智)를 갖지 못하는 사람은 그 나이가 갖는 온갖 불행을 면치 못한다."라고 하였고, 17세기 프랑스 고전작가인 라 로슈푸코(La Rochefoucault)는 "어떻게 늙어야 하는지를 알고 있는 사람은 드물다."라고 하였다. 100세 시대의 본격 도래에 따라 신체적·정신적·경제적으로 어려움을 겪으면서 살아야 하는 기간이 이전보다 길어지는 것에 대한 두려움이 커지고 있다.

노후에 닥치는 위험에는 네 가지가 있다. 첫째는 돈 없이 오래 사는 무전장수(無錢長壽) 위험과 일 없이 오래 사는 무업장수(無業長壽) 위험을 포함하는 경제적 위험이다. 둘째는 자식에게 올인했다가 노후 파산을 면치 못하는 위험이다. 셋째는 은퇴 후 주어지는 무한대의 시간을 어떻게 보내야 할지 고민하는 시간에 대한 위험이다. 넷째는 아프지 않고 건강하게 살다가 이 세상을 떠나고 싶지만, 요양원 등에서 식물인간으로 많은 세월을 보내야 하는 건강 위험이다.

막연한 두려움을 가지고 살기보다는 길어지는 노후를 즐겁게, 행복하게 보낼 방법을 찾아서 실천하는 것이 중요하다. 그렇다면 어떻게 해야 행복한 노후를 보낼 수 있을까? 소노 아야코(そのあやこ)는 『노인이 되지 않는 법』이라는 책에서 행복한 노후를 위한 지혜로 자립, 일, 관계, 돈, 고독, 늙음·질병·죽음, 신(神)을 들고 있다. 특히 그녀는 나이가 들수록 돈을 벌려는 욕심을 버려야 하고, 자신만의 취미를 만들어 규모 있는 생활을 해야 한다고 하면서, 받는 사람보다 주

는 사람이 되면 행복해진다고 하였다.

또한 금융경제학박사인 최승우는 100세 시대 행복을 부르는 마법의 주문으로 '다운시프트(downshifts)'를 강조하였다. 여기서 다운시프트는 '보수는 많아도 싫은 일은 그만두고, 보수는 적어도 좋아하는 일을 한다.'라는 의미이다.

이 책은 크게 6부로 구성되어 있다. 제1부에서는 우리가 살아갈 미래의 세상은 어떤 모습인지에 대해서 살펴보았다. 제2부에서는 100세 시대를 맞이하여 우리에게 닥칠 위험과 행복한 노후를 위한 은퇴 준비에는 무엇이 있는지를 알아보고, 제3부부터는 축복 속에 100세 시대를 살아가는 방법을 제시하였다. 노후에 닥치는 네 가지 위험에 맞추어 제3부에서는 경제적 위험, 제4부에서는 자식 위험, 제5부에서는 시간 위험, 제6부에서는 건강 위험에 대해 어떻게 대비하고 극복할 것인지를 살펴보았다.

사람마다 가치관과 철학이 다르며, 각자 처한 환경이 다르다. 따라서 노후를 준비하고 실천하는 방법에 있어서 모두가 만족하는 정답이 있을 수 없다. 이 책에서 제시하는 노후 준비 방법도 여러 가지 방법 중 하나라고 생각한다. 어떻게 하면 100세 시대를 축복으로 바꿀 수 있을까 하는 질문에서 시작한 이 책이 은퇴를 앞둔 또는 은퇴 후 노후 생활을 보내고 있는 사람들에게 많은 도움이 되었으면 한다.

목 차

제1부

우리가 살아갈 미래 사회의 모습

제2부

행복한 노후를 위한 은퇴 준비

제3부

경제적 위험에 대비하는 방법

제4부

자식 위험에 대비하는 방법

제5부

시간 위험에 대비하는 방법

제6부

건강 위험에 대비하는 방법

제1부

우리가 살아갈
미래 사회의 모습

1

200세 시대와

불로장생(不老長生)

중국의 진시황제는 불로초를 구해 불로장생을 누리기 위하여 백방으로 노력하였지만 50세밖에 살지 못하였고, 중국 역사 2100여 년 동안 황제들의 평균 수명은 41세였으며, 고려 시대 왕들의 평균 수명은 42세였다. 조선 시대 왕들의 평균 수명도 47세였으며, 40세를 넘기지 못한 왕들도 11명이나 되었다.

우리 인류의 평균 수명은 어떻게 변해 왔을까? 3천 년 전 20세인 평균 수명은 1900년대에 들어오면서 47세로 늘어났고, 1960년에 53세, 2017년에는 72세로 늘어났다. 20세기 이후 평균 수명이 크게 늘어남에 따라, UN은 2009년 「세계 인구 고령화 보고서」에서 100세 장수가 보편화하는 시대를 살아가는 인류를 'homo hundred'라고 하였다.

또한 인구보건복지협회가 유엔인구기금과 함께 발표한 「2020 세계 인구 현황 보고서」에 따르면, 우리나라는 저출산 · 고령화 현상이 지속되는 가운데 유소년 인구(0~14세) 구성 비율이 12.5%로 세계 평균인 25.4%의 절반 수준이다. 반면 65세 이상 인구 비율은 15.8%로 세계 평균 9.3%보다 높았으며, 우리나라보다 출산율이 낮은 국가는 없는 것으로 나타났다. 한국의 인구 고령화 현상은 전 세계에서 가장 빠른 속도로 진행되고 있어 중장기적으로 우리 사회의 위험 요인으로 작용할 가능성이 매우 크다.

우리는 노인의 기준을 65세로 알고 있는데, 언제 누가 정한 걸까? 지금으로부터 130여 년 전인 1889년 독일의 유명한 재상인 비스마르크가 사회보험제도를 도입하면서 노령연금을 받을 수 있는 나이를 65세로 정하였다. 이후 1950년 UN이 고령 지표를 발표하면서 노인 기준을 65세로 정함에 따라 국제적으로 통용되기 시작하였다.

우리나라도 노인 연령은 만 65세이다. 그러나 1981년에 제정된 노인복지법에는 '노인은 65세부터'라는 명시적 규정은 없지만 지금까지 상식적·관행적으로 노인 연령을 65세 이상으로 하고 있다.

통계청 자료에 의하면, 우리나라의 65세 이상 고령인구는 2020년 815만 명에서 2040년이 되면 1,724만 명으로 약 2배 증가할 것으로 전망되고 있다. 반대로 생산연령인구(15~64세)는 2020년 3,738만 명에서 2040년 2,852만 명으로 886만 명이나 줄어들 것으로 예상된다.

지금까지는 100세 시대라고 하였지만, 4차 산업혁명 기술 및 유전학의 발달 등으로 조만간 200세 시대가 올 것이다. 『내셔널 지오그래픽(National Geographic)』은 2013년 5월호 표지 기사로 2013년 태어난 아이들의 평균 수명은 120세라 하였고, 『타임(TIME)』지는 2015년 2월호 표지 기사에 'THIS BABY COULD LIVE TO BE 142 YEARS OLD'라고 하였다. 서점에 가면 『200세 시대가 온다』 등 200세 시대를 다룬 책들도 나와 있다.

현재 우리는 조선 시대 왕들보다 2배나 더 오래 산다. 보험 가입을 해도 종전에는 80세 보장이 대부분이었으나, 지금은 100세 보장이 대세이다. 히포크라테스가 "인생은 짧고 예술은 길다."라고 하였지만, 지금은 "인생도 길고 예술도 길다."라고 해야 하지 않을까.

이러한 200세 시대를 맞이하여 우리는 무엇을 해야 할까? 아무런 준비도 없이 맞이하는 200세 시대는 우리를 노후 파산으로 몰고 갈 가능성이 매우 크다. 은퇴 후 20년을 살던 시대에 비해 지금은 40년 이상을 더 살아야 하는 만큼 더욱 철저한 노후 준비가 필요하다.

이러한 장수 시대를 대비해야 하는 주체는 개개인뿐만 아니라 국가와 사회 전체가 되어야 한다. 노인인구 증가에 따른 의료비 증가, 국민연금 고갈 및 생산연령인구 감소에 따른 노동력 부족 등에 대한 범국가적 종합대책 마련이 시급하다. 특히 국민연금 고갈 문제는 하루빨리 해결해야 할 숙제이다.

2020년 7월 국회 예산정책처가 펴낸 『4대 공적연금 장기 재정 전망』 추계에 따르면, 국민연금 가입자는 2020년 2,234만 명에서 2050년에는 1,539만 명으로 줄어든다. 반면 수급자는 2020년 433만 명에서 2050년 1,432만 명으로 증가하며, 2055년에 기금이 고갈될 것으로 전망하고 있다.

지금 2030 세대는 국민연금 기금이 고갈되는 2055년이 되면 연금 수급자가 된다. 국민연금은 타이머가 장착된 시한폭탄이며, 포퓰리즘(populism) 때문에 이 문제를 방치하면 다음 세대에 보험료 폭탄이 폭발하고 말 것이다. 이 세상에 공짜 점심은 없듯이, 적게 내고 많이 받는 연금은 있을 수 없다.

◆ **창문 넘어 도망친 100세 노인(The 100 years old man who climbed out the window and disappeared)**

요나스 요나손의 동명 소설을 플렉스 할그렌 감독이 영화화하여 2014년에 개봉하였다. 영화 포스터에는 '아인슈타인, 스탈린, 김일성, 레이건의 멘토? 세계 역사를 뒤바꾼 시한폭탄 할아버지가 온다.'라 적혀 있다. 100세 할아버지가 살아온 삶을 통해 인생의 의미를 되짚어 볼 수 있는 명작이다.

100세 생일파티를 앞둔 '알란' 할아버지가 창문을 통해 도망치는 것으로 영화는 시작한다. 내일 죽을 것처럼 오늘을 사는 100세 노인의 인생 이야기가 담겨 있다.

2

2050년의

대한민국

세계적 인구학자인 옥스퍼드대학 데이비드 콜먼(David Coleman) 교수는 "지구상에서 인구가 가장 먼저 소멸할 국가는 대한민국이다." 라고 하면서, 2300년이 되면 대한민국은 저출산으로 지구상에서 사라지는 제1호 국가가 될 것으로 예측하였다.

2100년 우리나라 인구가 지금의 절반 이하로 줄어든다고 이야기하면 사람들은 먼 나라 이야기로만 생각한다. 그럼, 사람들이 피부로 느낄 수 있는 30년 후 우리나라 인구는 구체적으로 어떻게 변할까? 먼저 총인구부터 살펴보자. 통계청의 「장래인구추계: 2020~2070년」 자료에 의하면 2020년부터 감소하기 시작한 총인구는 2030년까지는 서서히 감소하다가 2030년 이후부터 감소 폭이 커지면서 2050년에는 2020년보다 448만 명이 감소할 것으로 전망된다.

총인구 감소보다 더 심각한 것은 경제활동인구 감소이다. 만 15세

이상 64세 이하인 경제활동인구(생산연령인구)는 2020년 3,738만 명
에서 2050년에는 2,419만 명으로 1,319만 명이 감소할 것으로 전망
된다. 유소년인구, 학령인구(초 · 중 · 고 · 대)도 마찬가지이다.

반면 65세 이상 고령인구는 2020년 815만 명에서 2050년에는
1,900만 명으로 1,085만 명이 늘어날 것으로 전망된다. 연간 사망자
수, 총부양비(생산 가능인구에 대한 유소년인구와 고령인구의 합의 백분비),
노령화 지수(유소년인구 1백 명당 고령인구 비율)의 급격한 증가가 전망
되며, 중위연령(전체 인구를 나이 순서로 나열할 때 한가운데 있게 되는 사람
의 나이)도 44세에서 58세로 14세가 높아진다. 한마디로 우리나라는 전
세계에서 가장 빨리 초고령사회로 진입하는 국가가 되는 것이다.

우리나라 장래 인구 추계
(단위: 만 명)

구분	2020년(a)	2050년(b)	(b-a)
총인구	5,184	4,736	-448
생산연령(15~64세)인구	3,738	2,419	-1,319
고령(65세 이상)인구	815	1,900	+1,085
유소년(0~14세)인구	631	416	-215
학령인구(6~21세)	789	481	-308
학령인구(18~21세)	241	124	-117
출생자 수(연간)	27	24	-3
사망자 수(연간)	31	68	+37

자료: 통계청

초고령사회 및 인구 감소 시대로 진입하게 되면 우리 사회는 어떻게 변할까? 이 질문에 대한 정답은 앞에서 설명한 인구 추계에 나와 있다. 경제활동인구 감소로 인하여 일손 부족(특히 기피 업종 및 농촌 인력 등) 현상은 더욱 심화할 것이고, 일손 부족을 메우기 위한 생산 현장의 자동화·로봇화는 더욱 가속화될 것이다.

학령인구 감소는 교원 수급 문제, 대학 폐쇄 문제 및 사교육시장의 위축 등을 가져올 것으로 예상된다. 특히 학령인구 중 대학생인 만 18~21세 인구는 2020년 241만 명에서 2050년 124만 명으로 절반 가까이 줄어들 것으로 보여, 어느 언론에서 이야기한 "벚꽃 피는 순서대로 대학이 위험하다."라는 말이 현실로 다가올 수 있다.

반면 연간 사망자 수는 계속 증가하여 2050년이 되면 1년에 44만 명의 총인구가 줄어들 것으로 전망되고, 총부양비는 38.7에서 95.8로, 노령화 지수는 129.3에서 456.2로 증가한다. 경제활동을 통하여 돈을 버는 사람의 숫자는 급격하게 줄어드는 반면, 부양해야 할 사람의 숫자는 급증한다는 의미이다.

이에 따라 국민연금 기금 고갈 문제, 건강보험 재정 적자로 인해 보험료 인상 및 인구 감소가 부동산 시장에 미치는 영향 등 많은 문제가 발생할 것으로 예상된다. 반대로 고령인구를 대상으로 하는 비즈니스는 성장 가능성이 매우 크다고 하겠다.

지금까지 우리는 인구가 증가하고, 경제가 플러스(+) 성장을 하는 시대, 부동산을 사 두기만 하면 가격이 오르는 부동산 불패 시대를 살아왔다. 그러나 앞으로 우리가 살아갈 시대는 누구도 경험해 보지 못한 초고령사회와 인구 감소 시대이다.

과연 인구 증가 및 경제 성장 시대의 사회적·경제적 패러다임이 인구 감소와 경제 축소 시대에도 맞을까? 과감한 패러다임의 전환이 필요하다고 본다. 아울러 우리나라보다 20년 이상 앞서 인구 감소 시대를 맞이한 이웃 나라 일본에서 타산지석(他山之石)의 교훈을 찾아보면 어떨까.

◆ **칠드런 오브 맨(Children of Man)**

멕시코 출신 알폰소 쿠아론 감독이 연출한 영화로, 2016년에 개봉하였다. 원작은 P.D.제임스의 소설 『인간의 아이들』로 절망적인 인류의 미래에 대한 희망을 상징하지만, 인간의 탐욕은 끝이 없음을 보여 준다.

영화의 무대인 2027년의 세상은 더 이상 아기가 태어나지 않는 세상이다. 임신 불가능의 이상 현상 때문에 전 세계가 무정부 상태가 되어 버렸고, 그나마 치안 유지가 가능한 나라는 영국. 주인공 '테오' 앞에 20년 만에 나타난 전 부인 '줄리언'은 기적적으로 임신한 흑인 소녀 '키'를 부탁한다.

이 영화는 '인간의 아이'에 대한 이야기이며, 아이는 인류의 희망이지만 인간의 탐욕은 이익의 대상으로 삼고 있다. (네이버 영화, 블로그 키스세븐 참조)

3

인구 감소 시대의

단상(斷想)

아가방, 베비라, 해피랜드가 어떤 브랜드인지 아는가? 1990~2000
년대 국내 유명 유아용품 브랜드였지만, 저출산에 따른 산부인과와
소아청소년과 병원의 급감과 더불어 쇠락의 길로 접어들었다. 이처
럼 인구 감소는 우리의 일상생활에 많은 변화를 가져온다. 따라서 인
구 감소가 가져올 변화를 예측하고, 어떻게 대처할지를 생각하는 것
도 슬기로운 노후 준비 방법의 하나이다.

인구 감소 이야기를 하다 보면 일부 사람들은 "인구가 줄어들면 오
히려 좋은 일이 아닌가요?"라고 반문한다. 좁은 국토에서 많은 인구
가 살다 보니 인구밀도가 높을 수밖에 없고, 생존경쟁도 치열하다 보
니 만혼(晚婚)과 비혼(非婚)이 증가하고 있다. 따라서 인구가 감소하게
되면 경쟁도 덜 치열해질 것이고, 오히려 삶의 질이 더 높아지는 것
아니냐는 의견이다.

인구가 감소하더라도 경제 규모와 시장이 그대로 있다면 문제가 없지만, 인구 감소와 비례하여 경제와 시장 규모도 줄어들기 때문에 문제가 된다. 『사라지는 미래 – 인구 축소가 가져오는 경제와 시장의 대변환』이라는 책을 보면 "시장 없는 인구는 있어도 인구 없는 시장은 없다."고 하였다.

『인구 미래 공존』이라는 책에서 조영태 교수는 청년 인구가 줄고 인구피라미드가 역삼각형이 되면 청년 취업은 상대적으로 쉬워져야 함에도 오히려 청년 취업이 어려워지는 이유를 '인구 압박(population pressure)'으로 설명한다. 인구 압박이란 어떤 연령이 다른 연령 혹은 연령집단에 비해 얼마나 크거나 작은지를 나타내는 개념으로, 사회 생활 초창기에 받는 인구 압박은 생산연령인구와의 비율로 파악한다. 1995년에는 30세의 31~59세 인구 압박은 20.3이었으나, 2020년에는 35로 증가하였다. 인구 압박이 있는 한 경제가 회복되더라도 청년 취업 문제는 쉽게 호전되기 어렵다.

일부 사람들은 인구 감소 문제 해결책으로 적극적인 이민 정책을 제시하지만, 저출산 인구 감소 문제는 우리나라에만 국한된 문제가 아니다. 중국의 생산가능인구도 2050년까지 2억 명 이상 감소할 것으로 전망되고 있다. 우리나라를 비롯한 일본, 싱가포르 및 중국 등이 비슷한 상황이기 때문에 이민자 유치 측면에서 치열한 경쟁이 예상된다.

한 나라 경제가 정상적으로 유지·발전하는 데 필요한 합계출산율은 2.1명이라고 한다. 미국의 합계출산율은 1.97명으로 2.1명에 미달하지만 높은 경제성장률을 유지하는 이유는 부족한 인구 문제를 이민

정책으로 해결하기 때문이다. 과연 우리나라가 미국처럼 전 세계 이민자들이 가고 싶은 매력적인 나라인지 자문해 볼 필요가 있다. 하루빨리 이민청을 만들어 외국의 유능한 인력들이 우리나라로 이민해 올 수 있는 사회적·경제적 여건을 만들 필요가 있다.

다음은 학령인구 감소로 여유가 생길 학교 시설 활용 문제이다. 통계청 자료에 의하면 우리나라 초등학생 수는 2017년 277만 명에서 2025년에는 233만 명으로 44만 명이 줄어들 것으로 전망하고 있다. 이 숫자는 초등학교 학급 1만 6천 개에 해당한다.

전국에 남아도는 교실을 활용, 국공립 유아원(유치원)을 운영하여 적어도 초등학교 저학년까지는 국가가 육아와 교육을 책임진다면 출산율을 조금이라도 높일 수 있지 않을까? 특히 신규 채용 및 기존 교사의 업무 전환을 통하여 유아원(유치원) 교사를 대거 육성·운영한다면 양질의 일자리 창출 및 기존 교사들의 재배치를 통한 교육 인력 수급 문제 해결에도 도움이 되리라 생각한다.

우리는 초등학교부터 대학교까지 16년을 배워서 30년을 살고 있다. 은퇴 후 40년을 살기 위해서는 재교육이 필요하다. 남아도는 학교 시설 등을 활용하여 2년제 시니어 대학을 운영하면 어떨까. 입학 자격은 만 60세 이상, 등록금은 무료, 교육 프로그램은 100세 시대와 4차 산업혁명 시대의 노후 생활을 현명하게 살아가기 위해 필요한 건강, 취미, 실용 기술 등을 중심으로 편성하면 좋겠다. 이 또한 학생 수 감소로 심각한 위기에 처한 대학 문제를 해결할 수 있는 하나의 대안이 될 수 있으리라 생각한다.

그럼, 저출산 인구 감소 문제를 누가 풀어야 하는가? 정책을 입안하고 실행에 옮기는 정치인이 이 문제를 해결해야 한다. 그러나 유권자의 표를 먹고 사는 정치인이 이 문제를 정말 풀 수 있을까?

지금 태어나는 어린애들은 표가 없지만, 노인 복지 정책으로 혜택을 보는 사람들은 투표권을 가진 유권자이다. 정치인에게 있어 저출산 대책보다는 노인 복지 정책이 우선일 수밖에 없다. 어쩌면 일본의 잃어버린 20년은 고령화에 초점을 맞춘 잘못된 정부 정책 때문일 수도 있다. 부디 정치권에서 하루빨리 고령화와 저출산 문제를 동시에 해결할 수 있는 솔로몬의 지혜를 발휘하는 정책을 펼쳐 나가길 간절히 기원한다.

◆ 올드 피플(Old People)

숨 가쁘게 전개되는 넷플릭스 공포 영화인 올드 피플은 고독이 만든 악(惡)을 다룬 독일 영화이다. 여동생의 결혼식에 참석하기 위해 두 자녀와 함께 고향인 젤하임으로 돌아온 엘라. 요양원에 있는 아버지를 초대하기 위해 요양원을 찾게 된다. 이미 고령화된 마을이 되어 버린 고향에서는 노인들을 보살피거나 함께할 가족들이 없고, 턱없이 부족한 요양원 근무자들은 노인들을 동물처럼 취급한다. 결혼식이 있던 날, 요양원 노인들은 갑자기 살인 행각을 벌이면서 그녀의 귀향은 가족을 지키기 위한 사투로 치닫는다.

오랜 시간 찾아오는 가족도 없이 양로원에 갇혀 지내는 노인들이 분노에 휩싸여 젊은 세대를 공격한다는 내용이다. 전 세계가 고령화 시대에 접어들고 있는 시대적 상황을 반영하여 사회와 가족으로부터 관

심을 받지 못하고 버림받은 노인들을 돌아보자는 교훈적 메시지를
전달하려는 영화이나, 노인들을 너무 폭력적이고 좀비 같은 존재로
묘사하여 아쉬움이 남는 영화이다. (넷플릭스, 블로그 드라마보는 케이씨
참조)

4

금융 문맹(文盲)과

디지털 문맹(文盲)

100년 전 프랑스 화가들이 상상해서 그린 그림에는 생활의 편의를 위한 자동화 기계와 로봇청소기, 집 밖에서도 집 안의 상황을 확인할 수 있는 방범용 카메라 등이 있다. 우리나라 이정문 화백이 그린 〈1965년에 내다본 2000년의 모습〉에는 전기자동차, 무빙워크, 태양열주택 및 DMB 등이 등장하고, 〈2014년에 내다본 2050년의 모습〉에는 자율주행 자동차, 순간이동, 뇌파 혁명 및 우주발전소 등이 나타난다.

우리가 살아갈 미래의 세상은 어떤 세상일까? 유명한 미래학자 앨빈 토플러(Alvin Toffler)는 "미래는 예측하는 것이 아니라 상상하는 것이다."라고 하였고, 피터 드러커(Peter. F. Drucker)는 "미래를 예측하는 가장 좋은 방법은 미래를 만드는 것이다."라고 하였다. 이 말은 우리가 지금 마음속에 상상하는 모든 것들이 미래에는 현실 속에 실현될 것이라는 의미이다.

한때 4차 산업혁명 시대가 뜨거운 이슈로 떠오른 적이 있었다. 4차 산업혁명은 클라우스 슈바프(Klaus Schwab)가 2015년 포린 어페어(Foreign Affairs)의 기고를 통해 주장한 개념으로, 2016년 1월 다보스 포럼에서 키워드로 제시한 이후 널리 퍼져 나갔다. 4차 산업혁명이란 기계학습과 인공지능의 발달로 인한 산업의 변화를 가리키는 말로, '현실과 가상이 인간을 중심으로 융합/순환하는 과정' 또는 '혁신적 정보통신기술 기반의 지능화 혁명' 등 다양하게 정의되고 있다.

최근 인터넷 교보문고에서 '4차 산업혁명'을 입력하고 검색했더니, 무려 354권의 책이 조회되고 있다. 그러나 4차 산업혁명은 우리나라에서만 널리 사용되고 있고, 독일에서는 'Industry 4.0', 중국에서는 '제조 굴기 25' 등 다른 나라에서는 다양한 개념으로 혼용되고 있다.

『대한민국의 4차 산업혁명』이라는 책에서는 4차 산업혁명 시대의 핵심 기술로 다음과 같은 12가지 기술을 제시하고 있다. 현실 세계를 가상 세계로 전환하는 6대 디지털화 기술에는 빅 데이터, 클라우드, 사물인터넷, 웨어러블, SNS 및 위치기반 기술이 있고, 가상 세계를 현실 세계로 전환하는 6대 아날로그화 기술에는 플랫폼, 증강/가상현실, 블록체인/핀테크, 서비스디자인, 3D프린터/로봇, 게임화가 있다. 1·2·3차 산업혁명이 인간의 손과 발의 자동화라고 한다면, 4차 산업혁명은 인간 두뇌의 자동화라고 하겠다.

4차 산업혁명 시대의 사례를 살펴보자. 현대자동차 울산공장은 축구장 670배에 해당하는 공장 면적에서 자동차를 생산하고 있지만, 미국의 로컬모터스(Local Motors)라는 자동차 회사는 560평의 공장에서 차체는 3D 프린터로 찍어 내고, 나머지 부품들은 외부에서 조달하여 자동차를 생산하고 있다. 2017년 4월 우리나라에 개봉한 영화 〈분노의 질주: 더 익스트림(The Fast and The Furious 8)〉에서 여주인공 레티가 운전한 자동차도 이 회사에서 생산한 것이다.

『세계 미래 보고서: 더 이상 예측할 수 없는 미래가 온다』라는 책에서는, 2025년이 되면 인간의 78개 신체 장기가 3D프린터로 생산 가능하고, 30년 후 미래의 세상은 현재 일자리의 90%가 사라지는 대신 로봇 · 인공지능 · 3D프린터가 이를 대신할 것이라 하였다. 2045년이 되면 인공지능이 인간을 능가하는 '특이점(singularity)' 시대가 오고, 2050년이 되면 시속 6천km를 달릴 수 있는 자기부상열차가 상용화되어 전 세계가 일일생활권이 될 것이라 하였다.

20년 전, 스마트폰이 우리의 일상을 지배하는 세상이 오리라 어느 누가 예상했는가. 앞으로 우리가 살아갈 세상이 어떻게 변화할 것인지를 정확히 예측할 수는 없다. 다만, 분명한 것이 하나 있다. 앞으로 우리가 살아갈 세상은 지금까지 우리가 살아온 세상과는 분명 매우 다르다는 사실이다.

지금도 디지털 문화에 익숙하지 않은 사람들은 키오스크로 음식 주문이 쉽지 않고, 점점 줄어드는 은행 점포 때문에 금융 거래도 힘들어지고 있다. 메타버스, NFT, 로블록스(Roblox), 제페토(ZEPETO), 블록체인, 웹3.0 등 디지털 관련 새로운 용어와 기술들이 하루가 멀다고 쏟아지고 있다. 아날로그에서 디지털로 급속히 변하고 있는 시대적 흐름에 따라가지 못한다면 점점 바보가 되어 가는 세상이다.

미국의 전 연방준비제도이사회 의장이었던 앨런 그린스펀은 "문맹은 생활을 불편하게 하지만, 금융문맹은 생존을 불가능하게 만들기 때문에 문맹보다 더 무섭다."고 하였다. 글을 모르면 문맹(文盲)이고, 금융을 모르면 금융문맹(文盲)이고, 디지털기기와 문화에 익숙하지 않으면 디지털 문맹(文盲)이다.

4차 산업혁명 시대에는 금융문맹보다 더 무서운 것이 디지털 문맹이다. 디지털 문맹으로 살지 않기 위해서는 열심히 배우고 익힐 수밖에 없다. 특히 은퇴 이후 인생 후반전을 살아가는 사람들에게는 더더욱 디지털 공부가 필요하다.

◆ **마이너리티 리포트(Minority Report)**

2002년에 개봉한 이 영화는 필립 K. 딕의 단편소설 『마이너리티 리포트』를 원작으로 스티븐 스필버그 감독이 연출한 영화이다. 톰 크루즈가 주연한 영화로서 미래를 예측하는 시스템(프리크라임)이 고도로 발달한 2054년이 되면, 미래에 발생할 일을 예측하여 범죄를 예방할 수 있다는 가정에서 영화는 출발한다.

세 명의 예지자들의 메이저리티 리포트(majority report)와 마이너리티 리포트(minority report)가 각각 존재하며, 마이너리티 리포트는 예지자들에게만 저장되어 있다. 곧 발생할 살인 사건의 가해자로 범죄 예방 수사국 소속 반장이 지목되고, 반장은 자신의 미래로부터 도망치기 시작한다. 주인공이 길을 걸어가면 주변 가게에서 제공하는 정보가 주인공의 눈앞에 펼쳐지는 장면이 지금은 일상적인 상황이지만 20년 전에는 충격으로 다가왔다. (네이버 영화, 나무위키 참조)

5

초고령사회와

노후 파산

65세 이상 고령인구가 총인구에서 차지하는 비율이 20% 이상인 초고령사회를 언급하면 가장 먼저 떠오르는 나라는 우리나라보다 20년 이상 먼저 초고령사회로 진입한 일본이다. 일본 NHK 방송은 숨겨져 있던 일본 노인들의 비참한 노후 생활을 다큐멘터리로 제작·방영하여 큰 파문을 일으켰고, 2016년 방송에서 다루지 못했던 충격적인 노인들의 일상을 『노후 파산: 장수의 악몽』이라는 책에 생생하게 담아냈다.

이미 초고령사회에 진입한 일본의 노인 비율은 2021년 9월 15일 기준으로 29.1% 수준이며, 혼자 사는 독거노인이 6백만 명을 넘어섰고, 이 중 2백만 명 이상은 자립 능력을 상실한 노후 파산의 힘든 삶을 살고 있다고 한다.

또한 일본 교도소에 수감되어 있는 여성 수감자 중 65세 이상 고령자 비율은 2016년 기준 34%에 달한다. 일본의 할머니들은 도대체 무슨 잘못을 하였기에 교도소에 갔을까? 90% 이상이 동네 마트에서 음료수나 과자를 훔치다 걸린 단순 절도죄라고 한다. 교도소엘 가면 의식주 해결과 질병 치료는 물론 말동무가 있어 외로움에서 벗어날 수 있기 때문이란다.

우리나라의 고령화 속도는 어떠한가? 65세 이상 고령인구 비중은 2022년 17.3%에서 2025년에는 20.3%로 초고령사회에 진입하며, 2045년에는 37%로 세계 1위인 일본(36.8%)을 추월할 것으로 전망되고 있다. 또한 고려대 박유성 교수의 추계 자료를 보면 1960년생 남자의 경우 중위 사망 연령은 88세, 100세 생존 확률은 8.8%이지만, 1960년생 여자의 경우 100세 생존 확률은 12%로 높아진다.

그렇다면 전 세계에서 가장 빠른 고령화 속도를 보이는 우리나라

100세까지 생존 확률 추계

출생 연도	남자		여자	
	100세 생존 확률	중위 사망 연령	100세 생존 확률	중위 사망 연령
1950년생	5.2%	86세	8.2%	90세
1960년생	8.8%	88세	12.0%	91세
1970년생	13.8%	90세	16.6%	93세
1980년생	20.2%	92세	21.9%	94세
1990년생	27.5%	95세	27.6%	96세

자료: 고려대 박유성 교수 추계, 조선일보(2020.10.13.)

노후설계 행복 콘서트

는 노후 파산 문제에서 안전한가? 통계청이 발표한 「한국의 지속가
능발전목표(SDGs) 이행보고서」에 의하면 66세 이상 인구의 상대적
빈곤율(중위소득 50% 이하 소득 인구의 비율)은 40.4%로 18~65세 빈
곤율(10.6%)의 4배에 가까운 수준이다. 또한 66세 이상 고령층의 상
대적 빈곤 위험도(18~65세 빈곤율 대비 66세 이상 빈곤율)는 367.8%로
OECD 주요국 중 1위를 차지하였다. 오죽하면 일본에서 한국의 노후
파산 문제가 일본 이상으로 사회문제화되고 있다는 방송을 하겠는가.

66세 이상 상대적 빈곤 위험도(2018년)   (단위 : %)

한국	스위스	호주	일본	미국	영국	캐나다	핀란드
367.8	250.0	246.9	153.8	150.0	140.9	107.0	100.0

자료: 통계청

　이번에는 노후 파산을 막을 수 있는 버팀목 역할을 할 수 있는 국민
연금 수급자 현황을 알아보자. 2022년 7월 기준 국민연금 수급자는
609만 명으로 노령연금 511만 명, 장애연금 7만 명, 유족연금 91만
명이 연금을 받고 있다. 수급 금액별로 보면 노령연금의 경우 평균 58
만 원을 받고 있으며, 전체의 63.5%가 월 60만 원 미만의 연금을 받
고 있고, 전체의 31.1%가 20만~40만 원의 연금을 받고 있다. 통계청
자료에 의하면 노후 적정 생활비가 305만 원 필요한 것으로 나타났는
데, 국민연금으로 월평균 58만 원을 받고 있으니 노후 생활이 어려울
수밖에 없다.

국민연금 수급자 현황

(단위: 천 명)

구분	남자		여자		합계	
	수급자 수	비율	수급자 수	비율	수급자 수	비율
20만 원 미만	362	10.8%	527	19.2%	889	14.6%
20~40만 원	1,040	31.1%	1,608	58.6%	2,648	43.5%
40~60만 원	722	21.6%	438	58.6%	1,160	19.0%
60~80만 원	436	13.0%	118	4.3%	554	9.1%
80~100만 원	283	8.4%	33	1.2%	316	5.2%
100~130만 원	270	8.1%	13	0.5%	283	4.6%
130~160만 원	151	4.5%	4	0.1%	155	2.5%
160~200만 원	79	2.4%	1	-	80	1.3%
200만 원 이상	4	0.1%	-	-	4	—
합계	3,348	100%	2,743	100%	6,091	100%

자료: 국민연금공단 홈페이지, 2022년 7월 말 현재

마지막으로, 부모 부양 책임자에 대한 인식 변화이다. 통계청의 사회 조사 분석 결과 중 부모 부양에 대한 견해를 보면 다음과 같다. 2012년에는 부모 스스로 해결 또는 가족이 부모를 부양해야 한다는 의견이 47.1%였으나, 2020년에는 34.9%로 낮아졌고, 정부와 사회 등이 부양 책임을 져야 한다는 의견은 65.1%로 높아졌다. 노후 부양 책임을 정부와 사회가 져야 한다는 비율이 높아짐에도 불구하고 국민 연금 등 공적연금이 충분한 노후 보장 기능을 하지 못하니 노후 파산 이 증가할 수밖에 없다.

그렇다면 초고령사회의 증가하는 노후 파산을 막기 위한 방법에는 무엇이 있을까? 『1인 1기 – 당신의 노후를 바꾸는 기적』이라는 책을 쓴 저자 김경록은 저금리 고령화 시대에 살아남기 위해서는 40~50대 노후 준비의 새로운 패러다임으로 쓸모 있는 기술을 가질 것을 강조하면서 인적 자본에 투자할 것을 권유하고 있다.

또한 저자는 '은퇴 5년 전 다시 고3이 되자'고 하면서 1인 1기 실천 전략으로 ① 퇴직 후 치킨집이 아닌 학교로 가라, ② 장인정신을 가져라, ③ 작은 것을 차별화하라, ④ 나만의 브랜드를 쌓아라, ⑤ 혼자 배우지 말고 코칭을 받아라, ⑥ 모바일 활용법을 배워라, ⑦ 사업 마인드를 가져라, ⑧ 핵심에 집중하라, ⑨ 점–선–면 전략으로 네트워크에 투자하라는 아홉 가지를 제시하고 있다.

◆ **플랜 75**

"75세인가요? 죽는 게 어때요?" 2022년 6월에 상영된 〈플랜 75〉는 초고령사회인 일본에서 죽음을 권하는 영화이다. '75세가 되면 스스로 생사를 선택할 수 있습니다.' 이 말은 일본이 초고령사회로 접어들어 부양해야 하는 노인 인구가 너무 많아지자, 정부에서 75세 이상 노인에게 안락사를 권장하는 '플랜 75'라는 정책을 시행한다는 내용이다.

담당 공무원은 공원을 찾은 노인에게 따뜻한 수프를 대접하며 죽음을 권유한다. "태어날 때는 선택할 수 없었지만, 죽을 때는 원할 때 죽을 수 있다."며 웃는 얼굴로 말하는 노인이 공익 광고에 등장한다. 〈플랜 75〉는 노인의 비율이 30%에 육박한 세계 초고령국가인 일본에서 제도화된 죽음으로 노인 부양 부담을 줄이고자 하는 충격적인 정책을 다룬 영화이다. (왓챠피디아, 프레스맨, 네이버 블로그 송이의 하루 참조)

6

웰스테크(WealthTech)와

자산관리

금융 산업은 전통적인 규제산업에 속하는 산업 특성상 변화의 속도가 느린 산업 중 하나로 혁신기업의 성장이 쉽지 않았으나, 최근 핀테크(FinTech) 기업 등이 등장하여 정보통신기술 기반의 다양한 플랫폼을 중심으로 새로운 비즈니스 환경을 만들어 가고 있다. 이러한 금융 플랫폼은 금융 거래 업무를 대면 서비스에서 비대면 서비스로 변화시키고 있다.

특히 자산관리(WM: Wealth Management) 시장의 성장과 혁신 정보통신기술 기반의 플랫폼을 활용한 디지털자산 관리(WealthTech, 이하 '웰스테크') 산업이 빠르게 발전하고 있다. 웰스테크는 효율적인 비용으로 자산관리와 투자 프로세스를 개선하는 기술을 의미하며, 온라인 자산관리서비스인 로보어드바이저(RA: Robo-Advisor), 퇴직연금의 자산 배분, 디지털 주식 중개 등 다양한 분야로 확대되고 있다. 미국 최대 온라인 증권회사인 찰스 슈왑(Charles Schwab)의 분석에 따르면, 2025년까지 미국인의 60%가 웰스테크를 통해 자산관리를 받을 것으로 전망하고 있다.

한편 하나금융경영연구소의 『2021 Korean wealth report: 부자와 대중부유층의 자산관리 트렌드』를 보면, 우리나라 대중부유층(금융자산 1억 원 이상)의 39%가 디지털 자산관리서비스에 가입되어 있으며, 55%가 디지털 자산관리에 긍정적인 것으로 나타났다.

웰스테크의 대표적 사례를 살펴보자. 다국적 투자은행인 골드만삭스(Goldman Sachs)는 주식 매매를 담당하는 직원들을 채용하는 대신 능력 있는 소프트웨어 엔지니어들을 채용하고, 인공지능(AI) 전문 리서치 회사와 로보어드바이저 업체인 'Honest Dollar'를 인수하여 유가증권 등에 대한 자산 배분과 투자 결정을 AI에 의존하고 있다. 웰스테크의 글로벌 신규 진출 기업에는 Wealthfront, Betterment, Robinhood 등이 있으며, JP Morgan 등 기존 투자은행들도 다양한 방식으로 대응하고 있다. 국내 기업으로는 쿼터백, 두나무, 뱅크샐러드 등이 있다.

웰스테크의 특징으로는 고객의 투자 목적 및 위험 성향을 다양하게 반영하고, 인공지능 등의 활용을 통하여 인간의 개입을 최소화함으로써 서비스 비용을 최소화하고, 투자자의 니즈에 맞는 특화 서비스 제공이 가능하다는 점이 있다.

우리나라는 2016년 '로보어드바이저 테스트베드 기본 운영 방안'이

노후설계 행복 콘서트

발표되면서 로보어드바이저 시대가 열리게 되었고, 로보어드바이저의 신뢰성과 안정성 확인을 위한 테스트베드 센터가 운영되고 있다. 2021년 12월 말 현재 운용하고 있는 알고리즘 중 테스트베드를 통과하여 상용 서비스가 가능한 알고리즘은 4개 은행, 8개 증권사, 2개 자산운용사, 3개 투자자문사, 기술 보유 업체 3개사의 59개 포트폴리오가 공시되고 있지만, 자산관리의 대중화라는 당초 기대에는 다소 미흡한 것으로 평가받고 있다.

이번에는 웰스테크의 최근 트렌드를 살펴보자. 첫째, 사회적 책임투자에 대한 인식 확대로 친환경 또는 ESG(Environmental, Social and Governance) 투자에 대한 수요가 증가하고 있다. 둘째, 금융 산업 내의 자체 수요와 함께 금융위기 이후 투명성 규제 강화 등에 따른 기술혁신이 이루어지고 있다. 셋째, 디지털을 통한 관련 절차 간소화가 이루어지고 있으며, 넷째, 플랫폼 간 비교와 이동이 수월해지고, 고객 맞춤형 서비스 경쟁이 확대되고 있다. 다섯 번째, 사이버 보안 관련 규제는 더욱 강화되고 있다.

웰스테크가 우리나라 금융시장에서 아직은 도입 초기 단계이고, 로보어드바이저의 투자 성과에 대한 투자자들의 신뢰가 낮은 것은 사실이다. 웰스테크가 일반화되기까지는 상당한 시일이 필요할 것으로 생각되지만, 4차 산업혁명 기술이 발달할수록 웰스테크의 유용성은 높아질 것으로 전망된다.

미래학자 레이 커즈와일(Ray Kurzweil)은 기술이 인간을 초월하는 순간인 『특이점이 온다』라는 책에서 인공지능(AI)이 인간의 지능을 초월해 스스로 진화해 가는 기술적 특이점(Singularity)이 2045년에 온다고 하였다. 앞으로 인공지능(AI) 기술과 금융 플랫폼의 발달, 언택트 시대의 본격 도래에 따라 디지털 문화에 익숙한 MZ세대를 중심으로 웰스테크 서비스는 금융투자자들에게 널리 보급·확산될 것으로 전망된다.

◆ **엑스 마키나(Ex Machina)**

알렉스 가렌드 감독이 감독한 영화로, 인공지능 로봇과 인간의 감정을 심층적으로 다루고 있다. 로봇이 독자적인 인공지능을 가지게 되면 어떤 일이 벌어질까 하는 호기심을 자극하는 영화라 하겠다.

유능한 프로그래머 칼렙은 치열한 경쟁 끝에 인공지능 분야의 천재 개발자 네이든의 프로젝트에 참여하면서 네이든이 창조한 매력적인 A.I인 에이바를 만나게 된다. 그녀의 인격과 감정이 진짜인지 아니면 프로그래밍된 것인지를 밝히는 테스트를 진행하게 된다.

이외에도 인공지능을 다룬 영화로 스티븐 스필버그 감독의 〈에이 아이〉, 가사 로봇 이야기를 다른 〈바이센테니얼 맨(Bicentennial Man)〉, 인공지능과 사랑에 빠진 남자의 SF 멜로 영화 〈그녀(Her)〉 등이 있다. (네이버 영화, 나무위키 참조)

행복한 노후를 위한
은퇴 준비

은퇴와

퇴직

연말이다 보니 지인들로부터 받는 문자 중에는 직장 생활을 무사히 마치고 퇴직한다는 내용이 많다. 나는 이런 문자를 받으면 반드시 꽃다발 이모티콘과 오랜 머슴살이(?)를 끝내고, 자신이 주인인 진정한 자유인으로 살아갈 수 있는 자유를 얻음에 아낌없는 축하의 박수를 보낸다.

직장 생활을 평생 할 수는 없다. 강물이 흘러가면 새로운 강물이 흘러오듯, 때가 되면 누구나 은퇴를 맞이하게 된다. 현직에 있으면서 나름대로 착실히 은퇴 준비를 하시는 분들도 계시지만, 대부분은 은퇴 준비를 해야지 하는 막연한 생각만 가지고 있다가 은퇴를 맞이하게 된다.

얼마 전, 현직에 있을 때 같이 근무했던 후배들과 저녁 식사를 하였다. 모임에 참석한 후배 중 금년 말에 퇴직하는 후배가 있어 은퇴 후 무엇을 할 생각이냐고 물었더니 마찬가지 대답이 돌아온다. "은퇴 준비를 해야지 하는 마음은 있었는데 막상 은퇴하려고 보니 준비한 게 없다."는.

그렇다면 은퇴를 준비하기 위해서 무엇을 먼저 해야 할까? 첫째, '은퇴'와 '퇴직'의 개념을 명확히 하라. 우리는 흔히 은퇴와 퇴직을 혼용하여 많이 사용하고 있다. 네이버 어학사전에 의하면 퇴직(退職)은 '현직에 물러남'을 의미한다. 반면 은퇴(隱退)는 '직임(職任)에서 물러나거나 사회 활동에서 손을 떼고 한가히 지냄'으로 되어 있다.

나는 퇴직이나 은퇴가 현직에서 물러나는 것은 동일하나, 적극적인 재취업 의사가 있으면 '퇴직'이고, 재취업 의사가 없으면 '은퇴'로 정의하고 싶다. 나도 6년 전 퇴직을 할 때 '퇴직 = 은퇴'로 생각하였지만, 6년 동안 나름대로 다양한 경제활동을 하면서 인생 후반전을 보내고 있다. 따라서 은퇴를 앞둔 사람들은 먼저 본인의 재취업 의사를 확인한 후, 나는 지금 퇴직하는 것인지 아니면 은퇴하는 것인지를 명확히 했으면 한다. 왜냐하면 어떻게 정의하느냐에 따라 본인의 마음가짐과 해야 할 행동들이 크게 달라지기 때문이다.

둘째, 자유인이 될 마음의 준비를 하라. 인생은 3막으로 구성된 연극이다. 제1막은 이 세상에 태어나서 학교를 졸업할 때까지의 기간이다. 이 기간에는 부모님과 학교가 원하는 인생을 살았으며, 대략 25~30여 년의 세월이다. 제2막은 학교를 졸업하고 직장 생활을 시작하면서부터 퇴직할 때까지의 기간이다. 가정과 직장과 사회가 원하는 인생을 살아온 30여 년의 시간이다.

그리고 마지막 인생 3막은 은퇴 이후 죽을 때까지의 기간이다. 나 자신의 의지로, 내가 하고 싶은 일을 하면서 살 수 있는 마지막 기회이자 시간이다. 이 시간마저 놓친다면 영원히 자유인으로 살아갈 시간이 없다. 여기서 '자유인'이라 함은 나 자신의 의지로 모든 의사 결정을 수행하는 사람을 말한다. 누군가가 나에게 "요즘 어떻게 지내십니까?"라고 물어 오면, 나는 주저 없이 "자유인으로 열심히 살고 있습니다."라고 대답한다.

셋째, 자신이 무엇을 가장 좋아하고 무엇을 가장 잘하는지를 파악하라. 앞에서 인생 3막은 스스로가 인생의 주인공이 되어 내가 하고 싶은 일을 하면서 살아갈 수 있는 마지막 기회라고 하였다.

자유인으로 살아가기 위해서는 먼저 내가 무엇을 좋아하며, 무엇을 가장 잘할 수 있는지를 파악해야 한다. 이를 위해서는 끊임없이 자기 자신에게 물어봐야 한다. 나는 공부를 잘할 수 있고 강의하기를 좋아한다. 은퇴 이후 내가 좋아하는 것을 하면서 노후를 보내기 위해 책도 쓰고, 박사 과정도 다니면서 차곡차곡 준비해 온 결과 퇴직 이후 7년째 강의 활동을 하면서 자유인으로 살아가고 있다.

퇴직과 은퇴를 명확히 구분하고, 진정 내 인생의 주인공이 될 자유인이 될 마음의 준비를 하며, 무엇을 가장 좋아하고 잘할 수 있는지를 파악하는 것이 은퇴 준비의 첫걸음이라 하겠다. 이것이 바로 노확행(노후의 확실한 행복을 위하여)을 위한 위대한 출발점이다.

◆ **끝난 사람**(Life In Over Time)

2018년에 개봉한 일본 영화로서 소설 『끝난 사람』을 영화화한 것이다. 대형 은행의 출세 코스에서 자회사로 밀려나 그대로 정년퇴직을 맞이한 타시로 소스케. 세상 사람들에게 끝난 사람이라고 인식되고, 일 하나만 바라보고 걸어온 소스케는 망연자실한다. 미용사인 아내 치구사는 생기를 잃어버린 남편을 내버려 두고 있었다. 그렇게 재취업도, 연애도 어려운 나이의 주인공은 어느 날 예상치 못한 만남을 통해 인생의 전환점을 맞이한다.

영화에서 장례식을 연상하는 마지막 날의 은퇴식은 남자로서 정말 끝난 느낌을 사실적으로 묘사하고 있다. 정년 이후의 삶, 노후의 인생에 대해서 한 번쯤 생각해 보게 되는 영화이다. (네이버 영화, 나무위키 참조)

2

100세 시대 노후에

가장 필요한 것

작가 겸 방송인인 유인경은 100세 시대 가장 필요한 능력으로 '소통과 공감'을 꼽으며, 이를 위해서는 A(Ask: 질문), B(Believe: 믿음), C(Cheerful: 긍정)가 중요하다고 하였다. 그렇다면 100세 시대에 행복한 노후 생활을 보내기 위해서 가장 필요한 것은 무엇일까?

노후설계 강의를 다니면서 이 질문을 하면 '돈, 건강, 딸, 취미, 꿈, 정력, 배우자' 등 정말 다양한 대답이 나온다. NH투자증권 100세 시대 연구소에서 조사한 결과에 의하면 돈과 건강이 40%로 비슷하게 나왔으며, 기타 의견으로는 사회보장, 가족, 친구, 여가 등이 있었다. 대부분의 사람이 건강 아니면 돈을 꼽는다.

NH투자증권 100세시대연구소에서는 80세 시대 마인드로는 100세 시대를 살아갈 수 없다고 하면서, 100세 시대를 신박하게 살아가는 36가지 방법을 제시하고 있다. 그중에서 몇 가지를 나열해 보면 다음과 같다.

- 노후 준비의 기본, 3층 연금을 갖추자.
- 국민연금도 맞벌이 시대, 부부 함께 가입하자.
- 은퇴 후 직업을 위한 자기 계발을 병행하자.
- 노후 자산이 부족하면 주택(농지)연금을 활용하자.
- 운동은 필수, 건강수명을 늘리자.
- 자녀와 가치관 차이를 인정하자.

여러분은 100세 시대에 노후를 보내기 위해서 무엇이 가장 필요하다고 생각하시는가? 사람에 따라서 다양한 대답이 나오겠지만, 대체로 NH투자증권 100세시대연구소 조사 결과와 비슷한 대답이 나오리라 예상된다.

유대인 홀로코스트(holocaust) 지옥에서 살아남은 한 사람의 인생 이야기를 담은 책 『세상에서 가장 행복한 100세 노인(The Happiest Man on Earth)』에서 저자인 에디 제이쿠는 "나의 행복은 내 손에 달려 있다."라고 하면서, 사랑과 우정, 친절과 희망, 일상에서 느끼는 소소한 행복이 우리 삶의 연료라는 사실을 다시 한 번 일깨워 주고 있다.

신(神)은 우리에게 모든 것을 다 주지는 않으며, 우리 인간의 탐욕은 끝이 없기 때문에 행복한 노후를 위해서는 내가 지금 가진 것에 만족하며 살아갈 수 있는 안분지족(安分知足)의 마음가짐이 더 중요하지

51

않을까.

◆ **어바웃 슈미트(About Schmidt)**

평생을 몸담았던 보험회사에서 이제 막 은퇴한 새내기 백수 슈미트.

취미는 아내 구박하기와 곧 사위가 될 렌달 무시하기, 주특기는 화장

실에 앉아서 쉬하기와 하루 77센트를 후원하는 탄자니아 꼬마에게

편지 쓰기이다. 알렉산드 페인 감독의 2002년 작품으로 주인공인 잭

니콜슨의 명연기가 돋보이는 걸작이다. (나무위키, 블로그 율리우스 시저

참조)

3

은퇴 시

필수 체크리스트 7가지

나는 은퇴를 앞둔 사람들의 마음을 미국의 시인 로버트 프로스트
(Robert Frost)의 시 「가지 않은 길(The Road not Taken)」에 비유한다.
지금까지 걸어온 인생에 대한 깊은 회상과 앞으로 걸어가야 할 길에
대한 막연한 두려움과 호기심이 공존하는 마음이 바로 은퇴자의 마음
이 아닐까.

한편 어떤 이는 은퇴를 산 정상을 정복한 후 하산하는 것에 비유하
면서, 산을 오르는 것보다 내려가는 길을 조심해야 한다고 한다. 왜냐
하면 하산 길에 사고가 더 자주 발생하기 때문이다. 인생이라는 힘든
등반을 마치고 안전하게 하산하기 위하여 반드시 확인해야 할 일곱
가지 재무적 체크리스트에 대해서 알아보자.

먼저 자신의 정확한 재무 현황 분석을 위해 현재 보유하고 있는 자

산·부채 현황표와 수입·지출 현황표를 작성하라. 자산·부채 현황표 작성 방법은 계정식(T자형)과 보고식이 있다. 먼저 계정식은 T자를 그린 후 왼쪽(차변)에는 자산의 구성과 금액을, 오른쪽(대변)에는 부채의 구성과 금액을 적으면 된다. 보고식은 자산과 부채를 순서대로 작성하면 된다. 가급적 전년 말과 비교하는 형식으로 작성하면 한 해 동안 자산과 부채의 증감 명세를 쉽게 파악할 수 있다. 자산 중 예금은 금리와 만기일을, 부동산은 시가 또는 공시가격, 부채는 만기일과 대출금리 수준 및 변동금리 여부 등의 정보를 알고 있어야 한다. 보고식 자산/부채 현황표 작성 예시는 다음과 같다.

자산/부채 현황표 작성 예시

구분	종류	2020년 말	2021년 말	증감	만기일
자산	정기예금	150,000	160,000	+10,000	2022.4.5
	저축예금	2,000	1,000	−1,000	
	연금보험	20,000	20,000	−	
	주식	10,000	15,000	+5,000	
	아파트	850,000	1,100,000	+250,000	
	계	1,032,000	1,296,000	+264,000	
부채	담보대출	250,000	230,000	−20,000	2027.3.4
	마이너스 통장	10,000	8,000	−2,000	2022.8.9
	계	260,000	238,000	−22,000	
순자산		772,000	1,058,000	+286,000	

다음에는 수입과 지출 현황표를 작성하라. 수입과 지출의 정기적·부정기적 발생 여부를 파악하는 것이 중요하다. 작성 방법은 자산·부채 현황표와 동일하다. 계정식은 왼쪽(차변)에 비용, 오른쪽(대변)에 수입을 작성하면 되고, 보고식은 수익과 비용 순서대로 작성하면 된다.

둘째, 미래 현금흐름표를 작성하라. 앞에서 파악한 자산과 부채, 수입과 지출 현황 분석을 토대로 퇴직 후 10년 또는 30년 기간의 월별 미래 현금흐름표를 작성하는 것이다. 일반적으로 가계부는 이미 지출한 명세를 정리하는 것이지만, 미래 현금흐름표는 미래에 일어날 일을 추정하여 작성하는 것이기 때문에 미래 현금흐름표를 '미래 가계부' 또는 '평생 예산표'라고 한다.

미래 현금흐름표를 작성할 때 60대와 70대, 나아가서 80대의 지출 규모가 다르기 때문에 작성 기간을 10년 이상 장기로 할 경우 지출 금액을 점진적으로 줄여 나가야 한다. 미혼 자녀의 결혼 비용 및 이사 비용 등 거액의 목돈 지출은 최대한 추정하여 반영하는 것이 좋다. 만약 통장 잔액이 마이너스가 될 가능성이 있으면 보유하고 있던 예금을 인출하여 유동성을 보충해야 한다. 미래 현금흐름표 작성은 엑셀 등 컴퓨터 프로그램을 이용하여 쉽게 작성할 수 있으며, 작성 예시는 다음과 같다.

구분		1월	2월	3월	4월	5월	6월
수입	국민연금	180	180	180	180	180	180
	이자 배당	100					
	강의료			100	100	100	100
	임대소득						
	기타	50	350				
	계(a)	320	530	280	280	280	280
지출	생활비	200	200	200	200	200	200
	경조사비	30	30	50	50	50	50
	조세공과	20	20	30	30	30	30
	의료비		20	20	20	20	80
	기타	30	20	20	20	30	30
	계(b)	280	290	320	320	330	390
잔 액(a−b)		40	280	240	200	150	40
비 고							

　　이러한 미래 현금흐름표를 작성해 보면 은퇴 후 소요되는 자금 규모를 한눈에 파악할 수 있고, 매월 일정한 현금 흐름 창출이 얼마나 중요한지를 알 수 있다. 은퇴 설계 전문가들이 노후에 매월 일정한 현금 흐름이 발생할 수 있도록 자산 포트폴리오를 구축하라고 하는 이유도 바로 여기에 있고, 매달 연금이 나오는 국민연금, 주택연금 및 농지연금 등을 두고 자식보다 나은 최고의 효자라고 하는 이유도 이것 때문이다.

셋째, 건강보험 자격을 확인하라. 직장에서 퇴직하게 되면 대부분 지역가입자로 전환하게 된다. 직장에 다니는 자녀들의 피부양자가 되는 것이 경제적으로 가장 좋은 방법이지만, 피부양자 자격 요건이 갈수록 강화되는 추세이기 때문에 이 또한 쉽지 않을 전망이다.

만약 지역가입자로 전환이 불가피하다면 지역가입자로서의 건강보험료와 직장가입자 시절의 건강보험료를 비교하여 직장가입자 시절의 보험료가 적다면 임의계속 가입제도를 활용하라. 지역 건강보험료 고지서를 받은 날로부터 2개월 이내에 신청하면 3년 동안은 직장가입자 시절의 보험료를 계속 납부할 수 있다.

넷째, 국민연금 보험료 납부 여부 및 연금 수급 방법을 결정하라. 만 60세 이전에 은퇴하게 되면 60세까지 국민연금 보험료를 계속 납부할지 아니면 납부 예외 신청을 할지를 결정해야 한다. 국민연금 콜센터(국번 없이 1355)로 문의하면 된다. 또한 국민연금(노령연금)을 정상적으로 받을 것인지, 아니면 5년 이내 당겨 받을 것인지(조기노령연금, 1년마다 6% 감액), 5년 이내 연기해서 받을 것인지(연기연금, 1년마다 7.2% 증액)를 결정해야 한다.

다섯 번째, 은퇴 시 받게 되는 퇴직금 수령 방법을 결정하라. 퇴직금을 일시금으로 수령할지 아니면 일부 일시금, 일부 연금 형태로 받을 것인지, 전액을 연금 형태로 받을 것인지를 정해야 하며, IRP(Individual Retirement Pension: 개인퇴직계좌) 계좌로 운용 시 거래 금융회사를 어디로 할지를 정해야 한다.

과거 55세 이전에 퇴직하는 경우 퇴직연금 가입자만 IRP 계좌로 의무 이체를 해야 하나, 2022년 4월 14일 이후부터는 퇴직연금에 가입하지 않았더라도 퇴직급여를 IRP 계좌로 의무 이체를 하게끔 제도가 변경되었다. 본인의 재정 상태 및 퇴직소득세 감면 효과 등을 종합적으로 감안하여 결정하는 것이 바람직하다.

여섯 번째, 자동이체와 모임 회비 등을 체크하라. 은퇴를 하게 되면 현직에 있을 때 형성된 인적 네트워크가 점점 사라지게 되고, 매달 들어오던 월급이 없어지기 때문에 현직에 있을 때처럼 많은 모임을 지속해서 유지하기가 쉽지 않다. 따라서 예금통장에서 자동이체로 매달 빠져나가는 각종 모임 회비를 점검하고, 모임의 성격에 따라 일부 모임은 과감히 정리할 필요가 있다. 특히 최근 골프장 이용료가 무섭게 오르다 보니 골프 모임을 정리하는 사람들이 늘어나고 있다.

일곱 번째, 노후 친화적 보험 포트폴리오를 구축하라. 은퇴 전 보험 가입 목적은 보장자산을 강화하고 필요 목적자금을 준비하는 것이라면, 은퇴 후에는 연금 자산 재설계와 간병자산을 추가하는 것이 중요하다. 따라서 은퇴 시 본인이 가입한 보험을 점검하여 가급적 노후에 필요한 기능을 강화하는 방향으로 보험 포트폴리오를 재구축할 필요가 있다. 노후 위험 중 하나가 의료비이기 때문에 실손보험과 치매보험 및 간병인보험 가입을 검토하는 것이 필요하다.

4

노후설계와

5가지 착각

일본 작가인 가키야 미우의 소설『정년 아저씨 개조계획』은 오랜 직장 생활에서 은퇴한 주인공이 어느 날 두 손자의 어린이집 통원을 맡게 되면서, 은퇴 전 자신이 생각해 왔던 퇴직 이후의 삶과 너무나 다른 현실을 마주하고 당황해하며 가족 내 자신의 역할을 찾아가는 이야기를 다루고 있다.

우리가 은퇴 전에 가지고 있던 은퇴 이후의 삶에 대해서 잘못 알고 있는 사실은 없을까?『오십부터는 노후 걱정 없이 살아야 한다』라는 책에서 강창희 연금 포럼 대표는 노후를 망치는 세 가지 착각에 대해 인생의 80 이후는 없다고 생각하고, 죽음이 어느 날 갑자기 찾아오며, 자식이 자신의 노후를 책임져 줄 것으로 생각하는 것이라고 하였다.

한편 조선일보에서는 고령화 사회인 일본에서 유행하는『정년(停年) 소설』의 내용을 토대로 '너희들이 내 재산이고 보험이지.', '집사람이 같이 놀아 주겠지.' '일찍 죽으면 어떡하지?'를 예비 은퇴자들이 빠지기 쉬운 세 가지 착각이라 하였다.

대신증권은 노후 준비를 망치는 다섯 가지 착각을 다음과 같이 제시하고 있다. 첫째, 한없이 돈을 벌 수 있을 줄 안다. 앞으로 수입이 더 좋아질 것이라는 막연한 기대 또는 현재와 같은 수입이 계속될 것이라는 기대를 갖고 있다면 노후 대비에 실패할 가능성이 높다.

둘째, 연금의 필요성을 느끼지 못한다. 연금저축 가입률은 높아지고 있지만 유지율은 5년 후에 60%로 급락한다. 중요한 것은 연금을 유지하는 것이다. 셋째, 자녀 지원으로 노후 준비를 대신한다. 우리나라 40~50대가 노후 준비를 못 하는 이유의 65.4%가 자녀의 교육비와 결혼 지출 때문이라고 한다.

넷째, 자녀가 노후를 책임져 줄 것이라 생각한다. 현시대는 결혼한 자녀 2명이 양가 부모를 부양하는 시대이므로 자녀에게 노후 부양을 기대하기에는 현실적으로 어렵다. 다섯 번째, 무언가를 배우기에 늦었다고 생각한다. 은퇴 후 취미나 직업 없이 남은 인생을 보내는 것은 불행한 노후를 보내는 지름길이다.

누구나 출근 시간이 사라지는 인생이 언젠가는 반드시 닥치게 된다. 은퇴 후 흔히 빠지기 쉬운 다섯 가지 착각을 정확히 인식하고 노후를 설계한다면 많은 시행착오를 줄일 수 있지 않을까.

첫째, 내 인생에 있어서 여든 이후는 없다? 평균수명이 80세가 안되던 시절에는 당연히 80세 이후의 인생을 생각할 수가 없었다. 그러나 평균수명이 증가하여 83세를 돌파한 지금은 당연히 80 이후의 인생도 존재한다. 과거 보험 보장 기간이 대부분 80세였으나, 지금은 100세 보장으로 바뀌지 않았나.

둘째, 죽음은 어느 날 갑자기 찾아온다? "자다가 갔으면 좋겠다."라는 말은 연세 드신 분들이 입버릇처럼 하시는 말씀이자 로망이다. 그러나 현실은 정반대이다. 너무 오래 살아서 걱정이다. 행복 수명 기준으로 9~10년을 아프면서 살아가고, 돌아가시는 분들의 60~70%가 요양원 또는 요양병원에서 2년 이상을 보내다가 생을 마감한다.

셋째, 자식이 나의 노후 대책이다? 자식은 품 안에 있을 때가 자식이고, 부모에게 웃음을 안겨 주면서 효도를 다한 것이다. 내가 90살까지 산다고 했을 때 자녀도 이미 60살이 넘어 은퇴한 나이라는 점을 기억해야 한다.

넷째, 배우자가 나를 보살펴 줄 것이다? 초고령 사회인 일본에서 항암 치료를 받는 70대 남편이 몸을 움직이지 못하는 아내를 살인한 노노개호(老老介護) 살인사건이 종종 발생한다. 여기서 '노노개호'란 간호가 필요한 노인을 노인이 돌보는 것을 말한다. 몸이 불편한 90대 할아버지를 90대 할머니가 어떻게 간호하겠는가?

다섯 번째, 아내도 나와 같은 노후 생활을 꿈꾸고 있을 것이다? 100세 시대에는 은퇴 후 부부가 함께 살아야 하는 시간이 최소 30년이다. 일본의 노후 전문가 오가와 유리(小川有利) 씨는 "일본에서 은퇴 후에 가장 사랑받는 남편은 집에 없는 남편"이라고 하였다. 은퇴한 노부부의 동상이몽(同床異夢)은 일본의 유명한 소설인 『끝난 사람(終わった人)』에 적나라하게 묘사되어 있으며, 소설은 퇴임식을 마친 후 직장

을 떠나면서 "이건 완전 생전 장례식이구만."이라는 첫 문장으로 시
작된다.

착각은 자유라지만 잘못된 착각은 많은 희생을 초래한다. 노후 생
활의 시행착오를 줄이기 위해서는 노후설계 시 빠지기 쉬운 여러 가
지 착각에 빠져 있지는 않은지 자신을 냉정하게 돌아볼 필요가 있다.

◆ **아무르(Love)**

2012년 칸영화제 황금종려상을 받은 영화이다. 행복하고 평화로운
노후를 보내던 음악가 출신의 노부부 조르주와 안느. 어느 날 아내 안
느가 갑자기 마비 증세를 일으키면서 그들의 삶은 하루아침에 달라진
다. 남편 조르주는 반신불수가 된 아내를 헌신적으로 돌보지만, 하루
가 다르게 몸과 마음이 병들어 가는 아내를 바라보면서 그는 선택의
기로에 놓이게 된다.

인생의 마지막에서 사랑 그리고 삶과 죽음을 생각하게 만드는 영화
이다. 아무르는 프랑스어로 '사랑'이라는 뜻이다. (네이버 영화. 넷플릭스
참조)

5

3단계 노후 생활과

필요 자금

우리가 법적 정년인 60세에 은퇴한다면 은퇴 후 40년을 살아야 하는 100세 시대를 맞이하고 있다. 그렇다면 40년 노후생활을 보내는 데 언제, 얼마만큼의 돈이 필요할까?

은퇴 후 인생을 어떻게 분류할 것이냐는 사람마다 약간의 차이가 있겠지만, 다음 3단계로 구분하고 싶다. 일반적으로 남자들은 '사회적 활동기 → 회고기 → 투병기'의 단계를 거치지만, 여자들은 회고기와 투병기 사이에 남편 사별 후 혼자 보내는 시기인 '나 홀로 생존기'가 있다. 노후에 필요한 자금은 활발한 사회활동을 할 수 있는 사회적 활동기에 가장 많이 필요하고, 필요한 노후 자금은 시간이 지나면서 점점 줄어든다. 인간관계 중 가족 및 친근 관계만 남게 되는 회고기를 지나 투병기로 접어들면 이제는 돈이 있어도 돈을 쓸 기회가 없게 되고, 대부분 요양원 또는 요양병원에서 인생의 마지막을 기다리게 된다.

구분	주요 특징
사회적 활동기 (은퇴~70세)	− 내가 가고 싶은 곳에 운전해서 갈 수 있다. − 각종 모임에 열심히 참석한다. − 경조사비는 내 이름으로 지출되며, 돈이 가장 많이 든다.
회고기 (70~80세)	− 장거리 운전은 더 이상 힘들어서 못 한다. − 인간관계가 하나둘 끊어지며, 살아온 인생을 되돌아본다. − 집에 오는 것은 친구 부고장과 세금 고지서뿐이며, 경조사는 자식들 몫이다.
투병기 (80세 이후)	− 정신적/육체적 장애 상태이다. − 돈이 있어도 쓸 수가 없다. − 의료비/병구완비 지출이 급격하게 증가한다. − 은퇴 준비에 따라 노후 생활의 질이 많이 달라진다.

그렇다면 노후 자금은 얼마나 필요할까? 현재 보유자산, 생활 습관, 본인의 가치관 등에 따라 사람마다 다르겠지만, 다다익선(多多益善)이 정답이다. 일부 금융회사 등에서는 월평균 노후 필요 자금에다 12개월을 곱하고 40년을 곱해서 필요 노후 자금을 산출하기도 한다. 그러나 이렇게 산출한 노후 자금은 고령화에 따른 소비지출 감소 효과를 감안하지 않은 문제점이 있다.

통계청의 2021년 가계금융복지조사 결과 자료에 의하면, 은퇴 후 가구주와 배우자의 월평균 적정생활비는 305만 원으로 조사되었으며, 노후를 위한 준비 상황은 '잘되어 있지 않다'가 39.4%, '전혀 되어 있지 않다'가 14.8%로 나타났다. 적정생활비에서 100만 원을 더하여 여유 생활비(해외여행 등)라 하고, 적정생활비에서 100만 원을 차감하여 최소생활비로 분류하자.

또한 필요 노후 자금을 계산할 때는 나이를 먹어 감에 따른 소비 감소를 반영할 필요가 있다. 소비감소율은 소득 수준별로 20~40%, 노후 기간은 은퇴 후 30년(현실적인 평균수명)으로 가정하고 산출하였다. 소비 감소를 반영한 노후 필요 자금에서 실제 필요한 노후 준비 자금을 산출하기 위해서는 국민연금 수령액을 차감해 줘야 한다. 2022년 9월 기준 월평균 노령연금 수령액인 월 58만 원(물가상승률 2% 반영)을 반영하여 산출한 실제 필요 노후 자금은 다음과 같다.

필요 노후 자금 산출 예시 (단위: 만 원)

구분	노후 자금 (A)	노후 기간 (B)	필요 노후 자금 (C=A*B)	소비감소 반영 노후 자금 (D)	국민연금 수령 (E)	실제 필요 노후 자금 (F=D−E)
여유생활비	월 400	30년 (360개월)	144,000	86,400(60%)	28,240 (월 58)	58,160
적정생활비	월 305		109,800	76,860(70%)		48,620
최소생활비	월 210		72,000	57,600(80%)		29,360

주) 60%, 70%, 80%는 (1−소비감소율)임

KB금융지주 경영연구소의 「2018 KB 골든 라이프보고서」 자료에 의하면 노후 적정생활비 조달 예상 수준은 매우 부족(30% 미만)이 9.9%, 미흡(30~70% 미만)이 51.3%로 노후 준비가 제대로 되어 있지 않다는 의견이 61.2%를 차지하였다. 여러분들도 각자 본인의 필요 노후 자금을 계산해 보시라. 행복한 노후설계에 많은 도움이 되리라 생각한다.

제2부 · 행복한 노후를 위한 은퇴 준비

◆ **노후자금이 없어!(What happened to our nest egg!?)**

가키야 미우의 장편소설 『노후자금이 없습니다』를 영화화한 2022년 개봉작이다. 집안 살림은 나 몰라라 속 터지게 하는 남편, 이렇다 할 직장 없이 알바로만 전전긍긍하는 딸, 아직 대학 등록금을 지원해 줘야 하는 아들, 그리고 4인 가족의 가계부를 책임지며 알뜰살뜰 노후 자금을 모으고 있는 슈퍼 주부 고토 아츠코! 그런데 잘 다니던 계약직에서 해고되고, 딸의 시댁 입김에 휩쓸려 감당 못 할 호화 결혼식을 치르질 않나, 남편 회사의 부도라는 금전적 악재마저 줄줄이 닥친다. 평범한 주부의 좌충우돌 노후 자금 사수기를 다룬 영화이다. (네이버 영화 참조)

6

던바의 법칙과

인간관계

"여러분의 휴대전화에는 지금 전화번호가 몇 개나 등록되어 있나요? 최근 1년 동안 직접 통화 또는 SNS를 한 번호는 몇 개나 되나요?"

노후설계 강의를 할 때마다 물어보는 질문 중 하나이다. 우리는 살아가면서 얼마나 많은 친구가 필요하며, 은퇴 이후에는 얼마나 많은 사회적 관계가 필요할까? 마당발에도 한계가 있고, 인맥에도 한계가 있다. 아무리 발이 넓은 사람이라도 진정한 사회적 관계를 맺는 사람은 150명에 불과하다는 것이 던바(Dunbar)의 법칙이다.

한편 송호근 교수는 『그들은 절대 소리 내 울지 않는다』라는 책에서 인간관계를 다음 네 가지로 분류하고 있다. 첫째, 가족 관계망(family network)은 혈연을 바탕으로 경제적 · 정서적 · 심리적 안정을 생산하는 가족들로 구성된 관계망이다. 둘째는 친밀 관계망(intimacy network)으로 가장 친한 동료들을 포함해서 어떤 일이 있을 때마다 상의하고 어울릴 수 있는 친근 집단으로 학창 시절 동기, 직장에서 가장 친한 동료 및 친한 선후배 등이다.

셋째는 친근 관계망(familiarity network)으로 비슷한 성격과 유형의 집단이지만, 친밀관계망의 집단에 비해 심리적 거리가 약간 먼 그룹이다. 사생활에 관한 얘기를 스스럼없이 할 수는 없지만, 술자리와 여행, 운동을 같이할 수 있는 사람들이다.

마지막으로 공적 관계망(public network)은 직장 생활을 할 때 맺었던 공적 관계에 속한 사람들로서 사생활 얘기를 하기가 어렵고, 이해관계에 따라 언제든지 관계의 재개와 단절이 가능하다.

송호근 교수는 자신의 전화번호부를 분석한 결과, 공적 관계망 74%, 친근 관계망 15%, 친밀 관계망 7%, 가족 관계망 4%로 퇴직 후 6개월이 지나면 공적 관계망은 소멸한다고 하였다. 친근 관계망도 특별한 경우가 아니라면 서서히 의미를 상실하고, 친밀 관계망으로 후퇴한다. 즉 '공적 관계망 → 친근 관계망 → 친밀 관계망 → 가족 관계망' 순서로 관계가 단절된다고 하였다. 결국 은퇴자에게 의미가 있는 것은 친밀 관계망과 가족 관계망인 셈이다.

베이비부머 마지막 세대인 1965년생도 은퇴한 지 1년이 지나고 있고, 1966년생도 은퇴의 길로 들어서고 있다. 현직에서 은퇴하면 권력(명함), 전문성, 현금 흐름(월급), 인간관계 등이 사라진다고 했다. 현직에 있을 때 받아 둔 수많은 명함과 휴대전화에 등록된 전화번호는 은퇴 후 얼마나 필요할까? 은퇴 후 3개월이 지났을 때 "당신은 도대체

사회생활을 어떻게 했기에 온종일 전화 한 통화 없느냐?"는 이야기를 아내에게서 들었다는 어느 선배님의 말씀이 생각난다.

은퇴 후 인간관계를 정리하는 방법도 다양하다. 선배님 중 한 분은 은퇴하자마자 바로 휴대전화 등록번호 중 150개를 남겨 두고 나머지는 삭제하셨고, 또 다른 선배님 한 분은 최근 3년 동안 전화 또는 문자 한번 없었던 전화번호를 1년에 한 번씩 휴대전화에서 지운다고 하셨다. 송호근 교수의 인간관계망을 미리 사전에 실천하신 것이 아닐까.

온종일 울리지 않는 휴대전화를 보고, '나는 인생을 잘못 살았나?' 라고 스스로 자책할 필요는 없다. 은퇴 후 누구나 겪게 되는 너무나 자연스러운 현상이다. 특히 은퇴 후 인간관계가 급격히 줄어드는 이유 중 하나는 아직도 먼저 전화하는 사람이 계산해야 하는 우리나라만의 독특한 사회문화도 한몫 차지하리라.

키르케고르(Kierkegaard)는 "행복의 90%는 인간관계에 달려 있다." 고 하였다. 행복한 인생 후반전을 살아가기 위해서는 지금까지 맺어왔던 기존 인간관계를 어떻게 재조정하는 것이 좋을까? 시간이 지나면서 자연스레 점점 멀어지는 인간관계를 의도적으로 단절시킬 필요는 없다고 본다. 다만 거주지 및 생활 중심으로 새로운 인간관계를 구축하면 어떨까? 은퇴 후에는 만나고 싶을 때 언제든지 만날 수 있는 가까운 거리에 있는 부담 없는 인간관계가 죽을 때까지 같이할 수 있는 최고의 인간관계가 아닐까.

은퇴한 중년 남성들이 명심해야 할 것이 한 가지 더 있다. 남편만 사회생활을 하는 것이 아니라는 사실이다. 비록 전업주부일지라도

69
—

학교, 종교 및 취미 관련 다양한 커뮤니티에서 폭넓은 사회생활을 하면서 자신만의 성(城)을 구축하고, 성주(城主) 역할을 하고 있다. 그런데 남편이 은퇴하면서 아내가 평생 구축한 성안에서 주인 노릇을 하려고 하면 부부 관계가 나빠질 수밖에 없다.

대한민국 남편들이여! 아내가 평생 구축한 아내만의 사회생활과 네트워크를 인정하라! 그러면 행복한 인생 후반전이 그대 앞에 펼쳐지리라!

◆ **굿 윌 헌팅(Good Will Hunting)**

2016년에 재개봉한 위로와 감동을 주는 가슴 뭉클한 천재 이야기를 다룬 영화이다. 맷 데이먼과 로빈 윌리엄스 등이 주연한 영화로 MIT 공대의 천재 청소부인 까칠한 천재 소년 '윌 헌팅'과 다정한 멘토인 수학 교수 '제럴드 램보'의 이야기이다. 방황하는 청춘을 위한 인생의 길잡이며, 작은 인연이 맺어 준 인간관계가 한 인간의 인생을 어떻게 변화시키는지를 보여 주고 있다. 위로와 감동이 전해지는 20세기 최고의 명작 인생 영화이다. (네이버 영화, 나무위키 참조)

7

기대여명과

건강수명

인간의 수명에는 여러 가지 종류가 있다. 일반적으로 우리가 알고 있는 생물학적 수명(태어나서 죽을 때까지 기간)이 있고, 지금 태어난 어린애가 앞으로 생존할 것으로 기대되는 평균 생존 연수를 말하는 기대수명(life expectancy at birth)이 있으며, 기대수명은 평균수명이라고 한다.

한국인의 기대수명은 2010년을 전후로 선진국 수준인 80세에 도달하였으며, 1970년 62.3년에서 2020년 83.5년으로 50년 동안 21.2년 늘어났다. 2021년 현재 여자 기대수명은 86.6년으로 남자의 80.6년에 비해 6년이나 길다. 남자 기대수명이 가장 높은 나라는 아이슬란드(81.7년)로 한국(80.5년)보다 1.2년 높고, 여자 기대수명이 가장 높은 나라는 일본(87.7년)으로 한국보다 1.1년 높다.

주요국 기대수명 현황

(단위: 세)

구분	일본	한국	프랑스	독일	영국	미국	OECD평균
남자	81.6	80.6	79.3	78.7	78.4	74.2	77.7
여자	87.7	86.6	85.5	83.5	82.4	79.9	83.1

자료: 통계청, 2021년 기준

기대여명은 특정 연도에 특정 연령의 사람이 앞으로 생존할 것으로 기대되는 평균 생존 연수를 말한다. 통계청이 발표한 한국인의 기대여명 표는 다음과 같다. 2021년 베이비부머 세대들의 중간 연령인 60세 기준 남자의 기대여명은 23.5년에 불과하다. 은퇴 후 인생 3막을 진정 내 인생의 주인공이 되어, 내가 하고 싶은 일을 하면서 자유인으로 살아야 하는 이유이다.

연령대별 남녀 기대여명 현황

(단위: 세)

연령	기대여명 (전체)	기대여명 (남자)	기대여명 (여자)	연령	기대여명 (전체)	기대여명 (남자)	기대여명 (여자)
0	83.6	80.6	86.6	50	35.1	32.3	37.8
10	73.9	70.9	76.9	60	26.0	23.5	28.4
20	64.0	61.0	67.0	70	17.4	15.4	19.2
30	54.2	51.3	57.2	80	9.9	8.5	11.0
40	44.5	41.7	47.4	90	4.9	4.2	5.3

자료: 통계청 '2021년 생명표'

노후설계 행복 콘서트

건강수명이란 몸이나 정신에 아무 탈 없이 튼튼한 상태로 활동하며 사는 기간을 말하는데, 기대수명에서 질병으로 몸이 아픈 기간(유병 기간)을 제외한 기간을 말한다. 통계청 자료에 의하면 한국인의 건강수명은 2020년 기준으로 66.3년(체감 건강수명은 70세)에 불과하다. 결국 평균수명과 건강수명의 차이(83.5-66.3)인 17.2년은 아프면서 살아가야 한다는 것이다.

기대 및 건강수명 변동 추이 (단위: 세)

2012년		2016년		2018년		2020년	
기대	건강	기대	건강	기대	건강	기대	건강
80.9	65.7	82.4	64.9	82.7	64.4	83.5	66.3

자료: 통계청

이번에는 행복 수명에 대해서 알아보자. 행복 수명이란 건강(건강 수명), 경제적 안정(경제수명), 사회적 활동(활동 수명), 원만한 인간관계(관계 수명)를 기반으로 행복하게 살아갈 수 있는 기간을 말한다. 한국, 일본, 미국, 독일, 영국 5개국의 20~50대 경제활동인구 각 1천 명을 대상으로 조사한 결과를 보면, 행복 수명이 70대 중반으로 비슷한 수준을 보이고 있음을 알 수 있다.

주요국 행복 수명 현황

구분	한국	일본	영국	미국	독일
기대수명	83.1세	84.8세	82.3세	80.9세	81.8세
행복수명	74.6세	75.3세	76.6세	76.6세	77.6세

자료: 생명보험 사회공헌위원회, 2017년

100세 시대 노후 생활이 행복해지기 위해서는 건강수명을 늘리는 것이 정답이다. 건강수명을 늘리는 데에는 다양한 방법이 있겠지만, 돈이 안 들면서 마음만 먹으면 얼마든지 할 수 있는 방법이 바로 걷기 운동이다. 와사보생(臥死步生), 누죽걸산(누우면 죽고, 걸으면 산다)이라고 했고, 『동의보감』에는 식보(食補)보다는 약보(藥補)요, 약보(藥報)보다는 행보(行補)라 했다.

여러분의 건강수명은 몇 살인가? 100세 시대 행복한 노후 생활을 위해서는 우리의 평균수명을 늘리는 것도 중요하지만, 건강수명을 늘리는 것이 우리의 노후 생활, 삶의 질을 결정짓는다는 사실을 항상 명심하자.

8

법률적 자산과

은퇴 자산

　내가 가지고 있는 자산에는 세 가지 종류가 있다. 첫째, 법적으로 내 명의로 되어 있는 재산을 의미하는 법률적 자산이고, 둘째, 죽을 때까지 내가 사용한 자산인 실질적 자산이고, 셋째, 내가 죽을 때까지 사용할 수 있는 현금 및 현금성 자산을 뜻하는 은퇴 자산이다. 여기서 실질적 자산은 사전에 알 수 있는 자산이 아니라 죽은 후에 결정되는 사후적(死後的) 자산이다.

　내가 보유하고 있는 법률적 자산에서 현금 흐름이 발생하지 않는다면 내 자산이 아니라 나중에 상속과 증여를 통해 자식들의 자산, 즉 유산(遺産)이 되고, 일부는 상속세 납부 등을 통해 국가 자산이 된다.

　만약 내 명의로 되어 있는 10억 원의 아파트가 있다고 하자. 이 아파트에서 아무런 현금 창출이 일어나지 않는다면 법률적 자산은 10억 원이나, 은퇴 자산은 현금 흐름이 발생하지 않기 때문에 제로(0)이다. 만약 이 아파트에서 월세 100만 원의 수입이 발생한다면 법률적 자산은 10억 원에다 매월 발생하는 월세 100만 원을 더한 금액이 된다. 그리고 월세 100만 원은 은퇴 자산이 되고, 이 돈을 내가 사용했다면 실질적 자산이 된다.

우리나라 은퇴 세대들의 평균 은퇴 자산은 얼마나 될까? 은퇴 자산 관련 공식 통계 자료가 없다 보니 대안으로 다양한 분류 기준을 활용하여 분석할 수밖에 없다. 통계청의 2022년 가계금융복지조사 결과에 따르면 2022년 3월 말 기준 전체 가구의 55.7%가 3억 원 미만의 순자산을 보유하고 있으며, 10억 원 이상인 가구는 11.4%이다. 만약 여러분의 순자산이 10억 원 이상이면 대한민국 상위 11.4%에 속하는 셈이다.

가구주 연령대별 가구당 자산 보유액은 50대가 5억 3,473만 원, 60세 이상은 4억 8,327만 원이며, 전체 자산 중 실물자산의 비중은 연령대가 올라갈수록 증가하였다. 부동산 가격이 급등하면서 상대적 박

연령대별 가구당 자산 보유액　　　　　　　　　　　　　　　(단위: 만 원)

구 분	39세 이하	40대	50대	60세 이상	전체
자산(A)	36,333	59,241	64,236	54,372	54,772
실물자산(B)	23,844	44,937	49,562	45,153	42,646
(B/A)	65.6%	78.9%	77.2%	83.0%	77.9%

자료: 통계청

탈감에 빠진 30대의 영끌 투자(채무 위주 투자)를 이해할 수 있는 부분이다.

자산 유형별 가구당 구성 현황을 살펴보면, 전체 평균 자산(5억 4,772만 원) 중 금융자산이 22.1%, 부동산 등 실물자산이 77.9%로 구성되어 있다. 주요 선진국의 가계자산 구성 현황과 비교해 보자. 실물자산과 금융자산과의 구성비는 미국이 3 : 7수준으로, 금융자산 중 주식/펀드 투자 비중이 40% 이상이고, 일본은 2 : 3, 영국은 1 : 1, 호주는 3 : 2라고 한다.

우리나라는 부동산 투자가 대부분 직접투자로 이루어지지만, 외국의 경우 부동산 투자가 펀드 또는 리츠 등 금융자산으로 이루어지고 있다. 이 점을 감안하더라도 선진국에 비해 우리나라 가계 자산 중 실물자산이 차지하는 비중은 매우 높은 편이라 하겠다.

우리나라는 지금까지 일시적으로 부동산 가격이 하락한 적은 있지만, 중장기 추세는 우상향 상승 곡선으로 움직여 왔기 때문에 부동산 불패 신화가 뿌리 깊게 자리 잡고 있다. 향후 저출산 인구 감소 시대를 맞이하여 우리나라 부동산 가격이 하락 추세로 돌아선다면, 자산의 대부분이 실물자산인 우리나라 가구, 특히 은퇴 가구의 노후 생활은 어려워질 가능성이 매우 높다고 하겠다.

순자산을 5분위별로 나눠 보면, 1분위 평균 순자산은 3,862만 원, 5분위는 16억 2,471만 원으로 1분위 평균의 42배로 나타났다. 실물자산을 순자산으로 나눈 비율은 1분위의 경우 31.0%이나, 5분위는 순자산의 83.0%로 순자산 규모가 증가할수록 이 비율은 높아진다는 것을 알 수 있다. 최근의 부동산 가격 급등은 결국 부동산을 가지고

순자산 5분위별 현황

(단위: 만 원)

구분	1분위	2분위	3분위	4분위	5분위
순자산 평균(A)	3,862	15,190	31,479	60,844	162,471
실물자산 평균(B)	1,197	8,278	21,738	47,163	134,841
(B/A)	31.0%	54.5%	69.1%	77.5%	83.0%

자료: 통계청

있는 사람들만 더욱 부자로 만들었으며, 부의 양극화는 더욱 심화되었다는 사실을 알 수 있다.

다음은 노후 생활이다. 가구주가 은퇴하지 않은 가구의 2022년 3월 말 기준 가구주의 예상 은퇴 연령은 68세이다. 은퇴 후 가구주와 배우자의 월평균 적정 생활비는 314만 원, 최소생활비는 219만 원으로 조사되었다. 노후 준비도 '잘되어 있지 않다'가 38.6%, '전혀 준비되어 있지 않다'가 14.0%로 전체 가구의 52.6%가 노후 준비가 부족한 것으로 나타났다.

가구주가 은퇴하지 않은 가구

예상 은퇴 연령	최소 생활비	적정 생활비	노후를 위한 준비 사항				
			아주 잘 되어 있다	잘 되어 있다	보통이다	잘 되어 있지 않다	전혀 되어 있지 않다
68.0	219	314	1.0%	7.7%	38.7%	38.6%	14.0%

자료: 통계청

2022년 6월 20일 발표한 신한은행의 「미래 설계보고서 2022」에 의하면, 응답자의 51%가 은퇴 후 필요한 월 생활비는 200~300만 원 미만이라고 응답하였고, 300~400만 원 미만이 23.7%를 차지하였다. 적정 노후 자금은 5억 원 이상 10억 원 미만이 36.7%로 가장 많았으며, 희망 은퇴 연령은 60세 이상 65세 미만이 45%로 가장 높게 나타났다.

이번에는 실제 가구주가 은퇴한 경우를 보자. 예상 은퇴 연령은 68세이지만 실제 은퇴 연령은 63세로 나타났다. 생활비 충당 정도가 '부족한 가구'는 39.1%, '매우 부족한 가구'는 18.1%로 전체 은퇴 가구의 57.2%가 생활비 충당에 어려움을 겪는 것으로 나타났다.

생활비 마련 방법으로는 공적연금과 공적 수혜금이 전체의 64.0%를 차지하고 있고, 개인 저축액과 사적연금은 5.2%에 불과한 것으로 나타나, 개인 차원의 사적 노후 준비는 매우 미흡한 것으로 조사되었다. 코로나19 지원금 중단 등으로 공적 수혜금은 전년 대비 1.5%P 감소하였다. 여기서 공적 수혜금이란 기초연금, 양육수당, 장애수당, 기초생활 보장지원금 등을 말한다.

가구주가 은퇴한 가구의 생활비 충당 정도 등

생활비 충당 정도	충분히 여유	여유	보통	부족	매우 부족
	2.4%	7.9%	32.6%	39.1%	18.1%
생활비 마련 방법	공적 수혜금	공적 연금	가족 수입 등	사적 연금	기타
	33.6%	30.4%	22.4%	5.2%	8.4%

자료: 통계청

제2부 • 행복한 노후를 위한 은퇴 준비

은퇴 후 적정 생활비가 314만 원인 데 반해 평균 국민연금 수령액이 58만 원에 불과하니, 65세 이상 은퇴 가구의 상대적 빈곤율이 40%를 넘는다고 한다. 이러다 보니 은퇴자가 가장 후회하는 열 가지 중 첫 번째가 은퇴 이후 가장 큰 문제를 경제적인 어려움으로 꼽으면서 '더 많이 저축하라'이다. 노후 준비는 빠르면 빠를수록 좋고, 많으면 많을수록 좋다(多多益善).

여러분은 얼마만큼의 은퇴자산을 보유하고 계시는가? 혹시 여러분 명의의 법률적 자산이 은퇴자산이라고 착각하고 있지는 않은가? 행복한 노후 생활을 위해서는 본인 명의의 법률적 자산이 아니라 실제 사용할 수 있는 은퇴자산이 더욱 중요하다. 노후에는 지속해서 현금 흐름 창출이 가능한 우물형 자산을 많이 준비해야 한다고 강조하는 것도 같은 이유에서이다.

◆ 마션(The Martian)

NASA 아레스3 탐사대는 화성을 탐사하던 중 모래폭풍을 만나고 팀원 마크 와트니가 사망했다고 판단, 그를 남기고 떠난다. 극적으로 생존한 마크 와트니는 남은 식량과 기발한 재치로 화성에서 살아남을 방법을 찾으며 자신이 살아 있음을 알리려 노력한다.

앤디 위어의 소설 『마션』을 원작으로 하였으며, 화성에서 펼쳐지는 로빈슨 크루소풍 생존기이다. 주인공 마크 와트니가 예정된 30일을 넘겨 500일 이상을 생존해야 하는 상황과 100세 시대를 맞이하여 은퇴 후 40년을 더 살아야 하는 현대인들의 노후 생존 환경이 매우 유사하다. (네이버 영화, 나무위키 참조)

9

은퇴 후 가장 많이

후회하는 것

은퇴 후 누구를 만나느냐에 따라 대화의 시점이 달라진다. 현직에 있는 후배들을 만나면 대화의 시점이 주로 현재 또는 미래에 맞춰지나, 은퇴한 사람들을 만나면 대화의 시점이 과거 지향적이다. 사람들은 은퇴하면 지금까지 살아온 인생을 되돌아보고, 앞으로 남은 인생을 어떻게 살아갈지를 고민한다. 가끔은 '왜 내가 그때 그렇게 했을까?'라고 살아온 날들을 후회하기도 한다. 사람들은 은퇴하면 무엇을 가장 많이 후회할까?

『연금밖에 없다던 김 부장은 어떻게 노후 걱정이 없어졌을까』라는 책에서 저자는 일본의 55~74세 은퇴 남녀 1,000명이 건강, 돈과 생활, 일과 인간관계라는 3가지 분야에서 가장 후회하는 것들을 정리하였다. 건강 분야에서 1위는 정기적으로 치아 검진을 받지 않은 것을, 2위는 운동으로 체력을 길러 두지 않은 것을 후회한다고 했다.

돈과 생활 분야에서는 1위가 저축을 좀 더 많이 하지 않은 것을, 2위는 다양한 분야를 공부하지 않은 것을 후회한다고 했다. 마지막으로 일과 인간관계 분야에서는 평생 즐길 수 있는 취미를 만들지 못한 것과 부모님과 자주 만나 대화를 나누지 못한 것이 1, 2위를 차지하였다. 건강관리에서 치아 건강관리가 1위를 차지했다는 점이 매우 인상적이었다.

삼성생명 은퇴연구소에서는 우리나라 50세 이상 은퇴자들을 대상으로 건강, 돈과 생활, 일과 인간관계라는 인생의 세 가지 부분에서 지금 가장 많이 후회하는 것이 무엇인지를 조사하였다. 먼저 건강에 있어서는 운동으로 체력을 다지지 못한 것, 스트레스 해소법을 익히지 못한 것, 치아 관리를 제대로 하지 못한 것이 각각 1, 2, 3위를 차지하였다.

돈과 생활에 있어서는 노후에 쓸 여유자금을 충분히 마련하지 못한 것과 가고 싶은 곳을 마음껏 여행하지 못한 것이 1, 2위를 차지하였고, 자격증을 취득하지 않은 것, 노후 소득을 준비하기 위해 생애 설계를 하지 않은 것이 공동 3위를 차지하였다. 일과 인간관계에서는 평생 즐길 취미를 만들지 못한 것, 자녀와 대화가 부족했던 것, 자녀를 좀 더 사교성 있고 대범하게 키우지 못한 것 등 가족들과의 관계에 대한 후회가 큰 것으로 조사되었다.

또한 조선일보(2021.8.8.)에서는 은퇴 후 제2의 인생을 사는 60~70대 은퇴자들을 심층 인터뷰한 결과, ① 은퇴 준비를 일찍 시작할걸,

② 베짱이 말을 듣지 말걸, ③ 인간관계도 신경 쓸걸, ④ 여행을 좀 더 다닐걸 하는 네 가지를 가장 많이 후회한다고 하였다.

그리고 미국 증권방송 CNBC에 소개된 은퇴 후 가장 많이 하는 후회에는 ① 너무 일찍 은퇴했어, ② 첫해에 지출이 너무 많았어, ③ 초기에 여행을 좀 더 다닐걸, ④ 이자 수입을 너무 크게 기대했어, ⑤ 은퇴 후 활동 계획을 안 세웠어, ⑥ 연금 수령이 너무 빨랐다는 여섯 가지가 있다.

나는 지금까지 살아온 날들을 돌이켜 볼 때 ① 회사에 충성하는 회사형 인간으로 살았다는 점, ② 내가 진정 좋아하고 잘할 수 있는 일을 너무 늦게 시작한 점, ③ 젊었을 때 가족들과 좀 더 많은 시간을 같이하지 못한 점이 가장 아쉬웠던 부분이다.

그렇다면 은퇴 후 후회하는 것들을 줄이는 좋은 방법은 없을까? 이미 은퇴한 사람들은 자신만의 버킷리스트를 작성하여 남은 인생 동안 열심히 실천하고, 아직 은퇴 시기가 남은 사람들은 하고 싶은 일들을 지금 당장 실행에 옮기는 것이 정답이 아닐까.

제2부 · 행복한 노후를 위한 은퇴 준비

10

퇴직금과

퇴직연금

직장에서 퇴직할 때 받게 되는 퇴직급여는 은퇴를 앞둔 직장인들의 마지막 노후 준비 자금이자 희망이다. 여기에다 명예퇴직금까지 받아 두둑한 목돈을 가지고 퇴직을 할 수 있다면 '금퇴자(金退者)'라 할 수 있고, 퇴직 시 한결 가벼운 마음이 될 것이다.

사용자는 근로자퇴직급여보장법에 따라 근로자의 퇴직급여 지급을 위해 퇴직급여제도(퇴직금, 퇴직연금) 중 하나 이상의 제도를 운용해야 하며, 퇴직급여는 근로자가 퇴직한 날로부터 14일 이내에 지급해야 한다. 퇴직연금이 도입되기 이전에는 퇴직급여를 사내에 적립하는 퇴직금제도가 있었으나, 기업 파산 시 근로자 수급권 미확보 등 여러 가지 문제점이 있었다.

이러한 퇴직금제도의 문제점을 보완하기 위해 2005년 새로 도입된 제도가 퇴직연금제도로서, 사내 적립이 아니라 외부 운용관리기관과 자산관리기관에서 별도로 운용 및 관리를 하는 제도를 말한다. 그럼, 퇴직금제도와 퇴직연금제도는 어떻게 다를까? 가장 큰 차이점은 회사를 통해서 받는지(퇴직금제도)와 퇴직연금사업자(금융기관)를 통해서 지급받는지(퇴직연금제도)에 있다.

퇴직금제도 vs 퇴직연금제도 비교

구분	퇴직금제도	퇴직연금제도
개요	– 회사를 1년 이상 근무하고 퇴직하였을 때 회사로부터 받을 수 있는 퇴직급여(일시금) – 퇴사 직전 3개월 급여의 1일 평균 임금X30X(총 근로기간/365)	– 회사를 1년 이상 근무하고 퇴직하였을 때 금융기관(퇴직연금사업자)으로부터 받을 수 있는 퇴직급여(적립금) – 3가지 유형(DB형, DC형, IRP)
장점	– 퇴직금 계산 시 퇴사 직전 3개월 급여로 하므로 급여 상승에 따라 장기 근속일수록 유리	– 운용을 회사가 아닌 금융회사 또는 직접 하므로 퇴직금을 받지 못할 일은 없음
단점	– 지급을 회사에서 하므로 회사 형편에 따라 퇴직금을 못 받을 수도 있음	– 매년 적립된 금액을 토대로 하다 보니 급여 상승이 최종금액에 큰 영향을 미치지 못하며, DC형, IRP는 손실 발생 가능성이 있음

자료: 사람인 공식 블로그

다음에는 퇴직급여 관련해서 꼭 알아 두어야 할 사항들에 대해서 알아보자. 첫째, 내가 가입한 퇴직급여제도가 어떤 유형의 퇴직급여제도인지 확인하라. 퇴직연금 DC(Defined Contribution)형은 확정기여형 퇴직연금으로 만 55세 이상이면 연금 수령이 가능하고, 기업이 매년 근로자 연간 급여의 12분의 1 이상을 납입하고, 근로자가 직접 적립금의 운용 방법을 결정하는 제도이다.

근로자의 운영 성과에 따라 퇴직 후 연금 수령액이 증가 또는 감소하며, 운용에 관련한 위험을 근로자가 부담하게 된다. 특징으로는 ① 근로자의 투자 성향에 따라 다양하게 운용 가능, ② 적립금 운용 결과에 따라 수익 또는 손실이 반영되어 퇴직급여가 변동될 수 있음, ③ 회사가 적립하는 부담금 외에 가입자의 추가부담금 납입이 가능하다.

퇴직연금 DB(Defined Benefit)형은 확정급여형 퇴직연금이라고 하며, 근로자가 퇴직 시에 수령할 퇴직급여가 퇴직 직전 3개월'평균 급여 × 근속연수'만큼 퇴직금을 받을 수 있는, 즉 근무연수와 평균 임금에 의해 퇴직금이 확정된 제도이다. 적립된 자금은 근로자 본인이 운영할 수 없으며, 운용에 따른 손실이나 이익이 발생하더라도 근로자 본인의 퇴직금에는 영향이 없다.

퇴직연금 IRP(Individual Retirement Pension)는 개인형 퇴직연금으로 근로자가 퇴직하거나 직장을 이동할 때 받은 퇴직금을 자기 명의의 퇴직금 계좌에 적립하여 연금 등 노후 자금으로 활용할 수 있게 하는 제도이다. IRP는 소득이 있는 사람이면 누구나 가입이 가능하며, IRP와 연금저축을 합하여 연간 900만 원까지 세액공제도 가능하다. 또한 은행, 증권사, 보험사 등에서 만들 수 있으며, 한 사람이 여러 계좌를 만들 수 있다. 다만 1금융회사당 1계좌만 개설이 가능하다. 개인형 퇴직연금(IRP) 적립금 추이를 보면 2015년 말 10조 9천억 원에서 2021년 말 46조 5천억 원으로 지속해서 증가하고 있다.

둘째, 내가 받을 퇴직급여에 대한 세금은 얼마나 될까? 구체적인 사례(홍길동, 1992.1.1. 입사, 2021.12.31. 명예퇴직, 퇴직금 5억 원, 근속연

수 30년)를 가지고 실제 계산을 해 보자. 퇴직금으로 5억 원을 받은 홍길동은 아래 표에서 보는 바와 같이 퇴직소득세로 4천만 원가량의 소득세를 납부해야 한다.

퇴직소득세 산출 예시

구분	산출 명세
① 퇴직 소득금액 확정	퇴직금 5억 원
② 퇴직소득공제 (20년 초과)	1,200만 원 + (근속연수−20년) × 120만 원 = 1,200만 원 + (30−20) × 120만 원 = 2,400만 원
③ 환산급여 산출	(퇴직금−퇴직소득공제)/근속연수 × 12 = (5억 원−2,400만 원)/30×12=190,400,000원
④ 환산급여 공제 (3억 원 이하)	6,170만 원 + (환산급여−1억 원) × 45% = 6,170만 원 + (190,400,000원−1억 원) × 45% = 102,380,000원
⑤ 퇴직소득 과세 표준	환산급여−환산급여 공제 = 190,400,000원 − 102,380,000원 = 88,020,000원
⑥ 환산산출세액	과세표준 × 기본세율(1억 5천만 원 이하 35%) − 누진 공제 = 88,020,000원 × 35% − 14,900,000원 = 15,907,000원
⑦ 산출세액	환산산출세액 / 12 × 근속연수 = 15,907,000원 / 12 × 30 = 39,767,500원

셋째, 퇴직급여를 일시에 목돈으로 받을 것인지 아니면 연금으로 받을 것인지를 결정해야 한다. 홍길동 씨가 퇴직급여 2억 원을 일시금으로 받게 되면 퇴직 소득세를 2천만 원 납부해야 하고, 퇴직소득세율은 10%가 된다. 그러나 퇴직급여를 개인형 퇴직연금(IRP)으로 이체하면 세금은 IRP에 이체된 퇴직급여 인출 시 납부해야 한다. 만약 10년 동안 매년 2천만 원씩 연금으로 수령할 경우 연금 수령액 × 퇴

직소득세율(10%)의 70%만 납부하면 된다. 즉 일시금으로 수령할 때 보다 30%의 절세 효과가 있으며, 퇴직급여에 발생한 세금은 연금을 수령하는 동안 분할해서 내는 것이 된다.

따라서 기본적으론 연금 수령을 하게 되면 절세 효과를 볼 수 있으나, 개인이 처한 재무 상태, 퇴직금 규모 등에 따라 일시금 수령도 선택할 수 있는 것이다. 실제 금융감독원 통계 자료에 의하면 계좌 수 기준으로 96.7%, 금액 기준으로 71.6%가 일시금으로 수령하였고, 3.3%(계좌 수 기준)만이 연금 수령 방식을 선택하였다.

넷째, 퇴직연금은 연금 수령 형태 및 연금 재원에 따라 과세 방법이 달라지며, 연금으로 수령 시 여러 가지 세제 혜택을 주고 있다.

연금 계좌 소득 원천별 과세 방법

연금 계좌		연금 수령	일시금 수령
퇴직급여(퇴직금,DB, DC)		연금소득세 (퇴직소득세율의 70~60%)	퇴직소득세
추가 적립금	세액공제 없음	과세 제외(세액공제 없음)	과세 제외(세액공제 없음)
	세액공제 있음		
운용수익		연금소득세(5.5%~3.3%)	기타 소득세 (16.5% 분리과세)

앞으로 직장인이라면 누구나 개인형 퇴직연금인 IRP 계좌를 개설해야 한다. 근로자퇴직급여보장법 개정으로 퇴직연금 미가입자도 55

세 이전에 퇴직하면서 퇴직금이 300만 원이 넘는다면 IRP 계좌로 퇴직금을 받아야 하기 때문이다. 적어도 퇴직하기 전 내가 받을 퇴직급여는 얼마나 되는지, 부담해야 하는 퇴직 소득세는 얼마인지, 어떻게 하면 퇴직 소득세를 절세할 수 있는지 등에 대해 사전에 미리미리 공부해 두는 것도 훌륭한 은퇴 준비 중 하나이다.

11

은퇴 후

4대 위험

　우리나라 대표적인 인구학자인 조영태 교수는 『인구 미래 공존』이라는 책에서 우리나라 베이비부머 세대를 1차 베이비부머 세대와 2차 베이비부머 세대로 나누고 있다. 1차 베이비부머 세대(1955~1964년)들은 이미 은퇴의 대열에 합류했고, 최근에 2차 베이비부머 세대(1965~1974년) 중 1965~66년생들이 은퇴 행렬에 참여하고 있다. 은퇴 후 직면하게 되는 위험에는 어떤 위험이 있으며, 이를 극복할 방법에는 어떤 것이 있을까?

　『오십부터는 노후 걱정 없이 살아야 한다』라는 책에서 저자들은 자식이 부모보다 가난한 시대, 자식에게 기대던 시대에서 셀프 부양의 시대가 왔다고 하였다. 또한 노후를 위협하는 5대 리스크로 ① 장수 리스크, ② 건강 리스크, ③ 자녀 리스크, ④ 자산 구조 리스크, ⑤ 저금리 리스크를 들면서 가장 확실한 노후 대비는 평생 현역이라고 하였다.

미래에셋 투자와 연금센터는 2016년 50~60대 은퇴자들을 대상으로 설문 조사를 한 결과를 바탕으로 다음의 5대 은퇴 리스크를 제시하였다.

- 성인 자녀 위험: 자녀의 독립 시기 지연과 자녀의 결혼비용까지 부담하면서 경제적 부담이 가중되는 위험
- 금융 사기 위험: 금융 지식과 투자 경험 부족 및 고수익을 보장하는 투자 사기 등에 피해를 입는 위험
- 중대 질병 위험: 본인 또는 배우자의 중대 질병으로 경제적·신체적 고통을 받게 되는 위험
- 창업 실패 위험: 퇴직 후 창업했다가 실패하여 노후 자금에 손실이 발생하는 위험
- 황혼 이혼 위험: 50대 이후 배우자와의 결별로 경제적·심리적 곤란을 겪게 되는 위험

이렇게 사람마다 은퇴 후 노후에 닥치게 되는 위험을 조금씩 달리 제시하고 있는데, 은퇴 후 위험으로 다음 네 가지를 제시하고자 한다.

첫째, 경제적 위험인데, 이는 무전장수(無錢長壽), 무업장수(無業長壽) 위험이라 할 수 있다. 즉, 돈 없이 오래 사는 위험, 일 없이 오래 사는 위험을 말한다. 100세 시대 노후 생활에 꼭 필요한 것 중에서 1위를 차지하는 항목이 바로 돈이기 때문에 경제적 위험은 노후에 닥치는 가장 큰 위험이라 할 수 있다.

경제적 위험에 대비하기 위해서는 금융문맹에서 탈출하기 위하여

생활금융을 공부해야 하며, 지갑에 들어오는 현금이 중요하기 때문에 평생 현역으로 일하는 것이 좋다. 또한 주택연금과 농지연금 등 보유부동산을 금융화하고, 보유자산으로 피사(PISA)의 4탑을 쌓는 방법이 있다.

둘째, 자식 위험이다. SNS상에 떠도는 유머 중에 '자식에게 재산을 안 주면 맞아 죽고, 조금씩 주면 쪼들리고, 다 주면 굶어 죽는다.'라는 말이 있다. 또한 갓 결혼한 신혼부부에게 "결혼 비용 때문에 부모님께서 힘드셨다고 생각하느냐?"라고 물었더니, 35%만이 "내 결혼 비용 때문에 힘들어하셨다."라고 대답했고, 나머지는 65%는 "더 해 줄 수 있었는데 조금밖에 안 해 줘서 섭섭하다."라고 답변했다고 한다.

특히 자식의 행복이 곧 나의 행복이라고 생각하는 우리나라 현실에서 자식 위험은 예측이 어렵고, 자식 위험에 대처할 수 있는 현실적인 방법이 마땅치 않다는 측면에서 어찌 보면 노후 위험 중에 가장 대비하기가 어려운 위험이라 할 수 있다. 이러한 자식 위험에 대비하기 위해서는 합리적인 재산 상속 또는 증여하고, 미움받을 용기가 필요하며, 밥상머리 교육이 중요하다.

셋째, 시간 위험이다. 퇴직을 앞둔 공무원 부부를 대상으로 하는 교육에서 퇴직 후 어떻게 보낼 것인지를 적어 보라고 했더니, 아내는 한 페이지를 가득 채웠으나, 남편은 몇 줄밖에 적지 못하였다는 이야기가 있다.

30년 직장 생활을 한 사람은 8만여 시간을 직장에서 시간을 보냈다. 60세에 은퇴하여 30년을 보낸다면 30년 직장 생활을 하면서 보낸 근무 시간과 비슷한 시간적 여유를 갖게 된다. 은퇴 후 주어지는 이 많은 시간을 어떻게 보낼 것인가 하는 것이 바로 시간 위험이다. 시간 위험에 대비하는 방법에는 노후의 절친인 취미 생활을 해야 하며, 카르페 디엠을 실천하고, 버킷리스트를 작성하여 행동에 옮기는 것이 있다.

넷째, 건강 위험은 유병장수(有病長壽), 독거장수(獨居長壽) 위험이다. 즉, 아프면서 오래 사는 위험과 나이 들어서 혼자 사는 위험을 말한다. 건강 위험에 대비하는 방법에는 누우면 죽고 걸으면 산다는 와사보생(臥死步生)을 실천하고, 노후 친화적 보험에 가입하고, 죽음을 준비하는 것이다.

이제는 죽음도 준비해야 하는 존엄사(well-dying) 시대이다. 죽음을 준비하는 구체적인 방법에는 사전연명의료의향서를 작성하고, 유언장을 미리 작성하며, 버킷리스트를 작성·실천하는 것이 있다.

12

은퇴 후 건강보험료

산출 방법

　퇴직을 앞둔 사람들이 가장 많이 걱정하는 부분 중 하나가 건강보험료 문제이다. 건강보험은 직장가입자와 피부양자 및 지역가입자로 구분하며, 사회보험인 건강보험과 공적 부조인 의료급여를 통해 국내에 거주하는 전 국민의 의료보장을 포괄하고 있다.

　2022년 9월을 기준으로 직장가입자가 3,722만 명(70.3%), 지역가입자가 1,418만 명(26.28), 의료급여가 151만 명(2.9%) 수준이다. 여기서 의료급여란 국민기초생활 보장법 제7조에 정하고 있는 생계급여, 주거급여 등 여러 가지 급여 중 하나를 말한다. 현직에 있을 때는 직장가입자로 건강보험료를 납부해 왔지만, 퇴직하게 되면 대부분 직장 생활을 하는 자녀의 피부양자로 들어가든지 아니면 지역가입자로 편입하게 된다.

　국민건강보험공단은 2017년 서민의 부담을 줄이고 가입자 간의 형평성을 높이기 위해 건강보험료 부과 체계를 개편, 단계적으로 추진 중이다. 1단계 개편 내용은 2022년 8월 말까지 적용하였고, 2단계 개편 내용이 2022년 9월부터 적용되고 있다. 2단계 개편 주요 내용을 살펴보면 지역가입자는 재산공제가 대폭 확대되고 소득 정률제가 시행되었다. 직장가입자는 보수(월급) 외 소득 부과 기준이 강화되었으며, 피부양자는 피부양자 소득 기준이 강화되었다.

먼저, 지역가입자부터 살펴보자. 재산과 자동차 부담은 더 낮아지고 형평성은 더 높아져 지역가입자 859만 세대의 65%인 561만 세대의 보험료가 인하되었고, 3%인 23만 세대는 인상되었다. 주요 내용은 ① 재산 공제 확대(일괄 5천만 원)로 재산보험료 24.5% 감소, ② 소득에 대하여 역진적이던 등급별 점수제 대신 직장가입자와 동일한 정률(6.99%) 보험료 부과, ③ 보험료 부과 대상 자동차 축소(179만 대 → 12만 대), ④ 직장가입자와 같은 수준으로 최저보험료 일원화이다.

지역가입자 건강보험제도 개편 주요 내용

구분		현행	개편
소득	소득점수 폐지, 정률제 도입	소득점수제(97등급)	공정한 정률 부과 (직장가입자와 동일, 6.99% 적용)
	최저보험료 기준 변경	연 소득 100만 원 이하, 월 14,650 원 납부	연 소득 336만 원 이하, 월 19,500 원 납부
계산	재산공제 확대	500만 원~1,350만 원 차등 공제	모든 세대 재산 5천만 원 공제
자동차	자동차보험료 부과 대상 축소	배기량 기준별 차등부과	4천만 원 이상 자동차에만 부과

특히 지역 가입자는 주택금융부채 공제제도를 알고 있어야 한다. 이 제도는 1주택자 또는 무주택자인 지역가입자가 실거주 목적의 주택 관련 부채를 보험료 부과 재산에서 일부 공제하여 건강보험료 부담을 완화하는 제도이다. 대상자는 1세대 1주택자(구입) 또는 무주택자(임차)인 지역가입자이며, 적용 대상 주택은 공시가격 5억 원 이하(구입) 또는 전월세 평가금액 1.5억 원 이하(임차)이다. 공제되는 대출 종류에는 주택담보대출, 전세자금대출 등이다.

지역가입자의 건강보험료 산출 방식에 대해서 알아보자. 가입자의 소득, 재산(전월세 포함), 자동차 등을 기준으로 정한 부과 요소별 점수를 합산한 보험료 부과 점수에 점수당 금액(205.3원, 2022년 기준)을 곱하여 보험료를 산정한 후, 경감률 등을 적용하여 세대 단위로 부과한다. 연 소득 336만 원 이하 세대는 소득 최저보험료(19,500원)+ ｛ 부과 요소별 부과 점수(재산+자동차) ｝ × 부과 점수당 금액(205.3원) 방식으로 산정한다. 연 소득 336만 원 초과 세대는 부과 요소별 부과 점수(소득+재산+자동차)에다 부과 점수당 금액(205.3원)을 곱하여 산정한다. 지역가입자의 장기요양보험료는 직장가입자와 동일하게 산출한다.

지역가입자 건강보험료 부과 체계표는 '국민건강보험 홈페이지 − 정책센터 − 국민건강보험 − 보험료 − 보험료 부과/산정'에서 쉽게 확인이 가능하다. 그러나 은퇴자 대부분은 주택 1채, 국민연금과 약간의 금융소득 및 자동차 1대를 가지고 있다. 2022년 9월 정책 당국에서는 월 소득이 높지 않은 은퇴자를 위하여 소득보험료 부과 점수의 기준을 직장가입자와 동일하게 소득의 6.99% 정률로 보험료를 산정하게끔 제도를 변경하였지만, 많은 은퇴자에게 여전히 건강보험료는 은퇴 후 부담되는 부분이다.

지역가입자 건강보험료 부과 체계

구분	등급	점수	환산 보험료	주요 내용
소득	정률제	95,334+(336만 원을 초과하는 소득 1만 원당 1만 분의 2,837.3112)	점수X205.3 원	소득 (사업, 이자, 배당, 연급, 기타, 근로소득)
재산	1~60 등급	22~2,341	4,516~480,607 원	토지, 건축물, 주택, 선박, 항공기, 전월세 ※ 기본공제 : 최대 5천만 원까지
자동차	7등급	11~217	2,258~44,550 원	차량잔존가액 4천만 원 이상인 승용자동차

은퇴한 김 부장의 사례를 살펴보자. 서울 소재 공시가격 10억 원인 아파트 1채, 국민연금 월 150만 원, 금융소득 연 500만 원, 자동차(2,000cc, 잔존만기 5년, 취득가액 4,000만 원, 잔존가액 1,325만 원)가 1대인 경우 지역 건강보험료가 얼마나 나오는지 알아보자.

다음 표의 사례에서 김 부장은 연 소득(국민연금+금융소득) 2,300만 원(세전)에서 연 342만 원(월 285,398원)을 건강보험료와 장기요양보험료로 납부해야 한다. 현직에 있을 때는 매월 급여에서 건강보험료를 차감하기 때문에 직장 가입자들은 상대적으로 건강보험료에 덜 민감하였다. 그러나 은퇴자는 약간의 금융소득과 국민연금이 소득의

건강보험료 산출 예시

구분	등급	점수	보험료	비고
재산	34	841	172,657 원	과세표준 6억(공시가격의 60%) 재산공제 5천만 원
소득		397.2239	81,550 원	국민연금 50% 소득으로 인정 소득*(150X12X50%)+500만 원 점수*95.334+(1,400−336)X0.28373112*397.2239
자동차				미 부과. 잔존가액 4천만 원 미만
합계	7등급	11∼217	254,207 원	장기 요양보험료 : 31,191 원 (254,207 원X12.27%)

주) 등급 및 점수는 건강보험공단 홈페이지 참조

전부인 상태에서 매월 납부해야 하는 건강보험료는 큰 부담이 될 수밖에 없다. 은퇴를 앞둔 사람들은 위와 같이 자신의 건강보험료를 개략적으로 계산해 보면 많이 도움이 되겠다고 생각한다.

직장가입자의 건강보험료는 '보수월액 × 건강보험료율(6.99%, 2022년도)'이며, 장기요양보험료는 건강보험료에 장기요양보험료율(12.27%, 2022년도)을 곱하여 산정한다. 직장가입자는 가입자와 사용자가 각각 산출보험료의 50%씩 부담하며, 지역가입자는 100% 본인부담이다. 그러나 보수(월급) 외 임대, 이자, 배당, 사업소득 등이 연간 2천만 원을 넘는 직장가입자는 2천만 원을 초과한 금액에 대해서 추가보험료를 납부해야 한다.

이번에는 은퇴자들에게 가장 부담이 되는 피부양자 자격 요건 강화에 대해서 살펴보자. 부담 능력이 되는 피부양자는 지역가입자로 전환되어 보험료를 납부해야 한다. 여기서 피부양자란 직장가입자에 의해 생계를 유지하는 자로서 부양·소득·재산요건을 모두 충족하는 사람을 말하며, 2022년 8월 기준 1,793만 명에 달한다.

자격 요건 개편 내용을 살펴보면 피부양자 인정기준 재산요건은 현행 유지이며, 소득 요건은 연 소득 2천만 원 초과 시 지역가입자로 전환된다. 2022년 9월부터 시행하고 있는 2단계 개편으로 35.4만 명이 피부양자에서 탈락하였고, 같은 기간 지역가입자는 30.7만 명이 증가하였다.

다만, 지역가입자로 전환되는 피부양자에 대해서는 4년간 보험료의 일부를 한시적으로 경감 적용한다. 1차 연도에는 보험료의 80%, 2차 연도에는 60%, 3차 연도에는 40%, 4차 연도에는 20%를 감액해 준다.

13

국민연금과

3층 노후보장 체계

일반적인 노후 대책으로 흔히 이야기하는 3층 노후보장 체계는 1층 국민연금, 2층 퇴직연금, 3층 개인연금을 말한다. 이 중 가장 기본이 되는 연금이 국민연금이다. 물가상승률까지 보상해 주는 국민연금은 은퇴 후 경제적으로 가장 신뢰할 수 있는 노후 대비 수단이며, 죽을 때까지 지속해서 지급되기 때문에 자식 못지않은 효자라고 할수 있다.

국민연금 가입자는 사업장가입자, 지역가입자, 임의가입자, 임의계속 가입자가 있으며, 국민연금을 받는 연금 수급권자는 2022년 7월 기준 609만 명으로 노령연금 511만 명, 장애연금 7만 명, 유족연금 91만 명이 국민연금을 받고 있다.

먼저 국민연금의 연금 급여에 대해서 알아보자. 연금 급여의 특징으로는 ① 연금액의 실질 가치 보장(물가상승률 반영), ② 소득 보장,

출생 연도	수급 개시 연령		
	노령연금	조기노령연금	연기연금(최대)
1952년 이전	60세	55세	65세
1953~1956년	61세	56세	66세
1957~1960년	62세	57세	67세
1961~1964년	63세	58세	68세
1965~1968년	64세	59세	69세
1969년 이후	65세	60세	70세

③ 국가가 지급을 보장하는 안전성, ④ 가입 기간 인정(크레딧) 제도 운영, ⑤ 지급된 급여의 압류 금지(185만 원 이하), ⑥ 급여수급 전용 계좌의 압류 금지 등이 있다.

연금 급여의 종류에는 노령연금(분할연금), 장애연금, 유족연금, 반환일시금, 사망일시금이 있으며, 우리가 일반적으로 국민연금을 이야기할 때는 노령연금을 말한다.

다음으로 가입 기간 인정(크레딧) 제도에 대해서 알아보자. 출산, 군복무 및 실업에 대해 연금 가입 기간을 추가 인정해 주는 제도로, 출산 크레딧(2008.1.1. 이후 출산·입양한 자녀부터 인정)은 2자녀 이상 출산 시 가입 기간을 추가로 인정해 주고 해당 기간의 소득은 A값의 전액을 인정한다. 여기서 A값이란 연금 수급 전 3년간 전체 가입자의 월평균 소득을 평균한 금액을 말하며, 2022년은 268만 1,724원이다.

연금 급여의 종류

연금 급여(매월 지급)		일시금 지급	
노령연금	노후소득보장을 위한 급여로서 국민연금 기초가 되는 급여	반환일시금	연금을 받지 못하거나 더 이상 가입할 수 없는 경우 청산적 성격으로 지급하는 급여
장애연금	장애로 인한 소득감소에 대비한 급여	사망일시금	유족연금 또는 반환일시금을 받지 못할 경우 장제 보조적·보상적 성격으로 지급하는 급여
유족연금	가입자(였던 자) 또는 수급권자의 사망으로 인한 유족의 생계 보호를 위한 급여		

출산 크레딧 인정 기간

자녀수	2자녀	3자녀	4자녀	5자녀 이상
추가인정 기간	12개월	30개월	48개월	50개월

　군 복무 크레딧(2008.1.1. 이후 군에 입대하는 자부터 인정)은 병역의무를 이행한 자에게 6개월의 가입 기간을 추가로 인정하고 해당 기간의 소득은 A값의 2분의 1을 인정한다.

　실업 크레딧(2016.8.1. 시행)은 실업급여 수급자가 연금보험료(인정소득의 9%)의 납부를 희망하고, 본인 부담분 연금보험료(25%)를 납부할 때 국가에서 보험료(75%)를 지원하고, 그 기간을 최대 12개월까지 가입 기간으로 추가 산입해 주는 제도이다.

퇴직 후 재취업자들이 꼭 알아 두어야 할 제도가 있는데, 바로 소득 활동에 따른 노령연금 감액 제도이다. 노령연금을 받는 사람이 소득이 있는 업무에 종사하여 '월평균 소득금액'이 2022년 기준 월 2,681,724원(A값, 근로소득만 있는 경우 근로소득 공제 전 급여가 연 44,036,117원)'을 초과하는 경우 출생 연도별 지급 연령부터 5년 동안은 초과하는 소득월액에 따라 감액한 연금을 지급한다.

감액연금은 노령연금액의 50%를 초과할 수 없다. 예를 들어 은퇴 후 직장에 재취업하여 월 3,681,724원을 받으면서 국민연금(노령연금)도 월 1백만 원을 받는다면 월평균 소득금액 3,681,724원이 A값 2,681,724원을 초과하는 금액이 100만 원이기 때문에 아래 표에서 보는 바와 같이 국민연금 월 수령 금액에서 5만 원을 감액한 월 95만 원만 받게 된다.

소득수준별 국민연금 감액 산식

A값 초과 소득	감액 산식	월 감액 금액
100만 원 미만	초과소득월액분의 5%	5만 원 미만
100~200만 원 미만	5만 원+100만 원을 초과한 소득월액 분의 10%	5~15만 원
200~300만 원 미만	15만 원+200만 원을 초과한 소득월액 분의 15%	15~30만 원 미만
300~400만 원 미만	30만 원+300만 원을 초과한 소득월액 분의 20%	30~50만 원 미만
400~500만 원 미만	50만 원+400만 원을 초과한 소득월액 분의 25%	50만 원 이상

자료: 국민연금 홈페이지

제2부 · 행복한 노후를 위한 은퇴 준비

국민연금 관련 노후설계에 있어서 꼭 알아야 할 사항은 국민연금 임의가입 제도이다. 임의가입은 사업장가입자나 지역가입자가 될 수 없는 사람도 국민연금에 가입하여 연금 혜택을 받을 수 있도록 하는 제도로 사업장가입자와 지역가입자 이외의 18세 이상 60세 미만자가 본인이 희망할 경우 신청에 따라 가입할 수 있다.

국민연금 임의가입자 가입 내용

구분	주요 내용
가입 금액(월 보험료)	89,100원 ~ 367,200원
연금 수령 최소 가입 기간	10년(120개월) 납입 후 연금 수령 가능
10년 가입 기간 미만 시	1년 만기 정기예금 이자 수준으로 일시금 지급

국민연금 임의가입자는 2006년 말 26,991명에서 2022년 1월 말에는 395,588명으로 13배 이상(+368천 명) 증가하였다.

국민연금 가입자 종류별 가입 현황 (단위 : 천 명)

구분	사업장 가입자	지역 가입자	임의 가입자	임의 계속 가입자	합계
2006년 말	8,604	9,086	27	21	17,738
2022.1월 말	14,533	6,657	395	552	22,137
증감	+5,929	-2,429	+368	+531	+4,399

자료: 국민연금 홈페이지

국민연금에 가입할 의무가 없음에도 불구하고 이처럼 임의가입자가 계속 증가한 이유는 무엇일까? 이는 임의가입자가 되는 것이 높은 투자수익률과 인플레이션 헤지가 가능하다는 측면에서 가장 좋은 노후 대비책이라고 생각하기 때문에 재테크에 밝은 사람들의 재테크 수단으로 사용되고 있다는 것이다. 최근 들어 기초연금 지급 금액이 커지다 보니 임의가입자가 줄어들고 있다고 한다.

사례를 들어 살펴보자. 국민연금 보험료로 월 9만 원씩 10년간 납입 후 연금을 받는다면 월 183,180원의 연금을 받게 되고, 20년 동안 납입 후 연금을 받는다면 360,160원의 연금을 받게 된다. 현존하는 금융상품 중 이 정도로 투자 대비 수익이 높은 투자 상품을 찾기는 쉽지 않을 것이다.

국민연금 임의가입자의 노령연금 예상 월액 표

구분	10년 납입	20년 납입	30년 납입	40년 납입
월 9만 원 납입	월 183,180 원	월 360,160 원	월 537,150 원	월 714,140 원

자료: 국민연금 홈페이지

다음은 농어업인에 대한 국민연금 보험료 국고보조 제도이다. 농어촌 지역의 경제적 부담을 덜어 주기 위해 국가의 농어촌특별세에서 농어업에 종사하는 가입자에게 1995년부터 매월 보험료의 일정액을 보조해 주는 제도이다.

제2부 • 행복한 노후를 위한 은퇴 준비

지원 대상은 농어업인 지역가입자 및 농어업인 지역 임의 계속 가입자이며, 지원 금액을 차감한 본인부담금을 완납 시 지원한다. 재산 및 소득 기준은 재산 10억 원 미만이면서 종합소득 연 6천만 원 미만이어야 한다. 2023년 현재 국고보조 대상자 1인당 월별 지원 금액은 기준소득월액이 103만 원 이하인 경우 본인 보험료의 50%에 해당하는 금액을 정률 지원하고, 기준소득월액이 103만 원 초과의 경우 월 46,350원을 정액 지원한다.

그러나 국가에서 국민연금 보험료의 일부를 지원해 주고 있음에도 불구하고 농어업인의 국민연금 가입률은 전국 평균 31.7%에 불과하며, 국민연금 전체 가입률 67%의 절반 수준이다. 농어업인의 고령화 및 가입 대상 제한 등 다양한 원인이 있겠지만, 동 제도를 적극적으로 홍보하여 상대적으로 사회복지 측면에서 소외되고 있는 농어업인에 대한 복지 정책을 강화할 필요가 있다.

또한 근로자 수 10명 미만 사업장에 고용된 근로자 중 ① 월 소득 260만 원 미만, ② 재산 6억 원 & 종합소득 연 4,300만 원 미만, ③ 지원 신청일 직전 6개월간 사업장 가입 이력이 없는 자의 세 가지 조건을 모두 충족하는 경우 사회보험료(국민연금, 고용보험)의 80%를 지원하는 두루누리 사회보험료 지원제도도 있다.

이번에는 보험료 추후납부(추납)제도에 대해서 알아보자. 국민연금 가입자였다가 결혼하면서 전업주부로 지내던 가정주부가 납부하지 못했던 국민연금 보험료를 일시에 납부하고 국민연금 가입 자격을 회복하는 제도이다. 즉, 추납을 신청하는 현재 시점의 연금 보험료로 추납 신청 대상 기간에 대해 납부할 기회를 부여하는 제도로 추납 대상 기간(단, 최대 10년 미만 한도)의 범위에서 신청할 수 있다.

국민연금 보험료 추납제도 주요 내용

구분	주요 내용
신청 자격	국민연금에 소득 신고하거나 임의(계속)가입 중인 경우
추납 대상 기간	– 연금보험료를 1개월 이상 납부한 이후 무소득 배우자, 기초수급 　등으로 적용 제외된 기간 – 사업 중단이나 실직 등으로 인한 납부예외 기간 – 1988년 1월 이후 군 복무 기간
신청 기한	자격 유지 기간 중 신청 가능
납부 방법	전액 일시 납부 또는 월 단위 최대 60회 분할 납부 가능

다음은 유족연금이다. 유족연금은 국민연금에 일정한 가입 기간이 있는 사람 또는 노령연금이나 장애등급 2급 이상의 장애연금을 받던 사람이 사망하면 그에 의하여 생계를 유지하던 유족에게 가입 기간에 따라 일정률의 기본연금액에 부양가족 연금액을 합한 금액을 지급하여 남아 있는 가족들이 안정된 삶을 살아갈 수 있도록 하기 위한 연금이다.

유족연금은 ① 배우자(사실혼 배우자 포함), ② 자녀(25세 미만 또는 장애등급 2급 이상), ③ 부모(배우자의 부모 포함, 60세 이상 또는 장애등급 2급 이상), ④ 손자녀(19세 미만 또는 장애등급 2급 이상), ⑤ 조부모(배우자의 조부모 포함, 60세 이상 또는 장애등급 2급 이상)에게 지급된다.

가입 기간별 유족 연금액은 아래 표와 같다. 다만, 노령연금 수급권자가 사망한 경우 유족연금액은 사망한 자가 받던 노령연금액을 초과할 수 없으며, 노령연금의 지급 연기로 인한 가산금액은 유족연금액에 반영되지 않는다.

가입 기간별 유족연금액

가입 기간	유족연금액
10년 미만	기본연금액 40% + 부양가족 연금액
10년 이상 20년 미만	기본연금액 50% + 부양가족 연금액
20년 이상	기본연금액 60% + 부양가족 연금액

자료: 국민연금 홈페이지

내가 지금까지 납부한 국민연금 보험료가 얼마나 되는지, 예상 노령연금이 얼마나 되는지는 '국민연금공단-내 연금-내 연금 알아보기-예상 연금 조회(공인인증 필요)'를 통해서 알아보면 된다. 이를 통하여 가입 명세 조회, 장애 유족 예상 연금 조회 등도 가능하다. 물론 국민연금공단의 모바일 앱 서비스인 '내 곁에 국민연금'을 통해서도 쉽게 조회가 가능하다.

14

개인형 퇴직연금(IRP)과

연금저축

연말이 가까워지면 가입자 또는 가입 금액이 늘어나는 대표적인 상품이 바로 개인형 퇴직연금(IRP)과 연금저축 상품이다. IRP는 퇴직 시 수령할 퇴직급여 및 본인의 여유자금을 자유롭게 적립하여 노후 소득 재원으로 활용할 수 있도록 한 제도이다. 소득이 있는 사람은 누구나 가입할 수 있으며, 자비로 추가 납입이 가능하고, 자비로 납입한 금액은 연말정산 시 세액공제가 가능하다.

반면 연금저축은 소득세법 제20조의3에 의하여 개인이 자발적으로 가입하는 제도이며, 연말정산 시 세액공제가 가능하다. 은행은 연금저축신탁(2018년 1월부터 신규 판매 중단), 증권사는 연금저축펀드, 보험사는 연금저축보험을 취급하고 있다. 이 상품들은 세액공제 연금 상품이라는 점에서 유사하지만, 세액공제 한도, 일부(중도) 인출 여부 등에서 차이가 있는 상품이기 때문에 정확한 상품 내용을 알고서 가입할 필요가 있다.

개인형 IRP는 가입 대상이 소득이 있는 사람으로 제한되고, 연금저축 세액공제 금액을 포함하여 연간 900만 원까지 세액공제 혜택이 부여되며, 주식형 펀드·상장지수펀드(ETF) 등 위험자산에 대해 70%까지만 투자가 가능하고, 개인회생, 파산 및 천재지변 등 일정한 사유가 있는 때에만 일부 인출이 가능하다. 반면 연금저축은 가입 자격을 제한하지 않고, 연간 600만 원까지 세액공제 혜택이 부여되며, 위험자산 투자 한도에 제한이 없고, 일부 인출이 자유로우나 인출 시 세제상 불이익이 있다.

두 상품의 차이점을 좀 더 구체적으로 살펴보자. 먼저 세액공제 한도다. 연말정산 세액공제 혜택을 최대한 받기 위해서는 연금저축 가입만으로는 부족하며, IRP에 추가로 가입해야 한다. 예를 들어 근로 소득이 6천만 원인 경우 세액공제 한도(900만 원)까지 연말정산 혜택을 받기 위해서는 연금저축에 600만 원을 납입하였다면 IRP에 300만 원을 납입하여야 한다.

2022년 세법 개정으로 2023년 납입분부터 총 급여액 1억 2천만 원 이하, 만 50세 이상 가입자에게만 적용되던 900만 원의 세액공제 한도가 소득에 관계없이 전 연령에 적용되었다. 그뿐만 아니라 2022년 까지는 연금으로 수령 시 1,200만 원 이하일 경우 저율 분리과세가 적용되고, 1,200만 원을 초과한 금액은 종합 과세가 되지만, 2023년 부터는 연금 소득이 1,200만 원을 초과하더라도 분리과세를 선택할 수 있다.

둘째, 운용 규제이다. IRP는 '근로자퇴직급여 보장법'에 따라 위

구분		주요 내용
연금저축 납입한도		연 600만 원
개인형 퇴직연금(IRP) 납입한도		연 900만 원(연금저축한도 포함)
세액 공제율	총급여액 5,500만 원 이하	15%
	총급여액 5,500만 원 초과	12%

험자산에 대한 투자는 전체 적립금의 70%까지 가능하며, 적립금의 30% 이상은 안전자산에 투자하도록 의무화되어 있다. 다만 위험자산이라 하더라도 분산투자로 위험을 낮춘 상품(주식 비중이 40% 이내인 채권혼합형펀드 등) 및 IRP 전용 TDF(적격 TDF) 등 위험이 제한된 상품은 예외적으로 적립금의 100%까지 투자가 가능하다.

여기서 TDF(Target Date Fund)란 투자자의 은퇴 시점을 Target Date로 하여 생애주기에 따라 포트폴리오를 알아서 조정(Glide Path)하는 자산배분 펀드를 말한다. 이러한 IRP 전용 TDF 요건은 다음과 같다.

- 목표투자 시점이 다가올수록 위험자산 투자 비중 체감
- 투자 목표 시점은 펀드 설정일로부터 5년 이후
- 주식 투자 한도는 80% 이내, 투자 목표 시점 이후에는 40% 이내
- 투자적격등급 외 채권투자 한도는 펀드 총액의 20% 이내, 채권투자액의 50% 이내

한편 연금저축은 투자자산 배분에 관한 별도의 규제가 없어 주식형펀드 · ETF 등 위험자산에 적립금의 100%까지 투자할 수 있는 등 공격적인 투자가 가능하다. 따라서 은퇴 시점까지 투자 기간이 많이 남은 사회초년생이면서 공격적인 투자 성향의 가입자라면 연금저축 납입 비중을 높이는 것이 투자 성향에 더 적합하다 하겠다.

셋째, 일부 인출이다. 연금 납입 중 경제적 사정으로 자금 인출이 필요할 수 있다면 일부 인출이 제한적인 IRP보다는 일부 인출이 자유로운 연금저축이 유리하다. 다만 연금을 인출(해지)하는 경우 세액공제를 받았던 적립금과 운용수익에 대하여 기타소득세 16.5%가 부과되므로 주의해야 한다.

IRP는 법에서 정한 제한적인 사유에 해당하는 경우 외에는 일부 인출을 금지하고 있어, 필요한 일부 금액만을 인출하지 못하고 IRP 계약을 해지해야 한다. 여기서 제한적인 사유란 6개월 이상의 요양, 개인회생 · 파산, 천재지변 · 사회적 재난, 무주택자의 주택 구입 · 전세보증금 등이다.

넷째, 계약이전이다. IRP 간 이전 또는 연금저축 간 이전과 같이 동일한 상품 내에서 금융회사를 변경하는 경우에는 특별한 제한은 없으나, IRP에서 연금저축으로, 또는 연금저축에서 IRP로 이전하는 경우와 같이 서로 다른 상품 간 이전하는 경우에는 소득세법에서 정한 다음의 요건을 충족하는 경우에만 가능하므로 해당 요건을 확인한 후 이전 신청을 해야 한다.

- IRP 또는 연금저축 가입자가 만 55세 이상일 것

- 가입일로부터 5년이 지날 것

- 이전하는 계좌로 전액을 이체할 것

이전 신청은 기존 금융회사 방문 없이 이전받는 금융회사에만 한 번 신청하면 원스톱으로 처리되도록 절차가 간소화되어 있다.

15

연금저축과

연금보험

통계청의「2022년 5월 경제활동인구 조사 고령층 부가 조사 결과」에 의하면 2022년 5월 기준 최근 1년간 우리나라 고령층(55~79세) 중 연금 수령자는 49.4%(60~79세는 66.1%), 월평균 연금 수령액은 69만 원에 불과하며, 연금 수령액 50만 원 미만 수령자가 전체의 60.3%로 노후 대비를 위한 연금저축의 적극적인 활용이 필요하다 하겠다.

노후에 연금을 받을 수 있는 대표적인 상품에는 3층 사회보장체계인 국민연금 등 공적연금과 사적연금(퇴직연금, 개인연금) 상품이 있으며, 개인연금 상품에는 연금저축과 연금보험 상품이 있다.

그럼, 연금저축과 연금보험은 어떤 차이가 있을까? 연금저축은 납입 시점에 세액공제를 받을 수 있으며, 연금보험은 수령 시점에 비과세 혜택이 있다는 점에서 큰 차이가 있다.

연금저축에는 보험, 펀드, 신탁이 있으며, 2021년 말 기준 적립금

개인연금(a)		퇴직연금(b)		사적연금(c=a+b)		국민연금(d)		합계(c+d)	
금액	비율	금액	비율	금액	비율	금액	비율	금액	비율
369	22.9	296	18.3	664	41.2	949	58.8	1,613	100

자료: 금융감독원(2021년 말 기준), 공무원연금 등 직역연금 제외

은 160.1조 원이며, 이 중 보험이 112조 원으로 전체 시장의 69.9%를 차지하고 있다. 연금저축펀드는 다양한 상품 선택과 포트폴리오 구성으로 금융시장에 탄력적으로 대응할 수 있다는 장점이 있으나, 원금 손실 위험이 있다.

연금보험은 생명·손해보험회사에서 취급하고 있으며, 일정한 요건을 충족할 경우 비과세 혜택이 주어지며, 2021년 말 기준 적립금은 208.6조 원에 달한다.

세액공제를 받는 연금저축보험과 혼동하는 상품이 바로 비과세 혜택의 연금보험인데, 보험료 납부 조건이 10년 이상 유지할 경우 15.4%(주민세 포함)의 이자 소득세에 대해 비과세 혜택을 받을 수 있다. 연금저축은 중도해지를 하면 16.5%의 기타 소득세를 납부해야 하지만, 연금보험은 해지하는 시점을 기준으로 그동안 납입한 보험료와 해지환급금을 비교한 뒤 환급금이 더 많으면 그 차액에 대해서 이자 소득세를 납부해야 한다. 즉, 연금 지급 기능을 가진 저축성보험이라 하겠다.

세액공제를 받을 수 있는 직장인이나 자영업자의 경우는 연금저축

구분	세계적격 연금저축			세제 비적격
	연금저축펀드 (증권)	연금저축신탁 (은행)	연금저축보험 (생·손해보험)	연금보험 (생·손해보험)
납입 방식	자유 납입식	자유 납입식	정기 납입식	정기 납입식
상품 유형	주식형, 혼합형, 채권형, ETF	안정형, 채권형	공시이율형	공시이율형/ 실적배당형
수익	실적배당	실적배당	공시이율	공시이율/ 실적배당
복수 상품	가능	불가	불가	변액보험은 제한적 범위 내 가능
중도 인출	가능	가능	불가	불가
연금 수령	확정 기간형	확정 기간형	종신형(생명) 확정기간형(손해는 최대 25년)	종신형(생명보험) 확정기간형
특징	다양한 상품, 높은 기대 수익률	원금 보전, 예금자 보호 (2018년부터 신규가입 불가)	원금 보전, 예금자 보호	변액보험은 원금 비보장, 공시이율형은 원금 보전
적립금	24.3조 원	17조 원	112조 원	208.6조 원
수익률	13.45%	-0.01%	1.63%/1.83%	
세제 혜택	납입 시점 세액공제			수령 시점 비과세

자료: NH투자증권 100세시대연구소, 금융감독원, 수익률은 2021년 말 기준

이 유리하다. 대신 소득이 일정하지 않아 장기간 유지할 자신이 없으면 중도해지 시에도 세금 부담이 크지 않은 연금보험이 유리하고, 금융소득 종합과세가 염려된다면 연금보험이 유리하다. 다만 연금보험이 비과세 혜택을 받기 위해서는 다음의 조건을 충족해야 한다.

구분	주요내용
매월 납입	– 월 납입금 150만 원 이하(계약자 기준, 추가 납입한 보험료 포함) – 보험료 납입 기간 5년 이상/10년 이상 유지
일시 납입	– 총보험료 1억 원 이하(계약자 기준) – 일시 납입하거나 2~3년 만에 납입/10년 이상 유지
종신형	– 계약자, 피보험자, 수익자가 같아야 함 – 연금 지급 최저 보증 기간이 기대수명 이하 – 종신형 연금 형태로 만 55세 이후 연금 개시

◆ **월스트리트 : 분노의 복수(Assault On Wall Street)**

〈프리즌 브레이크〉로 우리에게 익숙한 도미닉 퍼셀 주연 영화이다. 사랑하는 아내 로지(에린 카프럭)의 병을 고치기 위해 초과 근무도 마다하지 않는 현금 수송차 안전요원 짐(도미닉 퍼셀). 그러나 점차 늘어나는 병원비를 대기 위해 묻어 뒀던 펀드를 확인한 짐은 충격적인 소식을 듣는다. 바로 증권사의 잘못된 투자로 전 재산을 잃어버리게 된 것.

설상가상으로 두 배로 치솟은 이자로 인해 돈을 갚지 못하게 되자 은행에 집을 빼앗기게 되고, 증권회사의 파산으로 소송을 걸 상대조차 없어져 버린다. 게다가 회사는 업무의 성격상 재정 문제가 있는 짐을 해고한다. 한편, 로지는 사랑하는 짐이 자신으로 인해 곤경에 처한 모습을 보며 괴로워하다 자살을 선택하고 마는데….

잃어버린 소박한 삶, 책임을 지지 않는 이들에게 정의의 심판을 내린다. 참을 수 없는 분노가 느껴지는 영화이다. (네이버 영화, 왓챠피디아 참조)

16

연금저축

가입 시 유의 사항

연금저축 계좌란 일정 기간 납입 후 연금 형태로 인출할 경우 연금소득으로 과세하는 세제 혜택 금융상품이다. 여기서 연금저축 계좌는 과거 구(舊) 개인연금저축(1994.6.~2000.12.)과 연금저축(2001.1.~2013.2.)으로 판매되었으며, 2013년 3월부터 현재까지 연금저축 계좌로 판매되고 있다.

그렇다면 구 개인연금저축, 연금저축, 연금저축 계좌는 상품 내용이 동일한가? 이 세 가지 상품 내용은 다음과 같이 상품별로 다소 차이가 있다.

연금저축 계좌에는 연금저축보험, 연금저축펀드/계좌, 연금저축신탁이 있다. 연금저축보험은 보험업법 제4조에 따라 허가받은 보험회사와 체결하는 보험계약을 말하며, 연금저축펀드/계좌는 자본시장과 금융투자업에 관한 법률(이하 자본시장법) 제12조에 따라 인가받은

구분	구 개인연금저축	연금저축	연금저축 계좌
가입대상	만 18세 이상 국내 거주자		제한 없음
판매기간	1994.6. ~ 2000.12.	2001.1. ~ 2013.2.	2013.3. ~ 현재
납입요건	납입기간 : 10년 이상 분기별 300만 원(연간 1,200만 원 한도)		가입 기간(5년 이상) 납입금액 (연 1,800만 원 한도)
연금수령요건	적립 후 10년 경과 및 만 55세 이후 수령, 5년 이상 분할 수령	만 55세 이후 수령, 5년 이상 연금으로 받을 것	만 55세 이후 수령, 연간 연금 수령한도 내에서 수령할 것
연금수령한도	없음		연금 계좌의 평가액/ (11−연금 수령연차)X120%
세제혜택한도	소득공제=MIN (연간납입액X40%, 72만 원)	소득공제=MIN (연간납입액X100%, 400만 원) ※2014년부터 세액공제	세액공제=세액공제 한도금액X세율 ※2014년부터 세액공제
중도해지과세	이자소득세(15.4%)	기타소득세(16.5%)	기타소득세(16.5%)
연금수령세율	비과세	연금소득세(5.5%~3.3%)	연금소득세(5.5%~3.3%)
종합과세	–	연간 연금 수령액 1,200만 원 초과 시 수령액 전액 ※사적연금 수령액만 고려	

자료: 금융감독원

투자중개업자(증권사)와 체결하는 집합투자증권 중개계약을 말한다. 연금저축신탁은 자본시장법 제12조에 따라 인가받은 신탁업자(은행)와 체결하는 신탁계약을 말하며, 2018년부터 판매가 중지되었다. 이러한 금융권역별 연금저축 상품의 특성을 정리하면 다음과 같다.

또한 연금저축 계좌를 다른 연금저축 계좌로 옮길 수 있다. 소득세법시행령 제40조 4에 의거, 연금 계좌에 있는 금액이 연금 수령이 개

금융권역별 연금저축 상품 특성

구 분	은행	자산운용사	보험
상품 구분	연금저축신탁	자산운용사	연금저축보험
주요 판매사	은행	증권사, 은행, 보험사	증권사, 은행, 보험사
납입 방식	자유적립식	자유적립식	정기 납입
적용 금리	실적배당	실적배당	공시이율
연금 수령방식	확정기간형	확정기간형	손해보험은 최대 25년, 생명보험은 종신형
원금 보장	비보장	비보장	보장
예금자 보호	보호	비보호	보호

주) 2017년까지 가입한 연금저축신탁은 원금 보전됨.

시되기 전의 다른 연금 계좌로 이체되는 경우 인출로 보지 않아 과세하지 않고 연금 가입 기간을 존속시키는 제도가 시행되고 있다. 즉 2013년 3월 1일 이전 가입한 구 조세특례제한법상 구 개인연금저축, 연금저축을 포함하여 연금저축 계좌(신탁, 보험, 펀드) 상호 간 이체가 가능하다. 다만, 구 개인연금저축과 연금저축으로는 이체가 불가능하며, 연금저축보험은 가입 후 통상 7년 이내에 계좌 이체 시 해지 공제액이 발생할 수도 있다.

그리고 연금저축 계좌와 개인형 IRP 간에도 이체가 가능하다. 적립기간 5년이 경과하고 만 55세가 지난 가입자의 경우 전액 이체가 가능하며, 연금저축 계좌에서 개인형 IRP로, 개인형 IRP에서 연금저축 계좌로 양방향 모두 가능하다. 또한 개인형 IRP 상호 간 이체도 제한 없이 전액 이체가 가능하다.

다만 계좌이체에는 제한이 있다. 모든 연금저축 계좌가 계좌이체가 가능한 것은 아니고, 다음의 경우에는 계좌이체에 제한이 있다.

① 연금 수령 중인 계좌는 수령 전인 다른 연금저출 계좌로 전액 이체할 수 있으나, 반대의 경우는 불가능하다.
② 종신연금을 수령 중인 계좌는 상품 특성상 계좌이체가 불가능하다.
③ 2013년 3월 1일 이전에 가입한 연금 계좌로의 계좌이체는 불가능하다.
④ 압류, 가압류, 질권 등이 설정된 계좌는 이체가 불가능하다.
⑤ 계좌 내 일부 금액의 타 계좌로의 계좌이체는 제한된다.

이번에는 연금저축 계좌 개설 시 유의 사항을 알아보자. 첫째, 약관과 연금저축 계좌 핵심 설명서를 확인하라. 연금저축 사업자는 "약관" 및 "연금저축 계좌 핵심 설명서"를 고객에게 설명하고 교부하고 있으므로 가입 시 동 서류를 자세히 확인하여야 한다.

둘째, 연간 납입 한도를 확인하라. 다른 금융회사에 개설한 연금 계좌[연금저축 계좌 + 퇴직연금 계좌(DC, IRP 자기부담금)]와 합하여 연간 납입한도 1,800만 원을 넘는지 여부를 확인하여야 한다.

셋째, 적립 기간과 연금 수령 개시 예정일을 지정하라. 연금저축 계좌 가입 시 적립 기간(5년 이상) 및 연금 수령 개시 예정일을 설정하여야 한다.

넷째, 연금 수령 계좌를 지정하라. 중도 인출 또는 연금 지급 등이 발생할 때 출금액을 수령할 수 있는 계좌를 지정하여야 한다.

또한 연금저축을 연금 개시 전 해지하거나 일부 인출하는 경우 기

구분	개시 전	개시 후	
		연금수령 한도 내 금액	연금 수령 한도 초과액
부득이한 사유	연금 소득세율 (5.5%~3.3%)	연금 소득세율 (5.5%~3.3%)	연금 소득세율 (5.5%~3.3%)
예금자 보호	기타소득세율 (16.5%)	연금 소득세율 (5.5%~3.3%)	기타소득세율 (16.5%)

타 소득세가 부과되어 불이익을 볼 수 있으므로 신중히 판단하여야 한다.

연금 개시 전 인출을 신청하는 경우 금융회사는 가입자에게 연금 저축 계좌의 자금 구성(과세제외 금액, 이연 퇴직소득, 기타 금액 등)을 안내하고 있으므로 자세한 설명을 듣고 판단하여야 한다. 그리고 해지(중도 인출) 시 금융회사에 국세청 홈텍스에서 발급받은 "연금보험료 소득·공제 확인서"를 제출하여야 하며, 해지(중도 인출) 시 과세제외 금액, 이연 퇴직소득, 그 밖의 소득금액(세액공제 받은 납입금액+운용소득) 순으로 인출되는 것으로 본다.

다만, 부득이한 사유에 해당하는 경우에는 연금소득 세율을 적용하므로 먼저 해당 여부를 확인하는 것이 좋다. 부득이한 사유는 의료 목적, 천재지변, 그 밖의 부득이한 사유로 연금저축 계좌에서 자금을 인출할 경우 동 금액은 분리과세 연금소득으로 간주한다.

연금 개시 전 또는 연금 개시 후 연금저축 계좌에서 부득이한 사유로 자금을 인출하려는 가입자는 해당 사유가 확인된 날로부터 6개월 이내에 그 사유를 확인할 수 있는 서류를 갖추어 금융회사에 제출하여야 하며, 6개월을 초과한 경우 중도 인출이 되어 고율의 세율이 적용될 수 있다. 자금 인출 순서는 ① 당해 연도 납입금액, ② 매년 납입금액 중 세액공제 한도 초과 금액, ③ 기타 과세제외 금액으로 확인된 금액, ④ 이연 퇴직소득 금액, ⑤ 세액공제 받은 납입금액, ⑥ 연금 계좌의 운용소득이다.

제2부 · 행복한 노후를 위한 은퇴 준비

17

상속과

노후설계

최근 미성년자가 부모가 남긴 부채를 자신도 모르는 사이에 상속받아 어려움에 부닥쳤다는 기사가 보도되었고, 법무부에서는 미성년자가 부모의 과도한 빚을 떠안지 않도록 민법 개정안을 입법 예고하였다고 한다. 늦은 감은 있지만 정말 다행한 일이다. 또한 고인의 뜻과 관계없이 유족들이 유산의 일정 부분을 상속받을 권리를 의미하는 유류분 권리자에서 고인의 형제자매는 제외하는 내용도 있다고 한다.

상속이란 네이버 국어사전에 의하면 일정한 친족 관계가 있는 사람 사이에서 한 사람이 사망한 후에 다른 사람에게 재산에 관한 권리와 의무의 일체를 이어 주거나, 다른 사람이 사망한 사람으로부터 그 권리와 의무의 일체를 이어받는 일을 말한다.

사망 시 재산이 전혀 없는 사람은 고민할 필요가 없지만, 대부분 사람은 노후설계에 있어서 상속 문제는 반드시 경험하게 되는 인생사이다. 특히 은퇴 후 60대가 되면 부모 재산의 상속 문제와 본인 재산의 상속 문제를 고민해야 하기에 노후설계에 있어서 상속 관련 문제는 매우 중요하다.

첫째, 상속세 신고서는 피상속인의 주소지를 관할하는 세무서에 제출해야 하며, 납세의무가 있는 자는 상속세 신고서를 상속개시일이 속하는 달의 말일부터 6월 이내에 관할 세무서에 제출해야 한다. 예를 들면 상속개시일이 2022년 3월 10일인 경우 신고 기한은 2022년 9월 30일까지이다.

상속세는 국세청 홈택스(www.hometax.go.kr)를 통해 상속세 전자 신고를 할 수 있으며, 납부하여야 할 상속세는 자진 납부서를 작성하여 법정 신고 기한 이내에 가까운 은행 등에 납부하면 된다. 상속세 과세 대상은 사망자(피상속인)가 거주자인 경우 국내 및 국외에 있는 모든 상속재산이다.

둘째, 상속인이란 법정상속인과 대습상속인, 사망자(피상속인)의 배우자 등을 말하며, 민법 제1,000조에서 정하고 있는 상속의 우선순위는 다음 페이지의 표와 같다.

특히 상속 개시 전 상속을 포기하더라도 여전히 상속인이며, 상속 개시 이후 상속 포기를 해야 효력이 있다. 촌수가 같은 상속인이 여러 명인 경우 공동상속인이 되며, 태아는 상속순위를 결정할 때는 이미 출생한 것으로 본다.

배우자는 직계비속과 같은 순위로 공동상속인이 되며, 직계비속이

상속의 우선순위

우선순위	피상속인과의 관계	상속인 해당 여부
1순위	직계비속과 배우자	항상 상속인
2순위	직계존속과 배우자	직계비속이 없는 상속인
3순위	형제자매	1, 2순위가 없는 경우 상속인
4순위	4촌 이내의 방계혈족	1, 2, 3순위가 없는 경우 상속인

없는 경우에는 2순위 상속인인 직계존속과 공동상속인이 되고, 직계비속과 직계존속이 없는 경우 단독 상속인이 된다. 상속인은 세법에 의하여 부과된 상속세에 대하여 각자가 받았거나 받을 재산(=자산총액−부채총액−상속세액)을 한도로 연대하여 납부할 의무가 있다.

셋째, 이번에는 대습상속에 대해서 알아보자. 대습상속(代襲相續)이란 상속인이 될 직계비속 또는 형제자매(피대습상속인)가 상속 개시 전에 사망하거나 결격자가 된 경우, 그 직계비속과 배우자가 있는 때에는 직계비속과 배우자가 사망하거나 결격한 자의 순위에 갈음하여 대습상속인이 된다.

간단히 말해, 대신 상속받는 절차라고 보면 된다. 대습상속인은 피대습상속인 상속분의 한도에서 상속하며, 상속 개시 전 재혼한 며느리는 대습상속인이 아니고, 상속 개시 후 재혼한 며느리는 대습상속인의 지위가 박탈되지는 않는다.

넷째, 상속세액 계산은 거주자인 경우 다음의 절차에 의한다.

상속세 산출 예시

상속재산총액(①)	– 상속재산총액: 국내외 소재 모든 재산, 상속개시일 현재의 시가로 평가 – 상속재산에 가산하는 추정상속재산
비과세 및 과세액 불산입액(②)	– 비과세 재산: 국가/지자체에 유언으로 증여한 재산, 문화재 등 – 과세액 불산입: 공익법인 등에 출연한 재산 등
공과금·장례비용· 채무(③)	
사전증여재산(④)	– 피상속인이 상속개시일 전 10년(5년) 이내에 상속인(상속인이 아닌 자)에게 증여한 재산총액 – 단, 증여세 특례세율 적용 대상인 창업 자금 등은 기한 없이 합산
상속세 과세액 (⑤=①−②−③+④)	
상속공제(⑥)	아래 공제의 합계 중 공제 적용 종합한도 내 금액만 공제 가능 – (기초공제+그 밖의 인적공제)와 일괄 공제(5억 원) 중 큰 금액 – 기업·영농 상속공제– 배우자공제 – 금융재산상속공제–재해손실공제 – 동거 주택 상속공제
감정평가 수수료(⑦)	
상속세 과세표준 (⑧=⑤−⑥−⑦)	
세율(⑨)	증여세율과 동일
상속세 산출세액 (⑩=⑧×⑨)	(상속세 과세표준 × 세율) − 누진 공제

다음으로 상속 시 일반적인 유의사항에 대해서 알아보자. 첫째, 상속인인지 여부를 확인하라. 상속인은 피상속인의 재산상 권리뿐만

제2부 · 행복한 노후를 위한 은퇴 준비

아니라 의무도 승계되기 때문에 원하지 않는 채무에 대하여 상속 포기 또는 한정승인을 할 것인지를 결정해야 한다.

둘째, 피상속인의 재산 상태를 조회하라. 피상속인의 재산과 부채에 대해서는 주민 센터에 안심 상속 원스톱 서비스제도를 이용하거나, 금융감독원의 상속인 금융거래 서비스를 이용하면 된다.

셋째, 피상속인이 작성한 유언증서를 확인하라. 법적으로 유효한 유언증서가 있으면 유언의 내용이 먼저 지켜져야 한다. 특히 유증이 있는 경우 수증자에게 먼저 유증이 이루어진 뒤 남은 재산으로 상속이 이루어지므로 유언증서 내용을 확인할 필요가 있다.

넷째, 상속 포기 또는 상속의 한정승인 제도를 활용하라. 상속을 통해 받게 되는 재산보다 채무가 많거나, 채무를 정확히 모르는 경우 상속 포기 또는 상속의 한정승인을 해야 한다. 이러한 절차는 상속인이 상속 개시 있음을 안 날로부터 3개월 이내에 가정법원에 신고하는 방법으로 이루어지기 때문에 신고 기간 내에 의사결정을 해야 한다. 유의하여야 할 사항은, 피상속인(亡人)의 재산을 임의로 처분하거나 예금을 단 1원이라도 인출하여 장례비 등으로 사용하면 상속을 단순 승인한 것으로 간주할 수 있다는 점이다. 이 경우 더 이상 상속 포기를 선택할 수 없다.

다섯 번째, 고액 자산가는 생전에 재산의 일부를 증여하라. 고액 자산가가 생전에 사전증여 없이 모두 상속으로 재산을 물려주는 경우에는 높은 세율로 상속세를 부과받을 수 있으므로 생전에 미리 일부 재산을 증여하는 것이 상속세를 절세하는 방법이 된다. 상속세를 절세하기 위해 사전증여를 한다면 최소한 10년 전에 해야 한다. 왜냐하면 일정 기간 이내의 사전 증여는 다시 상속가액에 합산되어 추가로 상속세가 과세되기 때문이다.

◆ **레인 맨(Rain Man)**

1989년에 개봉한 영화로, 자폐를 가진 천재 형과 동생의 형제애를 주제로 하고 있다. 찰리(톰 크루즈 분)는 아버지와의 불화로 가출해 살아가는 거친 성격의 자동차 중개상. 그런데 아버지가 엄청난 재산을 형에게 물려주고 사망했다는 사실을 알고 충격을 받게 된다.

빚에 시달리던 찰리는 자신의 몫을 찾기 위해 '레인 맨'이라 부르던 형 레이먼드(더스틴 호프만 분)를 수소문하여 결국에는 정신병원에서 만난다. 그러나 형 레이먼드는 자폐증 환자. 하지만 찰리는 형의 유산을 탐내 기꺼이 그의 보호자가 되는데, 이기적인 찰리는 형을 세상 밖으로 데리고 나와 여행을 떠난다. 더스틴 호프만과 톰 크루즈의 빛나는 연기를 볼 수 있는 명작이다. (네이버 영화, 씨네21 참조)

경제적 위험에
대비하는 방법

실업급여와

조기재취업수당[1]

다니던 직장에서 퇴직하면 가장 먼저 해야 하는 일이 실업급여(구직급여) 신청이다. 실업급여란 고용보험 가입 근로자가 실직하여 재취업 활동을 하는 기간에 소정의 급여를 지급함으로써 실업으로 인한 생계 불안을 극복하고 생활의 안정을 도와주며 재취업의 기회를 지원해 주는 제도로서 구직급여, 취업촉진수당, 상병급여, 연장급여가 있다. 이러한 실업급여는 퇴직 다음 날로부터 12개월이 지나면 소정급여일수가 남아 있더라도 더 이상 지급받을 수가 없다.

먼저 실업급여를 받을 수 있는 요건을 충족하는지 확인해야 한다. 고용보험에 가입한 이후 18개월간 실제 근무 일수가 180일 이상이어

· · ·

1 본 내용은 고용보험(www.ei.go.kr) 홈페이지 내용을 참고하였음.

야 하고, 퇴사 사유가 비자발적이어야 하며, 재취업을 위한 노력을 적극적으로 해야 하고, 퇴직일로부터 1년이 넘지 않아야 하며, 근로 의사와 능력이 있음에도 불구하고 취업하지 못한 상태여야 한다. 현직에 있을 때 대표이사 등 직위에 있으면서 고용보험료를 납부하지 않았다면 당연히 실업급여 지급 대상에서 제외된다.

실업 급여액은 이직 전 평균임금의 60%에다 소정급여일수를 곱한 금액으로, 실업급여 상한액은 1일 66,000원이며, 하한액은 퇴직 당시 최저임금법상 시간급 최저임금의 80%에다 1일 소정근로시간(8시간)을 곱한 금액이다. 실업급여의 소정급여일수는 다음과 같다.

실업급여의 소정급여일수

연령/가입 기간	1년 미만	3년 미만	5년 미만	10년 미만	10년 이상
50세 미만	120일	150일	180일	210일	240일
50세 이상/장애인	120일	180일	210일	240일	270일

실업급여를 받기 위해서는 어떤 절차를 진행해야 할까? 본인이 직접 워크넷(www.work.go.kr)을 통해 구직 등록 신청을 한 후, 거주지 관할 고용센터를 방문하여 수급 자격 교육을 받아야 한다. 수급 자격 교육 신청과 교육은 고용센터 방문 없이 온라인을 통해서도 가능하다. 교육을 받은 후에는 수급 자격인정을 신청해야 한다. 불인정 판정을 받게 되면 90일 이내에 재심사 청구가 가능하다.

제3부 · 경제적 위험에 대비하는 방법

이후부터는 실업급여를 신청해야 하는데, 매 1~4주마다 고용센터를 방문하여 실업 인정 신청을 해야 하며, 최초 실업 인정의 경우 수급 자격인정일로부터 7일간 대기 시간으로 실업급여를 지급하지 않는다. 질병 등으로 인해 구직 활동이 어려우면 상병급여를 지급하며, 조기 재취업 시 조기재취업수당을 받을 수 있다.

여기서 조기재취업수당이란 구직급여 수급자격자가 대기 기간이 지난 후 재취업한 날의 전날을 기준으로 소정급여일수를 2분의 1 이상 남기고 재취업한 경우, 남아 있는 구직급여의 2분의 1을 조기재취업수당으로 지급하여 구직급여수급자의 빠른 재취업을 촉진하는 제도를 말한다.

조기재취업수당 청구 시점과 방법은 재취업한 날 또는 사업을 시작한 날부터 12개월이 지난 이후 구직급여를 지급받았던 고용센터에 조기재취업수당 청구서 및 관련 증빙 자료를 제출하면 된다. 주의 사항으로, 사업을 영위한 사실로 조기재취업수당을 받기 위해서는 해당 사업을 영위하기 위한 준비 활동으로 최소 1회 이상 실업 인정을 받았어야 한다. 또한 재취업한 날 또는 스스로 영리를 목적으로 사업을 시작한 날 이전 2년 이내와 새로 재취업한 날 사이에 조기재취업수당을 받은 이력이 없어야 한다.

2020년 코로나19 팬데믹으로 실업 인정 기준 등이 완화되었으나, 코로나19 거리 두기 해제와 일상 회복에 따라 '실업 인정 기준 및 재취업 지원 강화 개선 방안'이 시행되고 있다. 주요 내용을 살펴보면 실업 인정 차수별로 재취업 활동 의무 횟수와 의무 출석일, 재취업 활동 종류 등이 다르게 적용된다. 일반수급자의 의무 출석일은 1차와 4차이며, 재취업 활동 의무 횟수는 1~4차까지는 4주 1회, 5차부터는 4주 2회이다.

재취업 활동의 종류도 1차는 고용지원센터 집체교육을 받아야 하고, 2~4차까지는 자율 선택이 가능하며, 5차부터는 구직 활동 1회 이상 반드시 포함되어야 한다. 만 60세 이상 또는 장애인 수급자는 재취업 활동 의무 횟수가 전체 4주 1회이며, 재취업 활동도 2차부터 자율 선택이다. 아울러 2022년 7월 1일부터 구직급여 수급 자격을 새로 신청하여 인정받는 수급자격자들이 재취업 활동을 하는 경우 다음과 같이 제한받는다.

재취업활동 종류와 제한 내용

재취업 활동 종류	제한되는 내용
온라인·고용센터 주최 취업특강	두 가지를 합쳐서 총 3회까지만 인정
직업심리검사	1회만 인정
심리안정 지원 프로그램	1회만 인정
어학학원 수강(토익, 토플 등)	재취업 활동으로 불인정
사회봉사 활동	만 60세 이상 또는 장애인 수급자만 인정
같은 날 재취업 활동을 여러 건 수행	그중 1건만 재취업 활동으로 인정

만약 실업급여 수급자가 직장을 구하는 동안 구직급여 이외의 소득이 없기 때문에 국민연금 보험료를 납부하기가 부담스러울 때는 실업크레딧을 신청하면 된다. 이 제도는 2016년 8월 1일부터 시행된 제

도로, 지원 대상은 구직급여를 받는 만 18세 이상 60세 미만의 실직자 중 국민연금 보험료를 1개월 이상 납부한 이력이 있는 가입자이다.

다만 재산세 과세표준의 합이 6억 원 초과 또는 연간 종합소득(사업소득 및 근로소득 제외)이 1,680만 원을 초과하면 보험료 지원을 제한하고 있다. 실업크레딧을 신청하면 연금 보험료의 25%를 본인이 부담하는 때에만 국가에서 연금 보험료의 75%를 지원해 주고 있으며, 지원받는 기간은 구직급여 수급 기간 중 생애 최대 12개월이다.

실업급여는 1~4주의 범위에서 고용센터에서 지정한 날에 출석하여 실업 인정을 받는 경우에만 지급된다. 그러나 실업 신고 후 일정 기간은 자기 주도적 재취업 활동을 보장하기 위해 1, 4차를 제외한 나머지 실업 인정 회차는 출석하지 않고 온라인 실업 인정을 하고 있다.

고용보험 홈페이지(www.ei.go.kr) 및 고용보험 모바일 앱에서 본인의 공인인증서로 로그인하여 실업 인정 대상 기간 동안 실업 인정 신청서를 작성하였다가 해당 실업 인정일에 온라인으로 본인이 전송하면 고용센터 담당자가 확인하여 실업 인정 후 실업급여가 다음 날 지급된다.

온라인 실업 인정 신청은 '고용보험 홈페이지 – 개인 서비스 – 실업급여 신청 – 실업 인정 인터넷 신청' 또는 '고용보험 모바일 앱 – 실업급여 – 실업 인정 신청'에서 공동인증서로 로그인하여 신청하되, 실업 인정일 당일 17시까지 반드시 전송되어야 한다. 실업 인정 절차는 '신청인 정보 확인 – 실업 사실 확인(근로 사실 또는 소득 발생명세 입력) – 재취업 활동 명세 확인 – 다음 출석일까지 수행해야 할 활동 확

노후설계 행복 콘서트

인 – 신청서 작성 확인 및 전송 – 신청서 전송 후 확인(결과 확인)'의 순서로 하면 된다.

다만, 당일 17시까지 PC 고장 또는 공동인증서 문제 등 개인 사정으로 전송하지 못한 경우 1회에 한하여 실업 인정일로부터 14일 이내에 관할 고용센터에 출석하여 변경 신청을 하여야 한다.

◆ **나, 다니엘 브레이크(I, Daniel Blake)**

2016년에 개봉한 켄 로치 감독의 영화로, 영국 뉴캐슬어폰타인을 배경으로 현대의 복지 제도에 대한 비판을 담은 영화이다. 2016년 칸 영화제 황금종려상을 받았다.

평생을 성실하게 목수로 살아가던 다니엘은 지병인 심장병이 악화하여 일을 계속해 나갈 수 없는 상황이 된다. 다니엘은 실업급여를 받기 위해 찾아간 관공서에서 복잡하고 관료적인 절차 때문에 번번이 좌절한다. 그러던 어느 날 다니엘은 두 아이와 함께 런던에서 이주한 독신 엄마 케이티를 만나 도움을 주게 되고, 서로를 의지하게 된다.

이 영화는 인간의 존엄성과 마지막 자존감을 지키고 싶어 하는 작은 외침이다. (네이버 영화, 블로그 팝콘의 영화라이프 참조)

2

알아 두면

유익한 생활금융

우리는 살아가면서 사랑하는 가족이 불의의 사고로 세상을 떠나는 아픔을 겪기도 한다. 갑자기 세상을 떠나다 보니 고인이 남긴 재산 등이 얼마나 있는지 알 수 없어서 유산상속 등에서 어려움을 겪는 경우도 있다. 이때 요긴하게 활용할 수 있는 제도가 바로 '안심 상속 원스톱 서비스 제도'이다.

이 제도는 고인의 금융명세, 토지, 자동차, 세금, 연금 가입 여부 등 상속재산 조회를 주민 센터에 한 번에 통합 신청하는 서비스로, 2017년 8월 31일부터는 온라인(정부24, www. gov. kr)으로도 신청이 가능하다.

온라인 신청 방법은 '정부24 접속 → 공인인증서 본인 인증 → 신청서 작성 → 구비 서류(가족관계증명서) 교부신청 및 수수료 결제 → 접수처(주민 센터)에서 확인 · 접수 → 접수증 출력'을 하면 된다. 신청 자격은 상속인과 후견인이며, 사망일이 속한 달의 말일로부터 6개월 이내에 신청해야 한다. 구비 서류는 신분증, 가족관계증명서 등 상속 관련 증빙 서류이다.

다음은 일상생활 배상책임보험이다. 이 보험은 일상생활 중 본인이나 가족의 부주의로 타인을 다치게 하거나, 재물을 손괴하는 경우에 보상하는 보험 상품으로 일상생활 배상책임보험, 가족 일상생활 보상책임보험, 자녀 일상 배상책임보험이 있다. 월납 보험료가 1,000원 내외로 저렴하고, 단독 보험 상품이 아닌 운전자보험 또는 주택화재보험 등에서 종(從) 보험(특약) 형태로 선택 가입할 수 있다. 보상하는 손해를 구체적으로 예시하면 다음과 같다.

- 학교에서 아이가 친구들과 장난을 치다가 다른 애를 다치게 한 경우
- 자전거를 타다가 이웃집 차나 사람을 다치게 한 경우
- 반려견이 동네 사람이나 다른 개를 무는 경우
- 주거 중인 아파트에서 화장실 누수로 아래층이 누수 피해를 본 경우
- 실수로 다른 사람의 손을 쳐서 휴대전화를 파손시킨 경우
- 주차장에서 일렬 주차된 차를 밀다가 다른 차를 파손시킨 경우 등

보험 가입 여부는 금융소비자 정보포털인 '파인(fins.fss.or.kr) − 내 보험 다 보여'에서 조회가 가능하다. 반드시 유의할 사항은 ① 중복으로 가입하더라도 실제 손해배상금 내에서만 보장, ② 고의나 천재지변으로 발생한 배상책임은 비보장, ③ 주택은 피보험자가 주거용으

139
———
제3부 · 경제적 위험에 대비하는 방법

로 사용하는 경우만 보장, ④ 보험 가입 후 이사하는 경우 반드시 보험회사에 통지해야 한다.

이번에는 시민안전보험에 대해서 알아보자. 이 보험은 지자체에서 직접 보험회사(공제회)와 계약하여 지역 주민이 피해를 보았을 경우 보상해 주는 보험 제도이다. 개인적으로 신청해서 가입하는 것이 아니라 그 지역에 거주하는 모든 주민은 자동으로 가입되는 보험이다. 중요한 것은 반드시 신청해야만 보상을 받을 수 있다는 것이다.

인터넷상 국민재난안전포털(www.safekorea.go.kr) − 정책보험(풍수해보험) − 시민안전보험에 들어가면 지자체별로 보장항목, 보험사·공제회명(전화번호), 담당 부서(전화번호) 등 상세한 정보를 구할 수 있다.

서울특별시의 경우 화재폭발 사고, 대중교통사고, 스쿨존과 노인보호구역 교통사고가 보장 범위이며, 보험회사는 한국지방재정공제회이고, 담당 부서는 안전지원과(02-2133-2567)이다. 보험금 청구는 사고 발생일로부터 3년간 청구할 수 있으며, 보험금 청구 방법은 사고 피해를 본 시민(미성년은 법정상속인) 또는 유가족(사망사고의 경우)이 필요 서류를 갖추어 한국지방재정공제회(서울 서대문구 경기대로 58, 경기빌딩 305호)에 등기 접수하면 된다. 보장 항목과 보장 금액은 지자체별로 다르기 때문에 반드시 사전에 확인할 필요가 있다.

또한 행정안전부가 관장하고 민영보험사가 운영하는 정책보험으로서 보험 가입자가 부담하여야 하는 보험료의 일부를 국가 및 지자체에서 보조함으로써 저렴한 보험료로 예기치 못한 풍수해(태풍, 홍

보장 항목	보장 내용	보장 금액
화재 폭발 및 붕괴 사고 상해	폭발, 파열, 화재(벼락 포함), 건물 및 건축공사장 붕괴, 침강, 산사태	사망(2천만 원) 후유장해 (2천만 원 한도)
대중교통 이용 중 교통 상해	대중교통수단 탑승 중, 승하차 중, 승강장 내 대기 중 사고	사망(2천만 원) 후유장해 (2천만 원 한도)
스쿨존 교통사고 상해	만 12세 이하 대상 스쿨존 내 발생 교통사고 (부상 등급 1~7등급)	1천만 원
노인보호구역 교통사고 상해	만 65세 이상 대상 노인보호구역으로 지정한 지역 내 발생 교통사고(부상 등급 1~7등급)	1천만 원

수, 호우, 해일, 강풍, 풍랑, 대설, 지진)에 스스로 대비할 수 있는 풍수해 보험에 관해서도 관심을 가질 필요가 있다.

다음은 자전거 보험이다. 대부분의 지자체에서는 지역 주민들을 위하여 자전거 보험 제도를 운용하고 있다. 내가 사는 양천구를 예로 들어 보자. 양천 구민이라면 별도의 절차 없이 자동 가입되며, 사고 지역과 관계없이 보상받을 수 있다. 자전거를 타지 않는 구민도 운행 중인 자전거로 사고 발생 시 보험금 청구가 가능하며, 가입 기간에 발생한 사고라면 발생일로부터 3년 이내에 보험금 청구가 가능하다.

세부 보장 내용을 살펴보면, 사고 발생 후 전치 4~8주 진단 시 20~60만 원, 4주 이상 진단을 받은 사람이 7일 이상 입원 시 위로금 20만 원, 3~100% 후유장해 시 최대 1천만 원, 사망 시(15세 미만 제외) 1천만 원 등을 지원한다. 지자체별로 자전거 보험 운영 여부 및 보장 내용 등이 다르니, 주거지 지자체 홈페이지에서 확인하면 된다.

아는 것이 힘이 아니라, 아는 것이 돈이다. 아무리 좋은 제도일지라도 미처 몰라서 이용을 못 한다면 무슨 소용이 있겠는가. 일상생활에 도움이 되는 생활금융 지식을 열심히 습득하여 금융문맹에서 탈출하는 것도 행복한 노후설계의 한 방법이다.

◆ **샌 안드레아스(San Andreas)**

2015년에 개봉한 미국 영화이며, 브래드 페이튼 감독의 작품이다. 캘리포니아주 남부에 위치하는 샌 안드레아스 단층이 끊어지면서 연쇄적으로 대지진이 일어난다는 내용으로 재난영화의 대표작 중 하나이다.

샌 안드레아스 단층이 끊어져 규모 9의 강진이 발생하자, 구조헬기 조종사 드웨인 존슨은 사이가 멀어진 아내와 함께 외동딸을 구하기 위해 최악의 상황 속으로 뛰어든다. 세상이 무너지는 마지막 순간, 당신은 어디에서 누구와 함께할 것인가!

이 영화는 베스트셀러 원작 없이 오리지널 각본만으로 완성한 재난영화이다. 로스앤젤레스가 궤멸되는 장면과 후버댐 붕괴 장면은 충격과 공포 그 자체이다. 가족의 소중함과 언제 닥칠지 모르는 각종 재난에 대한 대비책 마련의 필요성을 일깨워 주는 영화이다. (넷플릭스, 나무위키 참조)

3

은퇴 후

건강보험료 절약 방법

　현직에 있을 때는 건강보험 직장가입자로서 회사에서 급여 지급 전 미리 건강보험료를 공제하기 때문에 건강보험료에 대한 관심이 적었다. 그러나 은퇴 후 지역가입자로 전환되면 건강보험료를 100% 부담해야 하니, 관심이 높아질 수밖에 없다. 따라서 은퇴 후 건강보험료 절약 방법과 알아 두면 유익한 건강보험료 상식에 대해서 살펴보자.

　먼저 은퇴자들의 건강보험료 절약 방법이다. 첫째, 재취업을 통해 직장가입자가 되는 것이다. 즉, 평생 현역으로 뛰는 것이다. 직장가입자에겐 소득에만 건강보험료가 부과되기 때문에 급여가 많지 않더라도 본인이 좋아하는 일을 찾아 재취업하는 것이 좋다.

　둘째, 가족 중 직장가입자가 있다면 피부양자로 등재하라. 피부양자는 건강보험료를 납부하지 않아도 되고, 피부양자로 등재됐더라도 직장가입자의 건강보험료는 인상되지 않는다.

셋째, 퇴직 후 3년까지는 종전 직장가입자로서 납부하던 보험료를 납부할 수 있다. 퇴직 후 지역가입자로 전환 시 예상되는 보험료와 직장가입자로서 납부했던 보험료를 비교하여, 직장가입자가 저렴하다면 건강보험공단에 임의 계속 가입자 신청을 하면 된다. 신청 기한은 퇴직 후 지역가입자 건강보험료 납부 기한으로부터 2개월 이내이다.

넷째, 퇴직 후 연금소득 비중을 높여라. 국민연금 등 공적연금 소득은 50%만 건강보험료가 부과 대상이나, 사적연금(연금저축, IRP 등)은 건강보험료 부과 대상이 아니다. 따라서 사적연금 소득을 적절히 활용하라. 다만 기초연금 수급 대상 선정을 위한 소득 인정액 계산 시에는 부동산에 비해 연금소득이 불리하다.

다섯째, 퇴직 후 금융재산 비중을 높여라. 부동산은 건강보험료 부과 대상이지만 금융재산(예금·보험·주식·채권 등)은 건강보험료 부과 대상이 아니다. 다만, 금융재산으로 인한 이자/배당소득은 건강보험료 부과 대상이고, 기초연금 수급 대상 선정을 위한 소득 인정 금액 계산 시에는 부동산에 비해 연금소득이 불리하다.

여섯째, 소득과 재산 감소 시 즉시 건강보험료 조정을 신청하라. 소득 발생 시점 또는 재산 매매 시점과 건강보험료 부과 시점까지는 6개월~1년 정도 시차가 발생한다. 따라서 폐업 또는 보유 재산 매각 등으로 소득 또는 재산이 감소하였다면 즉시 건강보험료 조정 신청을 해야 한다.

이번에는 알아 두면 유익한 건강보험료 관련 상식이다. 첫째, 직장가입자의 피부양자 자격 요건(소득 기준, 재산 기준)은 부부 합산이 아니라 부부 따로 산정한다. 즉, 부부 각자의 재산과 소득에 따라 피부양자 자격 여부를 판단하게 된다.

둘째, 부부 중 한 사람이 피부양자 자격 요건에 부합하지 않을 때는 소득 기준이냐 아니면 재산 기준이냐에 따라 달라진다. 특히 남편의 소득이 피부양자 자격 요건을 충족하지 못하여 지역가입자로 전환되면 아내도 같이 피부양자 자격이 박탈된다는 점을 유의해야 한다. 반대로 남편의 재산이 피부양자 자격 요건을 충족하지 못할 경우 남편만 지역가입자로 전환되고, 아내는 피부양자 자격을 유지할 수 있다.

셋째, 지역 건강보험료는 세대주 한 명에게만 부과되지만, 남편과 아내의 재산과 소득을 합산하여 건강보험료를 부과한다. 특히 최근에는 주택을 부부 공동명의로 하는 경우가 많은데, 피부양자 자격 요건을 따질 때는 따로 계산한다. 그러나 지역가입자로 건강보험료를 산정할 때는 부부 합산으로 건강보험료를 산정한다.

넷째, 사업소득 및 기타소득은 필요경비 공제 후 금액을 기준으로 하고, 금융소득(이자와 배당)은 연 1천만 원 초과 시에만 반영한다.

다섯째, 주택임대사업자(세무서, 지자체) 등록 후 월세가 1천만 원 초과 시 피부양자에서 탈락하게 되고, 주택임대사업자 미등록인 경우에는 연간 400만 원 초과 시 탈락하게 된다.

여섯 번째, 2022년 9월부터 변경된 피부양자 자격 요건을 숙지하자. 먼저 소득 기준으로 연 2천만 원 초과 소득자와 개인자영업자인 경우 사업소득이 있거나 사업자등록증이 없는 경우 사업소득이 연 500만 원 이상이면 피부양자 자격이 상실된다. 재산 기준은 재산세 과표 금액이 5억 4천만 원 초과 ~ 9억 원 이하이면서 연 소득이 1천만 원을 초과하는 경우와 과표 금액이 9억 원을 초과할 경우에도 피부양자 자격이 상실되어 지역가입자로 전환된다.

　일곱 번째, 향후 공시가격 현실화에 따라 재산세 과세표준이 지속해서 상승할 가능성이 높기 때문에 피부양자 자격을 유지하기는 갈수록 힘들어질 전망이다. 공동주택은 2030년에 목표 현실화율인 90%에 도달할 전망이고, 단독주택은 2035년에, 토지는 2028년에 90%에 도달할 전망이다.

　매월 일정한 현금 흐름이 발생하지 않는 은퇴 후 노후를 보내는 시기에 월 30~40만 원의 건강보험료는 은퇴자에게 큰 부담이 될 수 있다. 건강보험 관련 지식을 충분히 습득하여 최대한 건강보험료를 절약하는 것도 현명한 노후 생활을 위한 방법 중 하나이다.

공동주택 가격 구간별 현실화율 예상 추이

시세/연도	2022	2024	2026	2028	2030
평균	71.5%	75.6%	80.9%	85.6%	90.0%
9억 원 미만	69.4%	72.9%	78.6%	84.3%	90.0%
9~15억 원	75.1%	81.1%	87.0%	90.0%	90.0%

자료: 국토교통부

노후설계 행복 콘서트

4

조기노령연금과

연기연금

직장인들의 로망 중 하나는 직장 생활을 하다가 국민연금이 나올 때쯤 은퇴를 하고 바로 국민연금을 받는 것이다. 그러나 직장인 대부분은 국민연금을 받기 이전에 은퇴하게 되고, 은퇴 이후 국민연금이 나올 때까지 소득의 절벽 구간에 빠지게 된다. 이때 국민연금 관련해서 은퇴한 사람들이 하게 되는 가장 큰 고민이 언제 국민연금을 받을 것이냐 하는 것이다. 국민연금, 즉 노령연금에는 연금 수급 개시 연령에 연금을 받는 정시노령연금과 최대 5년까지 앞당겨서 연금을 수령하는 조기노령연금, 최대 5년까지 연금 수급 개시 연령을 늦춰서 받게 되는 연기연금이 있다. 국민(노령)연금을 언제 받는 것이 가장 유리할까? 이 문제에 대해서 유튜브 등에서 많은 사람이 각자 정답을 제시하고 있지만, '정답은 없다'고 생각한다. 왜냐하면 너무 많은 변수가 영향을 미치기 때문이다.

먼저, 조기노령연금에 대해서 알아보자.

- 1960년 5월생, 1988년 1월 국민연금 가입, 354개월 납입, 부양가족 배우자 1명
- 2016년 12월 말 명예퇴직, 2022년 6월부터 1,569,000원 연금 수령 예정
- 조기 수령 연금(1년에 6%씩 차감, 60세 수령): 노령연금의 88%(1,381,000원)
- 연기 연금(1년에 7.2%씩 증액, 64세 수령): 노령연금의 114.4%(1,795,000원)

위의 사례와 경우 만 60세까지 국민연금 보험료를 정상적으로 납부(월 소득 150만 원 기준)할 경우 2022년 6월(만 62세)부터 월 1,569,000원의 연금을 받게 된다. 그러나 2년 먼저(만 60세) 2020년 6월부터 조기 노령연금을 수령할 경우 월 1,381,000원(6%×2년=12%

조기노령연금과 정상연금의 비교   (단위: 백만 원)

구분	조기 연금(만 60세)			정상 연금(만 62세)		
	노령연금	유족연금	합계	노령연금	유족연금	합계
74세	232	49	281	226	56	282
75세	248	49	298	245	56	301
76세	265	49	314	264	56	320
77세	281	49	331	282	56	338
78세	298	49	347	301	56	357

주) 물가상승률에 따른 연금 증가액과 조기 연금의 재투자수익은 반영하지 않음, 유족연금은 5년 만 반영.

차감)의 노령연금을 받게 된다. 노령연금만 감안할 경우 만 78세 이상 생존해야만 정상 수령이 유리하고, 유족연금(배우자가 5년 수령)을 포함할 경우 만 74세 이상 생존 시 정상 수령이 유리하다. 이는 74세 또는 78세 이전에 사망하게 되면 조기 수령이 유리하다는 뜻이다.

동일한 조건으로 이번에는 국민연금을 2년 늦게 수령하는 연기연금에 대해서 알아보자. 62세에 정상 수령을 하지 않고 수령 시기를 2년 연장하여 2024년에 수령한다고 가정하면 월 1,794,000원을 받게 된다. 노령연금만 감안할 경우 79세부터 연기 연금이 유리하고, 유족연금을 감안할 경우 76세부터 연기 연금이 유리하다.

연기 연금과 정상 연금의 비교   (단위: 백만 원)

구분	연기 연금(만 64세)			정상 연금(만 62세)		
	노령연금	유족연금	합계	노령연금	유족연금	합계
76세	258	65	323	264	56	320
77세	280	65	345	282	56	338
78세	301	65	366	301	56	357
79세	323	65	388	320	56	376

주) 물가상승률에 따른 연금 증가액 미반영, 유족연금은 5년만 반영.

엑셀(한셀) 등을 활용하면 조기(연기)연금과 정상연금을 간단히 비교할 수 있다. 정상연금은 국민연금공단 홈페이지에서 조회가 가능하고, 조기연금은 정상연금에서 1년에 6%씩 차감하면 되고, 연기연금은 1년에 7.2%씩 가산하면 된다. 다시 연금 수령 연수를 곱하면

제3부 · 경제적 위험에 대비하는 방법

노령연금 총 수령 금액이 된다. 유족연금은 본인 사망 후 배우자가 몇 년까지 생존할 것인지를 가정하고, 가입 기간에 따라 노령연금의 40~60%를 계산하면 된다.

국민연금을 당겨서 받을 것인지 아니면 정상적으로 받을 것인지를 결정하는 데 있어서 가장 큰 변수는 내가 몇 살에 죽을 것이냐 하는 기대여명이다. 그러나 인간이 자신의 수명을 알 수 없지 않은가. 내가 아는 지인은 돈이 필요한 사회적 활동기일 때 연금 절벽을 메꾸기 위해 퇴직하자마자 조기 연금을 수령해서 노후 생활을 보내고 있다.

사람마다 경우의 수가 다르기 때문에 일률적으로 '어떻게 하는 것이 가장 유리하다.'라고 하기는 어렵다. 수급권자 본인의 기대여명뿐만 아니라 배우자의 기대여명, 물가상승률, 연금 수령 시의 본인의 재정 상태, 조기연금의 재투자 수익 등을 종합적으로 감안하여 결정하는 것이 바람직하다 하겠다.

5

국민연금

10문(問) 10답(答)²

주위 사람들로부터 질문을 많이 받은 국민연금 관련 궁금한 내용들을 열 가지로 정리하였다.

Q1. 직장 퇴직 후 소득이 없어도 국민연금을 납부해야 하나?

60세 이전에 퇴직하면 지역가입자로 가입해야 하고, 소득이 없을 땐 국민연금 보험료 납부 예외 신청을 하면 된다.

Q2. 국민연금 보험료를 조정하고 싶은데 어떻게 해야 하나?

지역가입자인 경우 소득월액 변경 신청으로 가능하며, 감액 신청인

· · ·

2 국민연금공단 홈페이지(www.nps.or.kr) 내용을 참조하였음.

경우 소득 감소 사실을 증명할 수 있는 서류를 제출해야 하고, 증액 신청인 경우 서류 없이 변경 신청이 가능하다. 사업장 가입자는 매년 전년도 소득을 기준으로 부과하며, 소득이 20% 이상 변동 시 조정이 가능하다(근로자의 동의/사용자가 월 소득 조정 신청). 신청일 다음 달부터 조정된 연금 보험료가 반영된다.

Q3. 전업주부 또는 학생 및 군인도 국민연금에 가입할 수 있나?

의무가입 대상이 아니더라도 가입자 및 수급권자의 배우자로서 별도의 소득이 없는 사람이거나 18세 이상 27세 미만인 자로서 학생이거나 군 복무 등으로 소득이 없는 사람은 임의가입이 가능하다. 보험료는 지역가입자 중위수 100만 원의 9%에 해당하는 9만 원 이상으로 납부해야 한다.

Q4. 국민연금을 납부하지 않으면 어떻게 되나?

노후에 받게 될 연금 수령액이 줄어들고, 미납 기간(가입 대상 기간 중 미납 기간이 3분의 2 초과 또는 미납 기간이 3년 이상)에 따라 장애연금이나 유족연금 지급에 제한이 있을 수도 있다. 소득이 없어 납부가 불가능하다면 가까운 국민연금공단 지사에 납부 예외를 신청하면 된다. 납부 예외는 반드시 본인의 신청이 있어야 한다.

Q5. 국민연금으로 받은 연금 급여도 세금을 내야 하나?

장애연금과 유족연금은 비과세이며, 2002년 이후 가입 기간에 의해 산정된 노령연금과 반환일시금(사망으로 인하여 받는 반환일시금은 비과세)은 과세이며, 납부한 연금 보험료에 대해서는 소득공제 혜택(2002년 이후)이 있다.

가입기간별 국민연금 과세 여부

구 분	2001년 이전	2002년 1월 이후
연금보험료 납부 시	소득공제 불인정	소득공제 인정
연금 수령 시	비과세	과세

과세 방법은 연금 지급 시 간이세액표에 따른 세액을 원천 징수하며, 연말정산 시 정확한 결정세액을 확정하여 정산 결과를 다음 해 1월 지급액에 반영하며, 수급자가 납부할 필요는 없다. 다른 종합소득이 있는 경우 다음 해 5월 종합소득과 합산하여 확정 신고하면 된다.

Q6. 반납제도란 무엇인가?

반납제도란 예전에 수급했던 반환일시금에 이자를 더해 공단에 반납함으로써 국민연금 가입 기간을 복원해 연금 수령액을 늘릴 수 있는 제도이며, 지금보다 소득 대체율이 높았던 기간의 이력을 복원시키므로 가입자에게 유리한 제도이다. 여기서 소득 대체율이란 국민연금 가입 기간을 40년으로 전제했을 때 본인의 평균 소득액 대비 수령하게 되는 연금액의 비율을 말한다.

연도별 소득대체율

구분	1988~1998년	1999~2007년	2008~2027년	2028년 이후
소득 대체율	70%	60%	50% (매년 0.5%씩 감소)	40%

반납 전후의 예상 연금액을 비교 후 결정하는 것이 바람직하며, 반납금은 정기예금 이자를 가산하여 전액 일시 납부 또는 3~24회 분할 납부할 수 있다.

Q7. 부양가족이 많은 경우 연금을 더 받을 수 있나?

국민연금 수령 시 부양가족이 있는 경우 가족수당 성격의 추가 급여를 지급하는데, 이를 '부양가족 연금'이라 한다. 지급 대상은 연금 수급권자의 배우자, 자녀(19세 미만 또는 장애 2급 이상), 부모(62세 이상 또는 장애 2급 이상, 배우자의 부모 포함)이며, 가입 기간 등과 관계없이 정액으로 지급된다. 지급 금액은 2022년 1~12월분 적용 기준 배우자 연 269,630원(월 22,460원), 자녀나 부모 1인당 연 179,710원(월 14,970원)을 지급한다.

다만 공적 연금을 받는 사람은 다른 사람의 부양가족 연금 대상이 될 수 없으며, 한 사람이 두 명 이상의 국민연금 수급자의 부양가족 연금 대상자가 될 수 없다.

Q8. 물가가 오르면 연금액도 올라가나?

올라간다. 연금을 받기 시작한 이후 매년 1월부터 전년도의 전국

소비자 물가 변동률만큼 연금액을 인상하여 지급함으로써 연금액의 실질 가치를 보장한다. 최근 19년간 연금 월액이 343,810원 인상되었으며, 인상 비율은 아래 표와 같다.

국민연금액 인상 비율

구분	2019년	2020년	2021년	2022년	2023년
물가상승률	1.5%	0.4%	0.9%	2.5%	5.1%

Q9. 분할연금이란 무엇인가?

분할연금제도란 혼인 기간 동안 배우자의 정신적·물질적 기여를 인정하고 그 기여분을 분할하여 지급함으로써 이혼한 배우자의 안정적인 노후 생활을 보장하기 위한 제도이다. 수급 요건은 배우자의 국민연금 보험료 납부 기간에 혼인 기간이 5년 이상인 자가 ① 배우자와 이혼하였을 것, ② 배우자였던 사람이 노령연금 수급권자일 것, ③ 분할연금 수급권자 본인이 60세가 되었을 것(지급 연령 상향 규정 적용)의 요건을 갖추면 된다.

급여 수준은 배우자였던 사람의 노령연금액(부양가족 연금액 제외) 중 혼인 기간에 해당하는 연금액의 2분의 1을 지급한다. 다만 2016년 12월 30일 이후 분할연금 지급 사유가 발생한 건에 대해서는 분할 비율을 당사자 간 협의 또는 법원의 재판으로 달리 정할 수 있다.

제3부 · 경제적 위험에 대비하는 방법

Q10. 국민연금 8년 납부 후 공무원연금 15년 가입인 경우 연금을 수령할 수 있나?

공적연금연계제도를 말하는 것으로 국민연금과 직역연금(공무원연금, 사학연금, 군인연금, 별정우체국 연금)의 연금을 수령하기 위한 가입(재직) 기간을 채우지 못하고 이동하는 경우 각각 일시금으로만 받아야 했던 것을 연계 제도를 통해 연금 간 가입 기간을 합하여 최소연계 기간(10년 또는 20년)을 충족하면 지급 연령부터 연금을 받을 수 있도록 하는 제도이다.

사례의 경우 최소 연계 기간을 충족하기 때문에 연계 신청을 하면 국민연금 수령 연령에 도달한 후 본인이 납부한 국민연금에 대해 국민연금공단에서, 공무원연금에 대해서는 공무원연금공단에서 각각 지급한다. 최소연계 기간은 직역기관에서 퇴직일이 2016년 1월 2일 이후인 경우 10년, 직역기관에서 퇴직일이 2016년 1월 1일 이전 및 연계 기간에 군인연금 복무 기간이 포함된 경우 20년이다.

공적연금 수급을 위한 가입(재직) 기간

국민연금	군인연금	공무원연금, 사학연금, 별정우체국 연금
10년	20년	10년(2016.1.2. 이후 퇴직자)

국민연금 관련 기타 궁금한 내용들은 '국민연금공단 – 연금정보 – 국민연금 통계 – 기타자료'의 '2022년 국민연금 100문 100답' 자료를 활용하면 많은 도움이 될 것이다.

6

은퇴 후 자산 관리

기본 원칙

한 사람의 평생 수입과 지출을 그래프로 그려 보면 대체로 30대 중후반까지는 지출이 수입보다 많은 적자 인생(부족 자금)이고, 40~60대까지는 수입이 지출보다 많은 흑자 인생(잉여자금), 그 이후는 경제적 정년을 맞이하여 다시 지출이 수입보다 많은 적자 인생을 살게 된다.

현직에 있을 때 많은 재산을 모으는 것도 중요하지만, 은퇴 후 보내야 하는 시간이 자꾸 길어지기 때문에 그동안 모은 재산을 어떻게 관리할 것이냐 하는 것도 중요하다. 은퇴 후 자산 관리는 어떻게 하는 것이 좋을까? 지금부터 은퇴 후 자산 관리 11가지 기본 원칙을 알아보자.

첫째, 미래는 아무도 모른다는 사실을 명심하자. 유명한 펀드매니

저도 장기간 높은 투자수익을 지속해서 올리기는 쉽지 않다.

213조 원을 운용하는 초대형 자산운용사인 오크트리캐피털 회장인 하워드 막스(Howard Marks)는 『투자에 대한 생각』이라는 책에서 모든 경제 현상은 일정한 주기를 가지고 움직인다는 주기설을 주장하면서, 앞으로 어디까지 움직일지 정확히 알 수 없지만 적어도 "우리가 현재 어디에 있는지는 파악하라."고 하였다. 특히 하워드 막스는 "그어떤 것도 영원히 한 방향으로 움직이지 않고, 내가 아는 한 가지는 내가 모른다는 것이다."라고 하면서, 현재 상황이 미래에도 계속될 것이라고 굳게 믿는 것처럼 건전한 투자에 위험한 것은 없다고 했다.

인간의 뇌는 직선형 사고구조로 되어 있어, 주가가 오르면 계속 오를 것처럼 생각하고 금리가 빠지면 계속 빠질 것처럼 생각하는 경향이 있다고 한다. 반면 경제 현상은 순환 곡선형이라 등락을 반복하는 경향이 있기 때문에 우리가 미래를 예측하는 것이 쉽지 않다는 사실을 잊지 말자.

둘째, 투자의 기본 원칙을 준수하라. 투자 대가 워런 버핏(Warren Buffett)의 스승인 전설적인 투자자 벤저민 그레이엄(Benjamin Graham)은 "투자는 철저한 분석 하에서 원금의 안전과 적절한 수익을 약속하는 것이다."라고 하면서 ① 안전마진 내 매수, ② 분산투자, ③ 기본적 분석, ④ 매수 후 보유 부채의 최소화라는 4가지 투자 철학을 강조하였다.

또한 그는 "당장 내일의 주가를 예측한다는 것은 정말 어리석은 일이다."라고 하면서, 투기꾼은 시점 선택(timing)에 매달리지만, 투자자는 가격 선택(pricing)을 한다고 하였다. 특히 그는 주식투자 시 안전마진(safety margin)을 강조하였다. 안전마진이란 기업의 수익률이 채권수익률을 훨씬 초과할 때 확보가 가능하며, 채권자에게 이자를 지급하고도 남는 이익이 존재해야 주주에게 수익이 발생한다고 하였다.

그가 제시한 네 가지 투자 원칙은 다음과 같다. ① 10~30개 종목 이내에서 분산투자, ② 20년 정도 오랜 기간 동안 계속해서 배당금을 지급한 회사에 투자, ③ 주가가 최근 1년간 주당 순이익의 20배보다 낮을 것, ④ 주가가 최근 7년간 평균 주당순이익의 25배보다 낮을 것.

셋째, 사전적 위험 관리가 중요하다. 현직에서 자금 운용 업무를 담당하던 2007년이 생각난다. 곡물과 철광석 등을 벌크선(Bulk Carrier)으로 운반하는 원자재 운임지수를 의미하는 BDI(Baltic Dry Index) 지수가 2006년 2,000p에서 상승하기 시작하여 2년도 되기 전에 12,000p까지 6배나 상승하였다. 이러한 현상을 어떻게 해석하느냐에 따라 위험 관리 방향이 달라진다.

이렇게 단기간에 급등한 현상을 비정상적 시장 상황으로 인식하고 사전적 위험 관리를 했던 사람들은 2008년 글로벌 금융위기 이후 BDI 지수가 1,000P대로 폭락한 상황에서도 큰 손실을 면할 수 있었다. 그러나 우리는 대부분 문제가 발생한 이후에 위험 관리에 착수하는 사후적 위험 관리에 너무 익숙하다. 사후적 위험 관리는 자산 관리에 있어서 아무런 도움이 되지 않는다.

넷째, 위기가 대박의 기회이다. 역발상 투자를 해라. 『제4의 물결이 온다』라는 책을 보면, 미국의 벤저민 로스(Benjamin Roth)가 대공황 시기인 1931~1941년 기간 동안 쓴 일기장 내용을 그의 아들이 2009년에 책으로 출판한 『The Great Depression : A Diary』에 다음과 같이 기술되어 있다고 적고 있다.

"1931년 7월, 온갖 신문들과 잡지들은 지금처럼 할인된 가격에 주식, 부동산을 살 기회가 흔치 않다는 기사들로 도배되어 있다. 문제는 지금은 아무도 돈이 없다는 것이다."

그렇다면 투자는 언제 해야 하는가? 모든 사람이 공포를 느낄 때 해야 한다. 대표적으로 1997년 외환위기 때, 2008년 글로벌 금융위기 때, 2020년 코로나19 팬데믹 사태가 발생했을 때가 투자의 적기이다. 그러나 대부분의 사람은 두려움 때문에 투자하기가 쉽지 않다.

캐나다의 워런 버핏으로 불리는 데이비드 드레먼(David Dreman)의 2004년 알트리아 역발상 투자 사례를 살펴보자. 알트리아(ALTRIA)는 담배회사인 필립모리스와 크라프트 푸드의 모기업인데, 탄탄한 재무구조와 6%대의 배당수익률, 해마다 배당금을 인상하는 우량기업이다. 그러나 자회사인 필립모리스의 담배 피해에 대한 대규모 집단소송이 발생했고, 언론은 천문학적인 배상금으로 엄청난 타격을 입을 것이라고 연일 보도를 하는 바람에 주가가 일시적으로 급락하였다. 드레먼은 이때를 투자 적기로 판단하고 역발상 투자를 함으로써 대박의 수익률을 올릴 수 있었다.

말은 이렇게 쉽게 하지만, 실제 투자 행동으로 옮기기는 결코 쉬운 일이 아니다. 모든 사람이 우산을 쓰지 않고 왼쪽으로 가고 있는데, 나만 우산을 쓰고 오른쪽으로 가기는 정말 어려운 일이다. 본인만의 확고한 투자 철학과 강철 같은 굳건한 신념이 있어야 가능하다.

다섯 번째, 머리 기업에 투자하라. 지금까지 역사적으로 경험한 1·2·3차 산업혁명 때 누가 돈을 벌었는가? 1차 산업혁명 때는 방적기를 개발한 사람보다는 옷을 만드는 데 꼭 필요한 양모 생산업자들이 돈을 벌었다. 2차 산업혁명 때는 자동차를 만든 포드보다 자동차를 운행하는 데 없어서는 안 되는 석유를 생산하는 스탠더드 오일 대주주인 석유왕 록펠러가 많은 돈을 벌었고, 3차 산업혁명 때는 컴퓨터 운영체제 프로그램을 개발한 회사가 돈을 많이 벌었다.

그렇다면 4차 산업혁명 시대에는 누가 돈을 벌 것인가? 바로 수족 기업보다는 머리 기업이 돈을 벌기 때문에 머리 기업에 투자하라. 머리 기업이란 『4차 산업혁명 시대, 투자의 미래』라는 책에 나온 개념으로, 진입장벽이 높은 독점시장에서 대체 불가능한 제품을 생산하는 기업을 말하며, 완전경쟁시장에서 기업 활동을 하는 수족 기업과는 대비되는 개념이다.

그럼 머리 기업에는 어떤 기업이 있을까? 머리 기업은 광고를 거의 하지 않으므로 일반 소비자들은 대체로 머리 기업에 대해서 잘 모른다. 4차 산업혁명 시대에 없어서는 안 될 반도체 생산업체도 머리 기업이지만, 반도체 생산에 꼭 필요한 원자재, 반도체 설계 전문 업체 및 반도체 생산에 필수적인 장비를 만드는 기업들이 진정한 머리 기업이라 하겠다.

구분	수족 기업	머리 기업
시장 형태	완전경쟁시장	독점 시장
경쟁 기업	수없이 많음	1개 혹은 2~3개
진입 장벽	없음	높음
광고	많이 함	거의 안 함
브랜드전략	필요함	거의 필요 없음
소비자	잘 알고 있음	모르고 있음
대체 여부	대체 가능	대체 불가능
제품	완제품 시장	소재, 플랫폼 기업
예시	스마트폰, 자동차시장, 학원 등	철도, 반도체, 안드로이드 등

자료: 4차 산업혁명 시대, 투자의 미래

여섯 번째, 이차적 사고를 키워라. 전설적인 투자가 하워드 막스는 "통찰력은 누가 가르친다고 생기는 것이 아니며, 투자에 대한 이해력이 그저 남들보다 뛰어난 사람들이 있을 뿐이다. 통찰력 있는 사고, 다른 식으로 말하자면 '이차적 사고(second-level thinking)'가 중요하다."라고 하였다.

예를 들어 보자. 2020년 10월 25일 연합뉴스에 '이건희 회장 별세, 향년 78세'라는 속보가 나왔다. 여러분은 이 뉴스를 보고 어떤 생각을 하였는가? '오랫동안 식물인간으로 병원에 입원해 있던 이건희 회장이 돌아가셨구나.'라고 생각하면 일차적 사고이고, '이건희 회장 사후에 삼성그룹 경영권 승계 문제가 본격적으로 대두될 것이고, 이재용 부회장 등의 주식인수자금 확보를 위해서 연말에 삼성그룹 계열사가 배당금 지급을 늘릴 가능성이 높겠구나.'라고 생각하는 것이 이차적 사고이다.

우리가 매일 접하는 각종 뉴스를 일차적 사고에서 보지 말고 이차적 사고까지 사고의 영역을 확대하는 생각하는 힘을 키우자.

일곱 번째, 트렌드를 읽는 힘을 길러라. 트렌드와 테마는 어떻게 다른가. 트렌드는 사상이나 행동 또는 어떤 현상에서 나타나는 일정한 방향을 의미하며, 글로벌 금융위기 이후 소비 흐름의 특징 또는 100여 년간의 메이크업 트렌드 등에서 알 수 있는 바와 같이 변화의 방향이 일정하며 장기적인 특징을 가지고 있다.

반면 테마는 창작이나 논의 중심 과제나 주된 내용을 의미하며, 과제 또는 주제와 유사한 말이다. 주식시장에서 가장 많이 사용하고 있는 테마주는 선거 때마다 나오는 정치인 관련 테마주로 선거가 끝나면 금방 사라지고 마는 것과 같이 일정한 방향이 없으며, 단기간이다.

자산관리시장에서 성공하기 위해서는 무엇보다도 경제와 사회 또는 특정 산업의 장기간 변화의 움직임인 트렌드를 파악하는 힘을 키워야 성공할 수 있다. 광고 미디어시장에서 TV와 신문은 경쟁력을 상실한 지 오래되었고, 구글과 네이버 등 검색광고와 유튜브 등이 새로운 광고매체로 자리 잡고 있다. 이러한 트렌드를 알아야 투자에 성공할 수 있다.

트렌드를 읽는 힘을 키우기 위해서는 무엇보다도 지속적인 자기계발에 힘을 쏟아야 한다. 투자에 관련된 책을 부지런히 읽고, 다음에 나오는 다양한 정보 채널을 활용하여 세상을 보는 안목을 넓히는 것이 트렌드를 읽는 힘을 키우는 방법이라 하겠다.

여덟 번째, 다양한 정보 채널을 활용하라. 현직에서 자금 운용 업무를 담당하던 2000년대의 투자 관련 정보는 증권회사의 리포트와 투자설명회가 대부분이었으며, 이들 정보는 기관투자가들의 몫이었고, 개인투자자들은 투자 관련 정보를 입수하기가 쉽지 않았다. 즉, 개인투자자들과 기관투자자들 간에는 정보의 비대칭성이 존재하였다.

그러나 지금은 유튜브 등 SNS가 발달하면서 증권회사 애널리스트나 이코노미스트들이 유명한 유튜브 채널에 출연하고 싶어 하는 시대가 되었고, 정보의 비대칭성이 어느 정도 사라졌다고 할 수 있다. 최근 대통령 선거 때 유명해진 모 유튜브 채널은 이제 공중파 채널 못지않은 인기를 누리고 있다.

금융투자자들이 유튜브 등을 통해 다양한 금융 정보를 습득하다 보니 금융회사 직원들 입장에서는 고객을 응대하기가 더욱 어려워지고 있다. 정말 다양한 채널들이 유튜브에 있다. 본인이 가장 좋아하는 채널 또는 관련 정보가 마음에 드는 채널을 꾸준히 보다 보면, 노후 자산 관리에 많이 도움이 되리라 확신한다. 필자가 자주 보고 듣는 유튜브를 정리하면 다음 페이지 표와 같다.

아홉 번째, 우물형 자산을 늘려라. 노후 대비 준비해 둔 자산에는 우물형 자산과 곳간형 자산이 있다. 가을철 수확을 해서 곳간에 양곡이 가득 차면 '다음 수확기까지 양식 걱정을 안 해도 되겠구나.'라고

유튜브 채널 현황

구분	주요 채널
금융 / 경제	삼프로TV, 홍사훈의 경제 쇼, 내일은 투자왕, 한국경제신문의 글로벌나우, 돈 파는 가게, 캔들스토리 TV, 전인구경제연구소 등
부동산 시장	부동산 분석왕 TV, 집코노미 TV, 월급쟁이 부자들 TV, 김종갑의 경제 부동산, 땅집고, 박종훈의 경제 한방 등
시사뉴스	why times 정세분석, 김미경 TV, 슈카월드, 최경영의 최강시사 등
독서	책 읽는 다락방J, 책 읽기 좋은 날, 책 읽는 자작나무 등
인생/노후설계	황창연 신부, 강창희 소장, 월더풀 인생후반전, 콕알 TV, 오종남 교수, 한국 재무 설계 TV 등
연금 등	속고 살지 마, 밸런스 은퇴 TV, 연금박사, 미래에셋 투자와 연금TV, 김 작가 TV 등

생각하지만, 곳간에 든 양곡은 언젠가 비게 된다. 대표적인 곳간형 자산이 연금저축상품 등이다. 개인연금을 매월 1백만 원씩 10년 동안 받기로 했다면 10년 후에는 잔액이 사라지면서 자산의 수명은 다하게 된다.

반대로 우물은 항상 우리에게 시원하면서 깨끗한 물을 지속적으로 공급해 준다. 대표적인 우물형 자산은 국민연금과 종신연금 등이며, 돈의 수명을 연장해 준다고 하겠다. 특히 국민연금은 물가상승률을 보상해 주고, 본인 사망 이후에도 종전에 받던 국민연금의 40~60%가 유족연금 형태로 지급되기 때문에 최고의 우물형 자산이라고 할 수 있다.

사람들이 수익형 부동산 투자에 관심을 가지는 이유도 수익형 부동산에서 매월 월세 등 현금 흐름이 창출되며, 시간이 지날수록 부동

165

산 가격 상승을 기대할 수 있기 때문이다. 죽을 때까지 우물처럼 평생 마르지 않고 현금 흐름이 꾸준히 창출되는 우물형 자산을 많이 만들어 두면 편안한 노후 생활을 맞이할 수 있을 것이다.

열 번째, 위험자산은 최악의 경우에도 노후 생활에 지장을 주지 않는 범위 이내에서 투자해라. 일반적으로 자산 중 주식 등 위험자산 투자 비중은 100에서 자신의 나이를 뺀 만큼 유지하는 것이 좋다고 한다. 즉, 본인의 나이가 65세라면 본인의 재산 중 위험자산 비중은 35%(100세-65세) 정도가 적당하다고 한다. 그러나 이보다 조금 더 보수적인 투자 전략을 추천하고 싶다.

나이가 젊고, 현직에 있을 때는 투자에 실패해도 만회할 시간적 여유가 있지만, 은퇴 이후에는 만회할 시간이 없고, 당장 생활에 위협을 받게 된다. 따라서 은퇴 이후에는 보유하고 있는 위험자산에서 손실이 발생하더라도 남은 노후 생활에 지장을 주지 않는 범위 내에서 투자하기를 바란다. 특히 재산을 증식시키는 것도 중요하지만, 가진 재산을 잘 유지·관리하는 것도 중요하기 때문이다.

한편 NH투자증권 100세시대연구소에서는 100세 시대에 적합한 자산 구성 목표를 5·5·3·3으로 수립할 것을 추천한다. 현재 총자산의 26% 수준인 금융자산을 총자산의 50% 수준으로 확대하고, 투자형자산은 금융자산의 50% 수준으로 확대하여 수익률 관리에 나서야 한다. 해외자산은 투자형 자산의 30% 이상으로 확대하여 투자 포트폴리오의 다각화를 기해야 하고, 연금자산은 총자산의 30% 이상으로 확대할 것을 추천하고 있다.

열한 번째, PISA의 4탑을 쌓아라. 이탈리아 피사대성당에 있는 피사의 종탑은 1372년에 완공된 이후 650년의 오랜 세월을 기울어진 상태로 견뎌 왔다. 100세 시대 노후 준비도 이 피사의 탑처럼 오랜 세월을 버틸 힘이 있어야 한다.

최적의 은퇴자산 배분을 위해서는 먼저 노후에 어떤 지출이 일어날지 계획해 보고 각 지출 속성에 따라 자산을 준비해야 한다. 가장 기본적인 비용으로 은퇴 생활비가 필요하며, 필수성의 정도에 따라 최저생활비, 필요 생활비, 여유 생활비로 나눌 수 있다. 은퇴 생활비 외에도 질병에 대비한 의료비, 사고나 재해를 대비한 예비 자금, 노부모와 자녀를 지원하는 등 자유롭게 지출하거나 투자할 수 있는 여유 자금이 필요하다.

은퇴 생활에 필요한 비용 및 자금을 피사(PISA) 포트폴리오를 활용해 지출의 속성에 맞는 자산을 준비하면 노후 지출을 충당하고 안정적인 은퇴 생활을 위한 기반을 갖출 수 있다. 여기서 PISA란 노후에 필요한 네 가지 자산을 의미하는 말로, 각각 연금자산(Pension asset), 보험자산(Insurance asset), 안전자산(Safe asset), 투자자산(Active asset)을 뜻한다.

지금까지 제시한 ① 미래는 아무도 모른다는 사실을 명심하자, ② 투자의 기본 원칙을 준수하라, ③ 사전적 위험 관리가 중요하다, ④ 위기가 대박의 기회이니 역발상 투자를 해라, ⑤ 머리 기업에 투자하라, ⑥ 이차적 사고를 키워라, ⑦ 트렌드를 읽는 힘을 길러라, ⑧ 다양한 정보 채널을 활용하라, ⑨ 우물형 자산을 늘려라, ⑩ 위험자산은

제3부 · 경제적 위험에 대비하는 방법

은퇴 생활에 필요한 자금과 PISA 포트폴리오

비용자금		지출	자산	정의	속성
노후생활비	최저생활비	필수 지출	연금자산 (Pension asset)	최소수준 생활비	생필품에 필수적으로 지출하는 비용 종신형으로 보장, 물가상승 대비
	필요생활비			적정수준 생활비	매월 지출하는 비용이지만 생활에 따라 조정 가능
	여유생활비	임의 지출	안전자산 (Safe asset)	여유수준 생활비	은퇴자가 필요에 따라 선택적으로 소비하는 비용, 유연한 인출 가능
예비자금		비상 지출	보험자산 (Insurance asset)	긴급 상황 대비 단기 생활자금	평소에는 지출하지 않지만 필요시 즉시 인출 가능
의료비				노후 질병으로 인한 지출	발생 시점 및 금액을 예상하기 어려우나, 발생 시 지출이 많음
여유자금		자유 지출	투자자산 (Active asset)	자유롭게 지출, 투자할 수 있는 자금	수익이 기대되는 곳에 투자해 자산 증식 가능

자료: 미래에셋 투자와 연금센터, 은퇴자를 위한 피사의 4탑(2018) 내용을 수정.

노후설계 행복 콘서트

최악의 경우에도 노후 생활에 지장을 주지 않는 범위 내에서 투자하라, ⑪ PISA의 4탑을 쌓으라는 11개 자산 관리 기본 원칙을 항상 염두에 두고서 은퇴 후 자산 관리를 하는 것이 바람직하다고 생각한다.

◆ 퍼펙트 케어(I Care a Lot)

2021년에 개봉한 범죄스릴러 영화이다. 은퇴자들의 건강과 재산을 관리하는 케어 업체 CEO인 말라(로자먼드 파이크 분). 알고 보면 그녀는 사람을 요양원에 감금하다시피 하고 집과 가구를 털털 터는 강도나 다름없다. 그녀가 이 일을 하는 이유는 최고의 부자가 되기 위해서다.

법을 잘 이용해 법의 테두리에서 한 치의 벗어남도 없이 합법적으로, 때론 불법적으로 이 모든 일을 해내는 말라에게 예상치 못한 적수가 나타나고 목숨을 건 한판 승부가 펼쳐진다. 78회 골든 글로브 시상식에서 여우주연상을 수상한 작품이다. 고령화가 급속도로 진행되고 있는 우리나라에서 앞으로 충분히 일어날 수 있는 스토리이다. (네이버 영화, 넷플릭스 참조)

7

부동산 시장의

낙관론과 비관론

최근 부동산 시장 분위기가 심상치 않다. 전대미문의 거래 절벽과 미분양 아파트가 늘어나고 있다. 특히 한국 부동산 시장이 일본을 따라갈 것인지를 놓고 낙관론과 비관론이 팽팽히 맞서고 있다. 비관론자들은 인구통계나 경제 현상 등이 시차를 두고 일본을 따라가고 있기에 한국 부동산 시장도 일본처럼 침체의 늪에 빠질 것으로 전망한다. 반대로 낙관론자들은 주택 형태와 거래회전율 등 양국 간 차이점이 많아 일본과는 다른 길을 갈 것으로 예상한다.

먼저 일본의 부동산 시장 현황을 살펴보자. 일본의 3대 도시(도쿄, 오사카, 나고야)의 택지가격 추이이다. 1982년 100을 기준으로 했을 때 부동산 버블이 심했던 1990년대에는 270까지 상승했다가 부동산 버블이 꺼지면서 6대 도시 평균지가는 고점 대비 60% 하락하였다.

이렇게 일본 부동산 가격이 장기 침체에 빠진 원인으로 크게 세 가지를 꼽고 있다. 첫째, 인구 결정론으로 생산가능인구 감소에 따른 주택 수요 감소로 부동산 시장이 장기 침체에 빠졌다는 논리이다.

둘째, 공급 과잉론이다. 지진으로 내진설계가 미흡한 중고 주택에 대한 불신감이 높아 신축 주택을 선호하게 되고, 경제 침체기임에도 불구하고 지속적인 주택 공급이 이루어졌기 때문에 일본 부동산 경기가 장기 침체를 겪고 있다는 주장이다.

셋째, 정책 실패론으로 부동산 버블이 붕괴한 1990년대 일본의 총리는 7명이나 바뀌면서 일관된 정책 추진이 불가능하였다. 특히 1985년 플라자 합의 이후 환율 변동에 대응하기 위한 일본중앙은행의 실패한 통화정책과 기업들의 무분별한 부동산 투자도 주요 원인으로 작용했다.

이번에는 일본의 총 주택 수와 빈집 추이를 살펴보자. 2018년 10월 말 기준 일본의 빈집은 846만 호로 총 주택 6,242만 호 중 13.6%이며, 노무라 경제연구소는 2033년에 30.4%로 증가할 것으로 전망

일본의 총 주택 수 및 빈집 추이   (단위: 만 호)

구 분	1978년	1988년	2003년	2018년	2023년	2033년
총 주택 수	3,545	4,201	5,389	6,242	6,646	7,126
빈집 수	268	394	659	846	1,404	2,167
비율	7.6%	9.4%	12.2%	13.6%	21.1%	30.4%

자료: 조선일보(2021.2.24.), 2023년 이후는 노무라 경제연구소 추정치임.

하고 있다. 이러한 빈집 문제 해결을 위하여 일본의 지자체들은 빈집 정보를 웹사이트에 게재해 매수와 매도를 도와주는 빈집은행(아키야 뱅크, 空き家バンク)을 운영하고 있다.

한국과 일본의 부동산 여건 비교

구분		일본	한국
시차를 두고 닮은 점		① 경기 회복을 위한 금융완화정책 → 저금리 → 부채형 부동산 활황 ② 인구 가능 변수(생산 가능 인구, 총인구, 고령인구 등) 변화 추이 ③ 양극화(도심 vs 변두리)	
다른 점	주택 형태	목조 단독주택(1988년: 62.3%)	아파트(2015년: 60.4%)
	거래회전율	1988년(0.39%)	2016년(12.0%)
	담보 비율	120%	40~60%
	주택 공급	공급 과잉	택지 공급 부족

자료: 한국은행

이번에는 한국의 부동산 시장이 일본을 따라갈 것인지를 인구통계학적 관점에서 살펴보기로 하자. 먼저 한국 부동산 시장 여건은 일본과는 어떻게 다른가? 2017년 한국은행은 「인구 고령화가 주택시장에 미치는 영향」이라는 보고서에서 다음과 같이 한국과 일본의 부동산 시장을 분석하였다. 두 나라는 시차를 두고 닮은 점도 많지만, 주택 형태와 담보 비율 등 차이점 또한 많이 있다.

한국은행은 이 보고서에서 고령화가 주택 시장에 미치는 영향으로 ① 중장기 주택 수요 증가세 둔화, ② 중소형 주택 및 아파트에 대한 선호 지속, ③ 월세 중심의 임대차 시장 구조 변화를 들고 있다. 아울러 한국의 부동산 시장은 주택 매매 등이 상대적으로 수월하여 유동성 확보 측면에서도 유리하기 때문에 주택 가격의 급격한 조정 가능성은 제한적이며, 인구 고령화에 대비하는 다각적인 대책과 논의들은 필요하다고 하였다.

KDI도 「인구 고령화와 주택 시장」이라는 보고서에서 총인구가 감소할 때 총 주택 수요도 감소하며, 장기적으로 주택 시장 성장에 한계가 발생하는 상황에서 인구 고령화와 저성장은 주택 공급의 원활한 조정이 필요함을 시사해 준다고 하였다.

또한 저출산 인구 고령화에 따른 지방 소멸과 수도권 인구 집중 등으로 일본처럼 부동산 시장의 양극화(수도권 vs 지방, 도심 vs 변두리)는 계속 진행될 것으로 전망된다. 총인구 감소는 2030년까지는 완만히 진행될 것으로 전망되고, 1인 가구가 증가하고 있어 주택 수요에 미치는 영향은 단기적으로 제한적일 것이라 전망된다. 다만 2040년 이후부터는 총인구가 급속히 감소할 것으로 전망되기 때문에 부동산 시장에 미치는 영향은 클 것으로 예상된다.

장래인구 추계　　　　　　　　　　　　　　　　　　(단위: 만 명)

구분	2020년	2030년	2040년	2050년	2060년	2070년
총인구	5,184	5,120 (−43)	5,019 (−101)	4,746 (−273)	4,261 (−485)	3,265 (−996)

자료: 통계청, 괄호는 10년 전 대비 증감 숫자임.

미국의 투자 대가 하워드 막스는 미래에 어떠한 일이 일어날지 아

173

무도 모른다고 했다. 그러나 경제변수 중 예측의 정확도가 가장 높은 변수가 인구이다. 인구통계학적 관점에서 살펴본 한국 부동산 시장은 최근의 금리 인상과 맞물려 비관적 전망이 우세하다. 장래인구 추계 및 시장금리 동향 등을 지속적으로 관찰할 필요가 있다.

노후설계 행복 콘서트

8

주택연금과

부동산의 금융화

직장 생활을 할 때는 매달 월급이 나오기 때문에 현금 흐름의 중요성을 잊고 살았지만, 은퇴 후에는 매월 통장에 들어오는 현금 흐름의 소중함을 뼈저리게 느끼게 된다. 특히 임대료 수입이 발생하지 않는 부동산을 소유하고 있으면 일명 부동산 거지가 된다.

이처럼 현금 흐름이 발생하지 않는 부동산에서 현금 흐름을 창출할 수 있는 주택연금은 '부동산의 금융화'라 할 수 있으며, 농지연금과 마찬가지로 노후 자금 준비 수단 중 하나이다. 노벨경제학상을 수상한 로버트 머튼(Robert K. Merton)은 한국의 주택연금을 "은퇴자의 축복이며, 이를 은퇴자에게 맞게 제대로 설계하면 더 좋은 제도로 발전시킬 수 있다."고 하였다.

주택연금이란 거주하고 있는 주택을 담보로 맡기고 해당 주택에 계속 살면서 매달 국가가 보증하는 연금을 받을 수 있는 제도이다.

2022년 5월 말 현재 가입자 수 97,658명, 평균연령 72세, 평균 월 지급 금액 112만 원, 평균 주택 담보가치 3억 4,500만 원이며, 가입 자 중 63.6%가 종신 지급형, 70.1%가 정액형으로 연금을 받고 있다.

주택연금 연간 신규 가입자 수 추이 (단위: 명)

2016년	2017년	2018년	2019년	2020년	2021년
10,309	10,396	10,237	10,982	10,172	10,805

자료: 한국주택금융공사 홈페이지

주택연금 개요

구분	주요 내용
연령 기준	① 주택소유자 또는 배우자가 만 55세 이상(근저당권 설정일 기준) ② 부부 중 한 명이 대한민국 국민
주택 보유 수	① 부부기준 공시가격 등이 9억 원 이하 주택보유자 ② 다주택자라도 합산 공시가격 등이 9억 원 이하면 가능 ③ 공시가격 등이 9억 원 초과하는 2주택자는 3년 이내 1주택 처분 조건으로 가입 가능 ※ 우대방식 : 1.5억 원 미만 1주택자만 가능
대상 주택	① 일반주택 및 주거목적 오피스텔 ② 노인복지 주택(지자체에 신고한 주택에 한함) : 확정 기간 방식 불가 ③ 복합용도 주택 : 가능(단, 등기사항증명서상 주택이 차지하는 면적이 2분의 1 이상)
거주 요건	주택연금 가입주택을 가입자 또는 배우자가 실제 거주지로 이용 ※ 부부 중 한 명이 거주하며 주택의 일부를 보증금 없이 월세로 주고 있는 경우 가입 가능
제도 운영	한국주택금융공사(www.hf.go.kr)

자료: 한국주택금융공사 홈페이지

노후설계 행복 콘서트

2022년 주택 가격 하락세가 당분간 지속될 것으로 전망되자, 주택연금 가입자가 증가하고 있다.

주택연금에 가입하면 월 얼마의 연금을 받을 수 있을까? 주택연금 월 지급 금액은 매년 집값 상승률과 금리 추이, 기대수명, 담보주택의 시세 또는 감정평가액 등을 감안하여 산정하며, 집값이 비쌀 때 가입해야 연금액이 커진다. 2022년 2월 1일 기준 70세(부부 중 연소자 기준), 3억 원 주택인 경우 매월 92만 6천 원을 평생 지급받을 수 있으며, 15년 동안 지급받고자 할 경우 매년 117만 1천 원을 받을 수 있다.

일반주택을 담보로 종신 지급 방식, 정액형인 경우 월 연금 지급 금액은 다음과 같다.

주택연금 월 지급금 예시 (단위: 천 원)

연령	주택가격				
	5억 원	6억 원	7억 원	8억 원	9억 원
55세	805	967	1,128	1,289	1,450
60세	1,069	1,283	1,496	1,710	1,924
65세	1,276	1,531	1,786	2,041	2,296
70세	1,543	1,852	2,160	2,469	2,755

자료: 한국주택금융공사 홈페이지

다음에는 주택연금의 상환 시기와 방법에 대해서 알아보자. 주택연금은 원칙적으로 가입자와 배우자가 생존하는 동안에는 상환하지 않아도 된다. 그러나 다음 중 하나라도 해당하는 경우, 상환을 해야 한다.

제3부 · 경제적 위험에 대비하는 방법

- 가입자 및 배우자 모두 사망한 경우
- (신탁방식) 신탁계약을 위반한 경우
- 가입자 사망 후 배우자에게 채무인수가 되지 않은 경우
- 가입자와 배우자 모두 다른 장소에 주민등록을 이전한 경우
- 가입자와 배우자 모두 주택에 실제 거주하지 않은 경우

상환금액은 최대 주택처분금액 범위 내에서 이용한 연금지급총액이며, 직접 상환을 하든지 아니면 주택을 처분하여 상환하면 된다.

이러한 주택연금 상품에는 일반 주택연금과 내집연금 3종 세트(주택담보대출 상환용 주택연금, 우대형 주택연금, 사전 예약 보금자리론)가 있는데 세부적인 내용은 다음 페이지의 표와 같다.

최근에는 배우자의 연금 자동승계와 담보주택 임대를 가능하게 한 '신탁방식 주택연금'이 출시되었고, 월 지급금 중 민사집행법상 최저 생계비인 185만 원 이하 금액은 압류를 금지하는 '주택연금 지킴이 통장'도 도입되었다.

이번에는 주택연금 가입자들이 유의해야 할 사항에 대해서 알아보자. 첫째, 가입자 사망 시에는 그 배우자가 6개월 이내에 담보주택 소유권 이전등기(신탁방식 주택연금은 제외) 및 금융기관에 대한 금전채무의 인수를 마쳐야 한다. 배우자가 이러한 절차를 완료할 때까지 주택연금은 일시적으로 지급 정지된다.

주택연금 상품 종류

구분	일반 주택연금	내집연금 3종 세트		
		주택담보 대출 상환용 주택연금	우대형 주택연금	사전 예약 보금자리론
보유주택 수 및 지역 (부부 기준)	1주택자 또는 공시가격 등의 합산 가격 9억 원 이하 다주택자		부부 중 1명이 기초연금 수급자, 1주택자	부부 중 1명이 만 40세 이상
주택 가격	공시가격 등이 9억 원 이하(단, 말소기준금은 시세를 기준으로 산정)		1.5억 원 미만	
지급 방식	종신/종신혼합/확정혼합방식	대출상환방식	우대지급/우대혼합방식	
지급 유형	정액/초기증액/정기증가형		정액형만 가능(지급유형 변경 불가)	
인출 한도/용도	연금 지급 한도의 50% 이내 수시 인출(노후 생활비)	연금 지급 한도의 50% 초과 90% 이내 일시 인출(주택담보대출 상환)	연금 지급 한도의 45% 이내 수시 인출(노후 생활비]	보금자리론을 신청하면서 주택연금 가입을 사전 예약하고, 주택연금 가입 연령에 도달 시 주택연금으로 전환(55세 이후 전환 희망하는 경우)
보증료율	초기보증료 1.5%, 연 보증료 0.75%	초기보증료 1.0% 연 보증료 1.0%	초기보증료 1.5%, 연 보증료 0.75%	

자료: 한국주택금융공사 홈페이지

둘째, 주택연금 이용 중 이사 등으로 거주지를 이전하는 경우 한국주택금융공사의 담보주택 변경 승인을 받아 담보주택을 기존 주거 주택에서 새로운 주거 주택으로 변경할 수 있다. 다만 기존 보증계약을 유지하면서 일반주택과 노인복지주택 및 주거 목적 오피스텔 간의 담보주택 변경은 허용되지 않는다.

셋째, 주택연금 지급 정지 사유에는 ① 부부 모두 사망한 경우, ② 부부 모두 주민등록을 이전한 경우, ③ 부부 모두 1년 이상 계속하여 담보주택에서 거주하지 않는 경우, ④ 주택소유권을 상실한 경우, ⑤ 처분 조건 약정 미이행 및 주택의 용도 외 사용, ⑥ 주거 목적 오피스텔을 주거 목적으로 사용하지 않는 경우가 있다.

넷째, 해지 시에는 주택연금을 수령하고 있는 금융기관을 방문하여 주택연금 대출 잔액을 전액 상환하고, 한국주택금융공사를 방문하여 해지 및 말소 절차를 진행해야 한다. 다만, 주택연금을 이용하다가 중도 해지하는 경우 동일주택으로 3년 동안 재가입이 제한되며, 상환자금 또는 생활자금 마련을 위해 타 대출을 이용할 경우 매월 원리금 상환 부담이 발생하니, 사전에 공사 담당자와 충분히 상담한 후 신중히 결정하는 것이 바람직하다.

다섯 번째, 주택연금은 가입 후 집값이 상승하더라도 기존 가입자의 월 지급금은 변동 없이 가입 당시의 정해진 금액을 받게 된다. 집값 상승 요인이 있다면 주택연금 가입을 늦추는 것이 유리하고, 하락 요인이 크다면 빨리 가입하는 것이 유리하다.

최근 주택연금을 운용하는 한국주택금융공사는 주택연금 가입 대상을 9억 원에서 12억 원으로, 총 연금 금액도 5억 원에서 확대하는 방안을 내년 시행을 목표로 추진 중이라고 한다. 이렇게 된다면 지금보다 더 많은 사람이 주택연금 혜택을 볼 수 있을 것이다. 중장기적으로 주택연금에 대한 세제 지원을 강화한다면 가입자가 더 증가할 것으로 예상된다.

제3부 · 경제적 위험에 대비하는 방법

9

농지연금과

농지담보대출

농지를 담보로 제공하고 일정 기간 연금을 수령하는 농촌형 주택 담보대출 제도인 농지연금은 2011년에 도입되어 고정자산의 비중이 높은 우리 농업 현실에 적합하고, 농업인의 생활 안정에 기여하는 획기적인 상품으로 평가받고 있다. 특히 고령화로 인하여 더 이상 농업 생산 활동에 종사할 수 없는 고령 농업인들에게 농지연금은 훌륭한 효자 노릇을 하는 연금제도라 하겠다.

농지연금이란 만 60세 이상 농업인이 소유한 농지를 담보로 노후 생활 안정 자금을 매월 연금으로 지급받는 제도이며, 담보로 제공된 농지는 직접 경작 또는 임대가 가능하다. 인터넷으로 '농지은행 – 농지연금 – 예상 연금 조회'로 들어가서 소유자 및 배우자의 생년월일과 소유 농지 정보의 농지 가격을 입력하면 연금 종류별 예상 연금액을 조회할 수 있다. 30년 이상 농업 종사자에게는 월 지급금의 5%를,

저소득 취약계층 농업인(생계 급여수급자)에게는 월 지급금의 10%를 추가로 지급할 수 있으며, 최대 3백만 원까지 매월 수령이 가능하다.

농지연금 지급 방식은 종신형과 기간형으로 나뉘며, 구체적으로 종신 정액형(사망 시까지 매월 일정한 금액을 지급), 전후후박형(가입 초기 10년 동안은 정액형보다 더 많이, 11년째부터는 더 적게 지급), 기간 정액형 (5년/10년/15년), 경영 이양형(지급 기간 종료 시 공사에 소유권 이전을 전제로 더 많은 연금을 수령), 수시 인출형이 있다.

농지연금 개요

구분	주요 내용
연령기준	농지소유자 본인이 만 60세 이상
영농경력	신청인의 영농경력이 5년 이상일 것 ※ 영농경력은 연속적일 필요는 없음
대상농지	① 농지 중 지목이 전, 답, 과수원으로 실제 영농에 이용되고 있는 농지 ② 신청인이 2년 이상 보유한 농지 ③ 신청인 주소(주민등록상)는 담보 농지가 소재하는 시, 군, 구 및 인접한 시, 군, 구내에 두거나 직선거리가 30km 이내에 위치 ※ 저당권 등 제한물권이 설정되지 아니한 농지
가치평가	개별공시지가 100% 또는 감정평가 금액의 90% 중 가입자가 선택 가능
제도운용	한국농어촌공사(농지은행:ww.fbo.or.kr)

자료: 농지은행 홈페이지

종신형/경영 이양형은 가입 연령이 만 60세 이상이나, 기간 정액형 (5년)은 만 78세 이상, 기간 정액형(10년)은 만 73세 이상, 기간 정액형 (15년)은 만 68세 이상만 가입이 가능하다. 적용 금리는 연 2% 고정

금리 또는 농업정책자금 변동금리 대출의 적용 금리 중 선택이 가능하다.

농지연금은 농지를 담보로 현금 흐름을 창출한다는 측면에서 농지 담보대출과 유사하다고 볼 수 있는데, 농지연금과 농지 담보대출의 차이점은 다음과 같다.

농지연금과 농지 담보대출 비교

구분	농지연금	농지 담보대출
자금용도	노후생활 자금	영농자금
대출방식	매월 분할지급(연금)	계약 시 일시금 지급
대출기간	미확정(종신)	확정
상환 방법	사망 시 일시 상환	원리금 분할 상환 또는 일시 상환
담보 인정비율	공시지가 100%, 감정가 80%	감정가 50~80%

농지연금 신청 방법은 온라인으로 신청 또는 연금 신청서와 함께 필수 서류를 우편으로 보내거나, 한국농어촌공사 지사를 직접 방문하여서 신청하면 된다. 온라인으로 신청할 경우 '농지은행 홈페이지(www.fbo.or.kr) 접속 – 농지연금 – 신청하기 클릭 – 로그인' 후 이용할 수 있다. 우편 제출 시에는 제출 서류에 신청번호를 기재하여 제출하여야 하며, 농지연금 신청 시 제출 서류는 다음과 같다. 그리고 기타 필요시 추가 서류를 요청할 수도 있다.

농지연금 신청 서류

구분	제출 서류
신청 시	– 신분증 사본 각 1부(배우자 포함) – 등기부등본 : 담보 농지에 한함(필지별 각 1부) – 부동산 종합증명서 : 담보 농지에 한함(필지별 각 1부) – 농지원부 또는 농업경영체 등록확인서
감정평가 의뢰 시	– 감정평가의뢰 등 동의서 1부(자필서명 포함) – 감정평가보수료 대납요청서 1부(자필서명 포함)
약정 체결 시	– 가족관계증명서 1부 – 주민등록초본(주소 변동사항 포함) 1부 – 인감증명서(근저당권 설정용) 1부 및 인감도장 – 통장 사본(연금 수급자 본인 명의) 1부 – 등기권리증(등기권리증이 없는 경우 신분증 지참)

그렇다면 농지연금 지급 금액은 어떻게 결정될까? 담보로 맡기는 농지 가격이 비쌀수록, 신청자 나이가 많을수록 연금을 많이 받는다. 평가금액 1억 원인 농지를 담보로 종신 지급 방식 농지연금을 신청하면 60세부터 매달 34만 원의 연금을 수령하게 된다. 신청자 나이가 70세이면 매달 42만 원, 80세이면 매달 56만 원을 연금으로 수령할 수 있다.

이러한 농지연금의 장점으로 연금을 받으면서 담보 농지를 직접 경작하거나 임대할 수 있어 연금 이외의 추가 수익을 창출할 수 있고, 정부예산을 재원으로 정부에서 직접 시행하기 때문에 안정적으로 연금을 지급받을 수 있다. 연금 채무 상환 시 담보 농지 처분으로 상환하고 남은 금액이 있으면 상속인에게 돌려주며, 부족하더라도 더 이상 청구하지 않는다. 또한 6억 원 이하 농지는 재산세가 전액 감면되

185

며, 6억 원 초과 농지는 6억 원까지 감면된다.

보유하고 있는 부동산에서 현금 흐름이 창출되지 않는다면 이 재산은 법률적 재산이지만 노후 자금은 아니다. 부동산에서 현금 흐름을 창출하여 노후 생활에 사용이 가능할 때 보유 부동산은 노후 자금으로 제 기능을 수행하게 되는 것이다.

성공적인 귀농 · 귀촌을

위한 9가지 꿀팁³

연도별 귀농 · 귀촌 인구 동향을 살펴보면 2018년, 2019년 2년 연속 감소하던 추세에서 2020년에는 증가세로 반전하였다. 이는 경제 생태계의 변화로 인력 조정 보편화, 소상공인 경영 악화, 청년실업률 증가와 청년층과 여성 등 농어촌 성장 가능성에 대한 인식 변화, 베이비부머 등 중장년층의 귀촌 증가 등에 기인한 것으로 보인다.

여기서 귀농인은 농업을 주업으로 자신의 주된 주거지를 도시에서 농촌으로 옮기는 것을 말하며, 귀촌인은 농업을 주업으로 하지 않고 자신의 주된 거주지를 도시에서 농촌으로 옮기는 것을 말한다.

농촌 지역이 수도권 집중화와 농촌 지역 고령화로 점점 지방 소멸

• • •

3 본 글은 『2022년 귀농귀촌 강사역량 강화교육』(농림축산식품부, 농림수산식품교육문화정보원) 교재를 참조하였음.

연도별 귀농·귀촌 인구 동향

(단위: 명)

구분	2016년	2017년	2018년	2019년	2020년
귀촌	475,489	497,187	472,474	444,464	477,122
귀농	20,559	19,630	17,856	16,181	17,447
합계	496,048	516,817	490,330	460,646	494,569

자료: 농림축산식품부, 통계청

시대로 치닫고 있는 여건을 감안할 때 이러한 귀농·귀촌인의 증가는 지방 공동화(空洞化)를 늦추는 묘약이며, 농촌이 안고 있는 다양한 문제점 등을 해결할 수 있는 좋은 해결책이 될 수 있다.

그러나 귀농·귀촌 인구 중 4%에 해당하는 사람들이 다시 도시로 이주하는 역귀농 현상이 발생하고 있듯이 사전에 충분한 준비 없는 귀농·귀촌은 실패할 가능성이 매우 높다고 하겠다. 따라서 성공적인 귀농·귀촌을 위한 유익한 꿀팁 아홉 가지를 소개하고자 한다.

첫째, 귀농·귀촌 정보를 수집하라. 중앙정부뿐만 아니라 각 지자체에서는 귀농·귀촌을 지원하기 위해 다양한 조직을 운영하며 지원 정책을 펼치고 있다. 귀농·귀촌 지원조직은 어떤 산업에 종사할 것이냐에 따라 다음과 같으며, 직접 방문 또는 홈페이지를 통해서 원하는 정보를 얻을 수 있다.

교육 부문은 농업교육포털(www.agriedu.net)에서 귀농·귀촌 관련 교육을 통합 관리하고 있으며, 지원조직별로 다양한 교육을 실시하

귀농·귀촌 지원조직

구분	농업(귀농)	임업(귀산)	어업(귀어)
지원 조직	귀농귀촌종합센터 (서울 서초구 양재동) www.returnfarm.com	한국임업진흥원 (서울 강서구 등촌동) www.kofpi.or.kr	귀어귀촌 종합센터 (서울 금천구 가산동) www.sealife.go.kr
지원 내용	귀농(산)상담 교육 (정보 및 신청)지원 정책 안내 농촌에서 살아보기	귀산(임업) 상담 교육(정보 및 신청) 지원 정책 안내 산림일자리발전소	귀어(수산업)상담 교육(정보 및 신청) 지원 정책 안내 海 어울림 마을

고 있다. 또한 농업기술원(기술센터)에서는 농기계 조작 교육, 작물 재배 교육, 농업소득교육 등을 실시하고 있다.

귀농·귀촌 단계별 교육

귀농·귀촌 종합센터	광역(도) 지원센터	기초(시군) 지원센터
아카데미 심화 과정 맞춤형 교육, 청년 장기 농업 일자리 탐색(체험)	입문 과정, 귀촌 과정, 현장 탐방 프로그램, 시군 정책설명회 등	현장 탐방 교육, 현장 실습 교육, 상생 융합 교육

둘째, 가족들과 충분히 의논하라. 귀농인의 남녀 비율은 7:3 정도이며, 가구당 1.2~1.3명 수준이다. 이는 귀농·귀촌 관련 가족들과 충분한 협의가 이루어지지 않아 남자 혼자 이주한 경우가 많다는 뜻이다. 또한 귀농·귀촌인 중에서 자녀 교육 문제로 읍면 소재지 또는 도시로 재이주하는 경우도 발생한다.

가족과 함께하는 귀농·귀촌 준비가 가장 바람직하다. 농촌에서 살아 보기 또는 체류형 농업창업 지원센터 등을 경험한 후 귀농을 결심한다든지, 도시농업 또는 주말농장을 운영해 본 후 귀농 전략을 수립하는 것도 좋은 방법의 하나이다.

셋째, 어디에 정착할 것인지를 결정하자. 2020년 귀농·귀촌 실태조사에 의하면 귀농인의 경우 거주지 선택 사유로 가족/지인 연고지가 36.6%, 이전에 살던 곳이 27.9%, 기초(시군) 지원센터를 통한 것이 8.4%이다. 효율적인 지역 선택을 위해서는 다음의 다섯 가지 원칙을 지켜서 결정하라.

- 선택 소득 작물과 지역과의 적합 여부를 고려하라. 통상 시·군당 5~10개 작물을 집중적으로 육성한다.
- 귀농·귀촌 현장 탐방 프로그램 및 농촌에서 살아 보기 등을 활용하여 적합 지역을 물색하고 선정하라.
- 가족, 자녀의 교육·문화·교통·치안 등을 고려하여 지역과 마을을 결정하라.
- 마을 외곽은 지양하라. 전기·상수도·도로·통신 기반 시설 지원이 제한되며, 농업 경작에 한계가 있을 수 있다.
- 농지 정보 수집에 제한적이다. 농지주택은 선임대 후 매매하는 것이 유리하다. 좋은 부동산 매물 정보는 현지인들이 먼저 차지한다.

넷째, 주택과 농지를 확인하자. 일반적으로 귀농인이 주택과 농지를 구입하는 방법에는 두 가지 유형이 있다. 하나는 귀농하고자 하는 지역에 먼저 주택과 농지를 구입하는 것이고, 또 다른 하나는 실제 농촌 지역에서 거주, 귀농 경험을 쌓으면서 구입할 주택과 농지를 확인한 후 구입하는 방법이다.

아래와 같은 다양한 농촌 체험 행사를 통하여 충분한 농촌 생활 경험과 지역 사정을 알아본 후 구입하는 것이 실패를 줄이는 하나의 방법이다. 특히 고향이 농촌인 사람들이 과거 어렸을 때의 농촌 생활 경험만 믿고 귀농을 추진하였다가 현실과 과거 경험의 괴리 때문에 후회하는 경우를 많이 보게 된다.

농촌 체험 행사

구분	주요 내용
농촌에서 살아보기	-기간 : 1~6개월 -운영형태 : 귀농형, 귀촌형, 프로젝트형 -지원내용 : 임시 거주 공간, 연수비, 프로그램 지원 -신청 : 귀농귀촌종합센터 "농촌에서 살아보기"
체류형 농업 창업 지원센터	-기간 : 3~9개월 -신청 : 해당 시/군 귀농귀촌부서 문의 및 신청 -운영지역 : 강원(홍천), 충남(금산), 충북(제천), 전남(구례), 전북(고창), 경남(함양), 경북(영주, 영천) -지원내용 : 임시 거주 공간, 텃밭, 지역주민 교류 프로그램
귀농인의 집	-기간 : 1~12개월 -운영형태 : 농가주택 리모델링 및 신축 후 월 단위 임대 -신청 : 해당 시/군 문의 및 신청
농막	-형태 : 건축물, 공작물, 컨테이너 등 시설 농지전용 없이 설치 가능 (신고대상) -운영 : 주거목적이 아닌 시설(사무실, 창고) -연면적 : 20평방미터(6평)이내 설치 -유의사항 : 사전신고 후 공사, 사용기간(3년) 등 구체적인 항목은 사전 시, 군과 협의, 정화조는 일부 시/군의 경우 허용

전 · 답 · 과수원 등 경작 토지는 경자유전의 원칙에 의하여 농업인만 취득이 가능하다. 농지 구입 자격과 등기부등록, 토지이용계획 확인서를 확인하고, 현장 답사를 통하여 농로, 수로, 경지 정리, 생산 기반 시설, 침수 여부 등을 확인할 필요가 있다.

주택 신축에 따른 토지 취득 시에는 진입로, 혐오시설, 기반 시설, 개발행위, 건폐율 등 주변 환경을 확인하여야 하며, 공인된 부동산 중개업소를 통한 부동산 매매 체결을 해라. 특히 농업진흥/농업 보호구역 토지, 도로/진입로 없는 토지(맹지), 재해 우려 토지, 군사/문화재 보호구역 토지, 상하수도 처리가 곤란한 토지 등은 주의가 요구된다.

다섯 번째, 어떤 작물을 심을 것인지를 미리 결정하라. 2020년 귀농 · 귀촌 실태 조사에서 재배 작목 선정 사유를 보면 재배가 용이(48.4%), 높은 소득(21%), 주변 권유(16.9%), 특화작물(8.5%)이다.

재배 작목 선정 시 언론매체, 유튜브, 광고 등은 지양해야 하며, 품목별 수급 현황(생산량과 소비량 추이)과 작물 생산에 따른 투자비, 운영비 등을 고려해야 한다. 또한 생산물 유통 판로 및 경영 안정화(인력, 기술 숙련도) 방안도 감안하는 것이 좋다. 농촌진흥청의 전국 시 · 군별 농작물 소득 자료를 활용하고, 소득 작물 선정 시 투자 자금뿐만 아니라 운영 자금 준비도 필요하다는 사실을 잊어서는 안 된다.

여섯 번째, 영농 기술을 습득하자. 농업에는 많은 경험과 기술이 필요하기 때문에 영농 경험이 많지 않은 귀농인에게 영농 기술 습득은 필수이다. 귀농 준비 과정에서 배울 수 있는 영농 기술 교육은 다음과 같다.

영농 기술 교육 프로그램

구분	청년장기교육	현장실습농장	스마트팜 청년창업
주요 내용	-대상 : 만 40세미만 -기간 : 6개월 -교육장 : 전국 15개소	-대상 : 농업인 -기간 : 3∼7개월 -교육장 : 전국 101개소	-대상 : 만 39세 미만 -기간 : 1년 8개월 -교육장 : 경북, 경남, 전북, 전남

귀농·귀촌 관련 기관별 영농 교육 내용

구분	주요 내용
농업교육 포털	품목별 재배 기술 온라인 강좌
농업기술센터	새해 농업인 실용 교육, 품목농업 아카데미(전문교육), 정보화 교육 등
농업기술원	농기계 조작 교육, 스마트 팜, 소득교육 (가공, 체험, 마케팅), 치유농업
농업 마이스터 대학	품목 4년 이상 재배 농업인 대상, 품목전문가 육성 과정

일곱 번째, 최대한 정책자금지원을 받자. 귀농인들의 귀농 실태를 살펴보면 보유자금은 귀농 세대 평균 1억 7천만 원, 영농투자자금 1억 2천만 원 수준이며, 경작 규모는 평균 1,216평으로 경작을 시작한 것으로 나타났다. 본인의 여유 자금으로 귀농을 시작하는 사람은 많지 않고 대부분이 정책자금을 지원받기를 원한다.

귀농·귀촌인을 위한 정책자금지원에는 귀농인 농업창업 및 주택

자금, 청년 창업농 창업 및 주택자금 및 후계농업경영인 지원 사업 등이 있다. 이러한 정책자금은 기본적으로 귀농 농업창업 및 주택구입 지원 사업 신청자 심사기준표상 60점 이상인 사람 중 고득점자순으로 지원하고 있다.

귀농 농업창업/주택구입 지원 사업 신청자 심사기준표

평가항목	배점
귀농 인원수	5점
교육 이수 실적(250점 이상인 경우 10점)	10점
전입 후 농촌 거주	5점
사업 지침 의무 조항 습득	10점
영농 정착 의욕	20점
융자금 상환계획의 적정성	10점
사업계획의 적정성 및 실현 가능성	40점
가점 사항	최대 8점

특히 귀농 · 귀촌 교육을 가면 대부분 사람이 정책자금 신청에만 관심을 두고 있으나, 정책자금이 결코 공짜 자금이 아니기 때문에 자금 상환 계획도 같이 고려해야 한다.

구분	주요 내용
귀농인 농업창업 및 주택자금	–대상 : 농촌지역 전입 만 5년 미만 귀농인, 재촌, 비농업인/교육 100시간 이수자 –범위 : 영농 기반, 농식품 제조/가공 시설 신축 및 주택구입 –금액 : 농업 창업 3억 원 및 주택 7,500만 원 한도 이내 융자 지원 –조건 : 금리 2%, 5년 거치 10년 원금 균등 분할 상환 조건
청년 창업농 창업 및 주택 자금	–대상 : 만 18세 이상~만 40세 미만, 독립영농경영 3년 미만 (예정자 포함) –지원 : 창업 3억 원 한도 이내(금리 2%, 5년 거치 10년 원금 균등 분할상환 조건) –영농정착자금 :1년차 월 1백만 원, 2년차 월 90만 원, 3년차 월 80만 원
후계 농업 경영인 지원 사업	–대상 : 만 18세 이상~만 50세 미만, 독립영농 경영 10년 미만 –지원 : 3억 원 한도 이내(금리 2%, 5년 거치 10년 원금 균등 분할 상환 조건) –기타 : 역량강화(회계, 세무, 경영진단), 우수 후계농 정책자금 (최대 2억 원, 금리 1%)
지자체 귀농귀촌 지원정책	–농업기반 : 농지임대/매매 지원, 농기계/시설비 지원, 융자금 금리 추가 지원 등 –주거/상생융합 : 빈집 수리비, 이사비, 환영행사비, 어울림행사 등 –농업기술원, 농업기술센터: 재배, 가공, 체험, 마케팅 등 농업 경영지원사 업 등

여덟 번째, 성공적인 귀농·귀촌을 위해서는 관련 기관으로부터 많이 도움을 받을 필요가 있다. 농업 유관기관 주요 정책 및 홈페이지를 다음 페이지에 정리해 놓았으니, 원하는 정보와 지원을 받았으면 한다.

아홉 번째, 귀농·귀촌을 희망하는 사람들을 위한 금융 꿀팁에 대해서 알아보자. 귀농 시 먼저 해야 할 일은 다양한 혜택을 누릴 수 있는 협동조합 조합원 자격을 취득하는 것이다. 조합원이 되면 출자금 비과세 혜택, 농어가 목돈마련저축 장려금, 건강진단비용 보조 및 각

구분	주요 정책	홈페이지
농림축산식품부	맞춤 정책정보, 스마트 팜 등	www.mafra.go.kr
맞춤형 농식품 사업 안내서비스	농촌, 생산기반, 농생명 등	www.uni.agrix.go.kr
산림청	임업 정책정보, 임업소득작물 등	www.forest.go.kr
귀어귀촌종합센터	귀어 정보 및 상담, 어업 창업 등	www.sealife.go.kr
농촌진흥청	치유농업, 농업기술 상담 등	www.rda.go.kr
한국임업진흥원	귀산촌정보, 산림일자리발전소	www.kofpi.or.kr
농사로	농자재, 영농기술, 농업경영 등	www.nongsaro.go.kr
농림수산식품교육 문화진흥원	귀농귀촌, 청년지원, 스마트 팜	www.epis.or.kr
농업ON 농식품지식 정보서비스	귀농(지역품목), 농업경영장부	www.agrion.kr
한국농어촌공사	농지은행, 표준주택 설계도 등	www.ekr.ok.kr
농어촌 알리미	귀농귀촌(농지매물 조회) 및 거주지 추천	www.alimi.ok.kr
한국농수산식품 유통공사	농산물 유통정보(가격, 동향)	www.at.or.kr
농림수산업자 신용보증기금	농신보 상담, 보증 안내	nongshinbo.nonghyup.com
농지은행	농지 임대/매매정보, 농지연금 등	www.fbo.or.kr
농업교육포털	농업/귀촌 교육 이수관리, 온라인 강좌 등	www.agreidu.go.kr
흙토람	토양성분, 작물적합도 등	https://soil.rda.go.kr
토지이음	토지이용계획, 도시계획 등	www.eum.go.kr
웰촌	농촌여행, 농촌 숙박 등	www.welchon.com

종 영농자재 지원 등 많은 혜택을 받을 수 있다.

또한 자연재해에 대한 정책보험 가입을 주저하지 마라. 농업생산 활동에 종사하다 보면 피할 수 없는 것이 바로 자연재해로 인한 손실이다. 특히 자연재해는 머피의 법칙이 자주 작용한다. 5대 농업 관련 정책보험에는 농작물재해보험, 가축재해보험, 농기계 종합보험, 풍수해종합보험, 농업인 안전 보험이 있다.

이 중 농업인 안전 보험은 생명보험이기 때문에 NH농협생명에서, 나머지 4개 보험은 손해보험이기 때문에 NH농협손해보험에서 취급하고 있다. 보험료의 대부분을 국가와 지방자치단체가 지원해 주기 때문에 자부담 비율은 10~20% 내외이며, 지자체마다 다르다.

정책자금이 필요하면 농림수산업자신용보증기금(이하 '농신보')을 활용하라. 농신보는 농림수산업에 종사하는 개인, 단체 또는 법인에 신용보증서를 발급해 주는 신용보증기관이다. 보증 한도는 개인 · 단체는 최대 15억 원, 법인은 20억 원이며, 보증 비율은 출연기관 유무, 인격, 보증 대상자에 따라 다르다. 취급기관은 농 · 축협, 수협, 산림조합, 농수산식품유통공사이다.

귀농 · 귀촌 활성화는 농촌 인구의 고령화와 인구 감소로 어려움이 예상되는 농촌 문제를 해결할 수 있는 해결책 중 하나이다. 농림축산식품부에서는 매년 2월 중 귀농 · 귀촌 체험 행사인 '2000년 농촌에서 살아 보기' 참가자를 모집한다. 이처럼 국가에서도 더욱 많은 사람이 귀농 · 귀촌을 희망할 수 있도록 다양한 지원 정책을 펼쳐야 할 것이며, 귀농 · 귀촌 희망자들도 앞에서 언급한 각종 금융지원제도를

제3부 · 경제적 위험에 대비하는 방법

적극 활용하여 성공적인 농업인으로 정착했으면 한다.

또한 다양한 귀농 · 귀촌 지원 정책이 빛을 발하여 더욱 많은 사람이 귀농 · 귀촌으로 이어져 사라 져가는 농촌 마을도 점차 활기를 되찾았으면 한다.

◆ **리틀 포레스트(Little Forest)**

동명의 일본 원작 만화 〈리틀 포레스트〉를 각색하여 만든 작품이다. 시험, 연애, 취업… 뭐 하나 뜻대로 되지 않는 일상을 잠시 멈추고 고향으로 돌아온 혜원은 오랜 친구인 재하와 은숙을 만난다.

남들과는 다른, 자신만의 삶을 살기 위해 고향으로 돌아온 '재하', 고향에서 취업해 일하고 있지만 언젠가 도시로 떠나는 것을 목표로 하는 '은숙'과 함께 직접 키운 농작물로 한 끼 한 끼를 만들어 먹으며 겨울에서 봄 그리고 여름, 가을을 보내고 다시 겨울을 맞이하게 된 혜원. 자연과 음식을 통해 힐링되는 영화이다. (네이버 영화 참조)

11

노후 자금 관리를 위한

절세상품(제도) 활용법

우리는 정보의 홍수, 특히 금융상품의 홍수 시대를 살아가고 있다. 주식, 채권 등 전통적 금융상품뿐만 아니라 ETF, 가상자산, 퇴직연금 디폴트옵션 등 새로운 투자 상품이 하루가 멀다고 쏟아지고 있다.

5년 전만 해도 대부분 모르고 있었던 가상자산도 2021년 말 현재 원화 시장에서 거래되는 가상자산은 622개, 일평균 거래대금은 10조 7천억 원, 실제 이용자 수는 553만 명이나 된다. 또한 투자 대상도 점점 파생상품이 결합한 다양한 금융상품이 출시되고 있고, 투자 지역과 표시통화도 점점 글로벌화되어 가고 있다.

이러한 금융시장 환경을 감안하여 효율적인 노후 자금 관리를 위한 금융상품 활용법에 대해서 알아보자. '이 세상에서 죽음과 세금만큼 확실한 것은 없다.'라는 말이 있듯이, 매월 일정한 수입이 적은 은퇴 후에는 최대한 절세 상품을 활용하는 것이 좋다.

첫째, 세금우대저축에 가입하라. 이 상품은 만 19세 이상이면 가입이 가능하며, 납입 원금 기준 최대 3천만 원 한도 내에서 소득세가 면제된다. 취급 금융기관은 지역농협, 수협, 산림조합, 신협, 새마을금고와 같은 서민금융기관이며, 출자금을 만 원 이상 내고 조합원 또는 준조합원으로 가입하여야 한다.

일반적으로 이자소득에 대해서 소득세 14%, 지방소득세 1.4% 해서 15.4%가 원천징수가 되는데, 세금우대저축은 이자 소득세는 비과세이며, 농어촌특별세 1.4%만 과세한다. 하지만 2023년에는 5.9%(이자소득세 5% + 농어촌특별세 0.9%), 2024년 이후에는 9.5%(이자소득세 9%+농어촌특별세 0.5%)의 세금이 부과되어 비과세 혜택이 많이 줄어들 예정이다.

둘째, 출자금통장을 만들어라. 이 통장은 협동조합(농협, 수협, 산림조합), 신협, 새마을금고에서 조합원 가입을 하면서 출자금을 납입하여야 하는데, 이때 출자금통장을 만들 수 있다. 상기 금융기관들은 연말 결산 이후 조합원들에게 출자금에 대한 배당금 지급을 하게 된다. 이때 실제 수령하게 되는 배당금은 가입 금융기관에 따라 다르며, 출자금에 대한 이자배당소득에 대해 1천만 원까지 비과세 혜택이 주어진다.

여기에서 1천만 원은 출자금 원금 기준이 아니라 출자금배당수익 기준이다. 예를 들면 지역 농·축협의 경우 출자금배당률이 1년 만기 정기예탁금금리 + 2% 수준이다. 비과세와 예금금리가 높다는 장점이 있지만, 예금자 보호가 안 된다는 점과 입금은 자유롭게 가능하지만, 출금에는 제한이 있다는 단점이 있다.

셋째, 비과세 종합저축에 가입하라. 이 상품은 2014년까지 가입 시 한이 종료된 생계형 저축과 세금우대종합저축이 통합 및 승계되어 2015년부터 출시된 저축상품으로 상호금융뿐만 아니라 일반은행, 보험사, 증권사 모두 가입할 수 있다. 금융소득종합과세 대상자가 아닐 경우 1인당 납입금액의 5천만 원 한도 내에서 비과세 혜택을 받을 수 있다.

가입 대상자는 만 65세 이상 거주자, 장애인복지법에 의한 장애인, 고엽제후유의증 환자, 기초생활 보장제도에 따른 수급권자, 독립유공자와 그 유족 또는 가족, 5·18 민주화 운동에 따른 부상자만 가입할 수 있다. 가입 기간은 제한이 없으며, 가입 기간은 계속 연장되고 있고, 고령화사회로 진전되다 보니 가입 연령도 계속 높아지고 있다.

넷째, 개인종합자산관리계좌(ISA: Individual Savings Account) 가입이다. 동 상품은 개인별로 구성하는 넓은 개념의 펀드로 예금, 펀드 등 다양한 금융상품을 담아 통합 관리할 수 있는 계좌이다. 일정 기간 다양한 금융상품 운용 결과로 계좌 내 발생하는 이익·손실 간 통산 후 순이익에 세제 혜택이 부여되는 절세통장으로, 신탁형 ISA와 일임형 ISA로 구분할 수 있다.

가입 기간은 의무 계약 기간이 3년이며, 만기 연장이 가능하다. 납입 한도는 연간 최고 2천만 원씩, 총 1억 원까지 납입이 가능하다. 순수익 200만 원까지는 비과세, 비과세 한도를 초과하는 이익은 9.9%

로 분리 과세한다. 취급기관은 은행, 보험사, 증권사 모두 가입이 가능하며, 그중 한 곳에서만 1인 1계좌 개설이 가능하다. 상품 유형별 가입 대상과 비과세 한도는 다음과 같다.

ISA 상품 종류

구분	일반형	서민형	농어민
가입 대상	-19세 이상 거주자 -15~19세 미만 거주자 (직전년도 근로소득이 있는 자)	-19세 이상 거주자 (근로소득 5천만 원 이하, 종합소득 3.8천만 원 이하) -15~19세 미만 거주자(근로소득 5천만 원 이하)	-농어민(종합소득 3.8천만 원 이하, 단 서민형 기준 초과 시 일반형 적용)
비과세 한도	200만 원	400만 원	400만 원

다섯 번째, 노란우산공제에 가입하라. 소기업·소상공인이 폐업이나 노령 등의 생계 위협으로부터 생활의 안정을 기하고 사업 재기 기회를 제공받을 수 있도록 중소기업협동조합법 제115조 규정에 따라 운영되는 사업주의 퇴직금(목돈 마련)을 위한 공제제도이다. 이 제도의 특징은 다음과 같다.

- 공제금은 법에 따라 압류, 양도, 담보 제공이 금지되어 있어 공제금에 대한 수급권 보호가 가능하다.
- 납부 금액에 대해서는 기존 소득공제상품과 별도로 최대 연 5백만 원까지 추가로 소득공제가 가능하다.

- 납입 원금 전액이 적립되고 그에 대해 복리이자를 적용하기 때문에 폐업 시 일시금 또는 분할금으로 목돈 마련이 가능하다.
- 공제계약 대출(부금 내 대출)을 통한 자금 활용이 가능하다.
- 무료 상해보험 가입을 해 준다.

가입 대상은 사업체가 소기업·소상공인 범위에 포함되는 개인사업자 또는 법인의 대표자라면 누구나 가입이 가능하다. 다만 비영리법인의 대표자 및 가입 제한 대상(주점업, 무도장 및 도박장 운영업, 의료행위 아닌 안마업)에 해당하는 대표자는 가입할 수 없다.

소기업·소상공인 범위는 업종별 3년 평균 매출액이 10~120억 원 이하이다. 가입 기간은 폐업 등 공제금 지급 사유 발생 시까지 가입이 가능하며, 가입 방법은 은행 지점 방문, 공제상담사, 인터넷 가입, 중소기업중앙회 본부·지역본부·지부를 방문하여서 가입하면 된다.

노란우산공제 부금 납부 방법

구분	주요 내용
종류	월납 기준 5~100만 원까지 1만 원 단위
납부 방법	– 월납 또는 분기 납으로 납부 가능 – 가입자 명의의 지정예금계좌에서 자동이체로만 납부 가능
자동이체 가능 은행	전 은행, 우체국, 신협중앙회, 새마을금고중앙회

여섯 번째, 채권투자 시 표면금리가 낮은 채권에 투자하라. 최근 레고랜드 사태로 촉발된 금융시장 자금 경색과 통화 당국의 긴축정책

제3부 · 경제적 위험에 대비하는 방법

등으로 채권금리가 가파르게 상승하고 있다. 이에 주식시장에서 빠져나온 개인투자자들의 채권 순매수 금액이 급증하고 있다. 개인들의 채권투자 목적에는 노후 생활에 필요한 현금 흐름 확보 또는 채권투자 수익 제고 등이 있다.

3개월 또는 6개월마다 지급하는 이자 수입이 목적이라면 당연히 표면금리가 높은 채권에 투자하는 것이 유리하다. 그러나 매매 차익 등을 위한 투자라면 표면금리가 낮은 채권에 투자하는 것이 유리하다. 표면금리가 낮기 때문에 발생하는 이자수익이 적고, 금융소득종합과세에 해당할 가능성이 작아진다. 특히 금융소득종합과세 대상자에 해당할 가능성이 높은 사람은 표면금리가 낮은 채권에 투자하라.

일곱 번째, 장기저축성보험이다. 동 상품은 10년 이상 보험 계약을 장기간 유지할 경우 세제 혜택이 주어지는 보험 상품으로 가입 대상엔 제한이 없다. 가입 기간은 10년 이상, 납부 방법은 일시납 또는 월납이며, 취급 기관은 보험회사(은행에서는 방카슈랑스로 가입 가능)이다. 세제 혜택은 납부 방법에 따라 다르다.

일시납의 경우 최대 1억 원 이상, 10년 이상 유지해야 비과세이며, 월납의 경우 10년 이상 유지해야 한다. 처음 납입한 날로부터 5년 이상 매월 균등한 보험료를 납입해야 하며, 월 150만 원까지 비과세 혜택이 주어진다(선납 기간이 6개월 이내). 만약 10년 이상 보험 계약을 유지하지 못할 경우 비과세 혜택을 받지 못한다.

여덟 번째, 농어가 목돈마련저축이다. 이 상품은 농어가 목돈마련저축에 관한 법률에 따라 농어민들에게 저축 장려금을 지급하여 만기 시 목돈을 마련할 수 있도록 지원하는 제도이다. 가입 대상은 일반 농어민과 저소득 농어민으로 구분되며, 장려금 지급률이 다르고, 이자소득 및 장려금에 대해서 이자소득세, 상속세, 증여세가 비과세이다.

농어가 목돈마련저축 가입 대상

일반 농어민	저소득 농어민
- 2ha 이하 농지 소유(임차) 농민 - 20톤 이하 동력선 소유 어민 - 법상 양축 두수 최대 기준 이하 등	- 1ha 이하 농지 소유(임차) 농민 - 5톤 이하 어선 소유 어민 - 양축 두수 최대기준의 2분의 1 이하 등

가입 기간은 3년, 5년이 있으며, 납입 방법은 월납, 분기 납, 반년 납이 있고, 연간 납입 한도는 240만 원이다. 가입 서류에는 농지원부 (해당 읍 · 면 · 동사무소에서 발급 가능), 주민등록등본, 소득금액증명원, 신분증, 건강보험자격득실확인서가 있으며, 금리는 다음과 같다.

농어가 목돈마련저축 금리 현황   (단위: 연 %)

구 분		기본금리	장려금	계
3천 평 이하	3년	2.72	3.0	5.72
	5년	2.72	4.8	7.52
6천 평 이하	3년	2.72	0.9	3.62
	5년	2.72	1.5	4.22

주) 2022년 11월 25일 현재 기준임.

제3부 · 경제적 위험에 대비하는 방법

12

알아 두면 유익한

은행 거래 꿀팁

우리는 살아가면서 다양한 금융 거래를 하게 된다. 지금은 금융회사 간 겸업으로 고유의 업무 영역이 많이 사라졌고, 비대면 금융거래 비중 증가로 은행 거래 비중이 줄어들고 있지만, 그래도 모든 금융 거래의 기본은 은행 거래이다. 은행 거래 시 알아두면 유익한 꿀팁에 대해서 알아보자.

첫째, 사소하지만 유용한 서비스로 먼저 정기예금 관련 서비스이다. 정기예금에 가입할 때 통상 연 단위로만 가입하는데 만기일을 고객이 임의로 지정할 수 있다. 3개월 후 정기예금이 만기가 되는데 남편의 갑작스러운 해외 발령으로 정기예금을 중도해지 해야 할 경우 자동 해지 서비스를 신청하면 된다. 정기예금 중 일부 금액만 해지가 가능한 정기예금 일부 해지 서비스도 있고, 자동 재예치 서비스를 이용하면 만기 때마다 은행을 방문할 필요가 없다.

이외에도 현금카드 없이 ATM기에서 현금을 인출할 수 있는 무통장·무카드 인출서비스(타행 ATM은 이용 불가)를 이용할 수 있고, 통장입금 여부를 확인하기 위하여 거래 은행 콜센터에 30분 단위로 입금여부 확인을 안 해도 되는 입출금명세 알림서비스 제도도 있다.

둘째, 신분증 분실 시 금융 피해 예방 요령이다. 주민등록증(면허증)을 분실할 경우 누군가 분실 신분증을 이용하여 신용카드 재발급 또는 부정 대출을 받을 가능성이 있다. 이를 방지하기 위하여 신분증 분실 시 즉시 가까운 관공서에 분실 신고를 해야 하며, 은행에 개인정보 노출 사실 전파 신청을 하고, 신용평가회사에 신용정보조회 중지 신청을 하면 된다. 주민등록증은 주민 센터 또는 민원24를 통해 신청하면 되고, 운전면허증은 가까운 경찰서 또는 도로교통공단에 신고하면 된다.

셋째, 대출계약철회권과 금리인하요구권을 적극 활용하자. 대출계약철회권은 대출계약 후 14일 이내에 대출 원리금 등을 상환하면 위약금 없이 대출 계약 철회가 가능하다. 적용 대상은 개인 대출자이며, 4천만 원 이하 신용대출 및 2억 원 이하 담보대출이다. 철회권을 행사하면 중도상환수수료가 면제되며, 대출 정보가 삭제된다.

금리인하요구권은 대출받은 후 신용 상태가 개선되면 누구나 신청이 가능하며, 신용 상태 개선을 입증할 수 있는 자료 제출은 필수이다. 금융회사별로 적용 조건이 상이하므로 확인이 필요하며, 자영업

제3부 · 경제적 위험에 대비하는 방법

자 및 기업은 매출 또는 이익이 증가할 때 활용이 가능하다.

넷째, 개인 신용평가 요소를 바로 알자. 2021년 1월 이전에는 개인의 신용평가가 1~10등급으로 표시가 되었지만, 지금은 0~1,000점의 신용평가점수로 표시되고 있다. 그럼, 개인의 신용평가점수에 미치는 요인에는 무엇이 있을까?

현재 연체 및 과거 채무 상환 이력과 신용 거래 기간 등 금융 항목뿐만 아니라 점수제로 변경되면서 통신 요금과 건강보험료 연체 여부 등 비금융 항목이 신설되었고, 신용/체크카드 소비 패턴 비중도 높아졌다. 개인의 신용평가 관련 잘못 알려진 부분을 정리하면 다음과 같다.

개인 신용평가 관련 오해와 진실

내용
신용평가점수를 조회하기만 해도 점수가 낮아진다. (×)
소득이나 재산이 많으면 신용평점이 높다. (×)
신용카드를 많이 발급받으면 신용평점이 떨어진다. (×)
연체를 상환하면 신용등급이 바로 회복된다. (×)
대출 거래가 없으면 높은 신용평점을 받을 수 있다. (×)
신용평가회사의 신용평점은 모두 동일하다. (×)
은행 연체는 신용평점 하락과 관계없다. (×)
대출 여부나 금리 결정 시 신용평가회사의 신용평점이 절대적이다. (×)
신용평점 확인 시 비용이 든다. (×)

다섯 번째, 신용카드 관련 유의 사항이다. 신용카드 선택 시 본인의 지출 성향과 월평균 지출 규모, 소득공제 또는 부가서비스 중 선택, 연회비 부담 등을 종합적으로 감안하여 자신에게 최적화된 카드를 선택해야 한다.

예를 들면 체크카드는 신용카드에 비해 연말정산 시 소득공제 혜택이 크기 때문에 소득공제가 중심이라면 체크카드를 선택하는 것이 좋다. 신용카드 부가서비스 혜택을 받기 위한 전월 실적 충족 여부는 스마트폰을 통해 확인할 수 있고, 온라인 쇼핑 시 앱카드를 이용하면 편리하게 결제할 수 있다. 신용카드로 공과금 자동 납부를 할 수 있으며, 신용카드를 재발급받았다면 반드시 자동 납부 신청을 다시 해야 한다.

지하철과 버스 등 대중교통 이용 요금과 전통시장 물품 구입을 카드로 결제하라. 통상적인 신용카드 소득공제 한도금액(2~3백만 원)과는 별도로 각각 1백만 원까지 추가 소득공제를 받을 수 있다. 총급여액이 7천만 원 이하인 경우 도서, 공연 등 문화예술 활동 지출 비용도 추가 소득공제가 가능하다. 그러나 KTX와 고속버스 요금은 카드로 결제 시 추가 소득공제가 가능하나, 택시와 항공요금 등은 추가 공제 혜택 대상이 아니다.

여섯 번째, 대출 연장 시 금리 적용 시점에 유의하라. 금융소비자 입장에서는 금리 상승기 대출 연장 시 금리 적용 시점별로 유·불리가 정해진다. 즉, 금리 상승기에는 변경 금리를 만기일부터 적용받는 것보다 대출 연장 실행일(만기일 전)부터 적용받는 것이 더 불리할 수 있다. 은행별로 적용 시점이 다르므로 거래 은행에 확인해 보아야 한다.

일곱 번째, 온라인 대출상품 비교·추천 서비스 이용 시 유의 사항이다. 온라인 대출상품 비교·추천 서비스는 알고리즘 분석 등을 통해 소비자에게 적합한 대출상품을 비교·추천해 주는 서비스이다. 다양한 금융회사의 대출상품 및 금리 등 계약 조건을 한 번에 비교해 볼 수 있어 금융소비자들의 탐색 비용이 줄어드는 편익이 있다.

그러나 비교·추천 대출상품의 한계 및 실제 대출 실행 주체 등을 제대로 인식하지 못하고 이용하는 사례도 있어 주의가 필요하다. 대출 비교·추천 서비스는 전체 금융회사의 대출상품이 아니라 플랫폼이 제휴한 금융회사의 대출상품에만 비교·추천하는 것이므로 플랫폼별로 제휴한 금융회사가 다를 수 있다. 따라서 특정 플랫폼의 비교·추천 결과가 금융소비자 본인에게 최저 금리 또는 최적의 조건을 보장하는 것은 아니다.

여덟 번째, 전세보증금 반환보증 활용법이다. 전세보증금 반환보증 제도란 임대차계약이 종료되었음에도 임대인이 정당한 사유 없이 임차인에게 보증금을 반환하지 않는 경우 보증회사(주택금융공사, 주택도시보증공사, 서울보증보험)가 임차인에게 보증금을 돌려주는 상품이다. 보증회사의 심사를 거쳐 가입해야 하며, 가입 시 임차인이 보증료를 납부해야 한다.

반환보증 가입 시 본인의 상황(주택 유형, 보증 금액, 할인 여부)을 고려하여 유리한 보증기관을 합리적으로 선택해야 한다. 또한 전세금

안심대출 이용 차주 또는 등록 임대주택에 거주하는 임차인의 경우 이미 반환보증에 가입되어 있을 수 있으니, 먼저 보증 가입 여부를 확인할 필요가 있다. 반환보증은 임대인 동의 없이 가입이 가능하며, 전체 전세 계약 기간의 절반이 지나기 이전에 가입할 수 있다.

더욱 자세한 내용은 주택금융공사(www.hf.go.kr), 주택도시보증공사(www.khug.or.kr), 서울보증보험(www.sgic.co.kr)을 참조하면 된다.

13

알아 두면 유익한

보험 거래 꿀팁

우리는 살아가면서 많은 보험 상품에 가입한다. 특히 노후를 대비하여 간병인보험, 노후 실손 의료보험 등 노후 친화적 보험에 가입하는 것이 좋다. 그러나 아무리 좋은 보험 상품에 가입했더라도 가입한 보험 상품의 특성과 유의 사항을 모른다면 나중에 낭패를 볼 수도 있다. 보험 거래 시 알아 두면 유익한 보험 꿀팁에 대해서 알아보자.

먼저, 보험금 청구에 유익한 꿀팁은 다음과 같다.

- 100만 원 이하 보험금은 진단서 사본 제출이 가능하다.
- 돌아가신 부모님의 빚이 많더라도 사망보험금 수령이 가능하다.
- 보험금 지급이 사고 조사 등으로 늦어지면 가지급금 제도를 활용하라.
- 치매나 혼수상태인 경우 대리청구인을 통해 보험금 청구가 가능하다.
- 보험금을 수령할 때 연금형 또는 일시금으로 수령 방법의 변경이 가

능하다.

둘째, 치매보험 가입 시 유의 사항이다. 먼저 중증 치매 및 경증 치매도 보장할 수 있는 상품을 선택하라. 보장 범위뿐 아니라 치매 진단 확정 시 진단비 등 보장 금액도 확인 후 가입하는 것이 좋다. 또한 80세 이후까지 보장받을 수 있는 상품을 선택하고, 치매로 진단받은 본인이 스스로 보험금을 청구할 수 없는 사정에 대비하여 가족 등이 보험금을 대신 청구할 수 있도록 미리 '대리청구인'을 지정하라.

셋째, 외화보험은 보험료 납입과 보험금 지급이 모두 외국통화로 이루어지는 보험 상품을 말하며, 현재 판매 중인 상품에는 미국 달러 보험과 중국 위안화 보험이 있다. 이러한 외화보험 가입 시 꼭 유의해야 할 세 가지 사항이 있다. ① 환율 변동에 따라 수령하는 보험금과 납입해야 하는 보험료가 달라질 수 있다. ② 금리연동형 보험은 가입 후 외국 금리가 하락하여 공시이율이 낮아지면 만기보험금이 줄어들 수 있다. ③ 외화보험은 보험 기간이 보통 5~10년으로 장기간 유지해야 하는 상품이므로 단기 환 투자에는 부적합하다.

넷째, 종신보험이다. 종신보험은 노후 자금 마련을 위한 저축성보험이 아니다. 종신보험은 납입한 보험료에서 사망보험금 지급을 위한 재원인 위험보험료와 비용 등이 차감되고 적립한다. 따라서 10년 이상 보험료를 납입해도 적립금(해지환급금)이 이미 납입한 보험료(원금)에 미치지 못할 가능성이 크다.

제3부 · 경제적 위험에 대비하는 방법

따라서 보험료가 저렴한 정기보험 가입도 함께 고려하라. 보험 가입 목적과 재무 상황에 맞게 종신보험과 정기보험을 충분히 비교하여 보험계약을 설계하는 것이 좋다. 보험계약을 중도에 해지하지 않고 지속해 유지한다면 일반 보험보다 무해지 또는 저해지 종신보험에 가입하는 것이 경제적으로 유리할 수 있다.

다섯 번째, 치아보험이다. 치아보험은 충치 또는 잇몸질환 등으로 치아에 보철 치료나 보존 치료 등을 받을 경우 보험금을 지급받을 수 있는 보험이다. 전화로 간편하게 가입이 가능하나, 질병 치료에 대해 면책 기간 및 50% 감액 기간을 운영하고 있다.

치아보험 상품 구조 예시(질병 치료)

구분	면책 기간	50% 감액 기간
보존 치료: 충전, 크라운	계약일로부터 90일 또는 180일 이내	없거나 면책 기간 이후 보험계약일로부터 1년 이내
보철 치료: 틀니, 브릿지, 임플란트	계약일로부터 180일 또는 1년 이내	면책 기간 이후 보험계약일로부터 1년 또는 2년 이내

또한 약관상 보험금이 지급되지 않은 사유도 있기 때문에 보험 가입 전 반드시 확인할 필요가 있다. 예를 들어 사랑니 치료, 치열 교정 준비, 미용을 위한 치료 및 이미 보철 치료를 받은 부위에 대한 수리, 복구, 대체 치료는 보험금이 미지급되는 경우가 많다. 그리고 치아보험은 보험 상품 종류에 따라 0세~75세까지 가입이 가능하나, 갱신

시 보험료 인상 가능성도 고려하라. 마지막으로 보험 가입 내역 조회 서비스를 통해 중복 가입 여부를 확인하라. 치아보험은 중복으로 가입해도 보험금이 각각 지급된다.

여섯 번째, 전화(TM: telemarketing)를 통한 보험 상품 가입 시 유의 사항이다. 상품의 장단점에 대한 설명을 끝까지 듣고 가입 여부를 결정해야 하며, 상품 설명 속도가 너무 빠르거나 목소리가 잘 들리지 않으면 천천히 또는 크게 말해 달라고 이야기해야 한다. 또한 가입 전에 상품 요약 자료를 문자, 이메일, 우편 등 원하는 방법으로 받아 보아야 한다. 어르신은 큰 글자와 그림이 있는 보험 안내 자료를 받아 볼 수 있으며, 가입한 상품의 내용을 해피콜로 재확인하는 것이 좋다.

일곱 번째, 교통사고가 발생했을 때 자동차보험 활용 노하우이다. 교통사고 발생 시 먼저 피해자에 대한 응급치료 및 병원호송 등 긴급 조치를 취하라. 이러한 구호 조치 비용도 보험 처리가 가능하다. 또한 '교통사고 신속 처리 협의서'를 자동차에 비치해 두었다가, 교통사고 발생 시 사고 일시 및 장소, 사고 관계자 정보 및 피해 상태, 사고 내용 등을 적어라. 협의서 양식은 손해보험협회(www.knia.or.kr)나 보험회사 홈페이지에서 내려받을 수 있다.

자기 차량을 견인할 때는 보험사의 사고(현장) 출동 서비스를 이용하라. 10㎞ 이내는 무료이고, 초과 시 ㎞당 2천 원 정도의 비용이 발생한다. 그리고 가해 운전자가 사고 접수를 미루고 연락이 안 되는 경우, 가해자 측 보험회사에 직접 손해배상 청구도 가능하다. 특히 교통사고 치료를 받지 못하는 경우, 피해자는 교통사고 사실 확인원(경찰서)과 병원 진단서를 첨부하여서 청구하면 된다.

만약 교통사고 피해자의 치료비가 급하다면 가지급금 제도를 활용하라. 진료수가는 전액, 진료수가 이외 손해배상금은 지급 금액의 50% 이내까지 가지급금을 받을 수 있다. 만약 무보험교통사고가 발생한다면 정부 보장사업제도를 활용하라. 무보험자동차 상해 담보(한도 2억 원)에 가입한 뺑소니 피해자가 병원 치료비 등 총 1억 원의 손해가 발생하였다면 정부 보상으로 3천만 원, 보험담보로 나머지 7천만 원을 보상받을 수 있다.

여덟 번째, 암보험이다. 보험 약관상 '암'으로 진단 확정된 경우에만 암 진단비가 지급되며, 암의 진단 시점에 따라 보험금액이 달라질 수 있고, 암의 진단 시점은 진단서 발급일이 아닌 조직검사 결과 보고일이다. 한편 병원에 입원하였다고 무조건 암 입원비를 지급하는 것은 아니며, 암 수술 또는 항암치료 등 암의 치료를 직접 목적으로 입원한 경우 암 입원비가 지급된다.

아홉 번째, 유병자(有病者)도 가입할 수 있는 보험 상품과 유의 사항이다. 과거에는 유병자인 경우 보험 가입이 거절되었으나, 지금은 당뇨병과 고혈압 등 만성질환자도 가입할 수 있는 보험 상품이 다양하게 판매되고 있다. 이러한 유병자 보험은 가입 요건을 완화했지만, 보험료가 비싸고 보장 범위가 좁아 건강한 사람이 가입하면 불필요한 보험료를 부담하게 된다. 유병자가 가입할 수 있는 보험에는 간편 심사보험, 고혈압 · 당뇨병 특화보험과 무심사 보험이 있다.

열 번째, 실손의료보험 가입 시 유의 사항이다. 실손의료보험은 중복으로 가입하더라도 실제 부담한 의료비 내에서만 보장받을 수 있으며, 보장 내용은 동일하지만, 보험회사별로 보험료는 상이하다. 고령자인 경우 노후실손의료보험에 가입하는 것이 유리하다. 해외여행 중 생긴 질병도 국내 의료기관에서 치료받을 경우 보장을 받을 수 있으며, 해외 장기 체류 시에는 보험료 납입 중지제도를 활용하라.

의사의 처방을 받은 약값도 보장이 가능하며, 고액 의료비 부담자는 신속 지급제도를 활용하라. 특히 보험약관을 꼼꼼히 읽어 보고 보장이 되는 것과 안 되는 것을 확인하라. 수술 후 장기간 약을 먹어야 할 경우 구입하는 약값도 보장받을 수 있다는 사실을 명심하자.

실손의료보험 보장 여부 예시

구분	보장되는 항목	보장 안 되는 항목
재료대	인공장기 등 신체에 이식되어 기능을 대신하는 진료 재료	의치, 의수족, 의안, 안경, 보청기, 콘택트렌즈, 목발 등
건강 검진	검진 결과 이상 소견에 따른 추가 검사, 건강검진 중 대장 · 위 폴립 제거	단순 건강검진
유방 수술	유방암 환자의 유방 재건술	외모 개선 목적 유방 확대 및 축소술
쌍꺼풀 수술	안검하수, 안검내반 치료를 위한 시력 개선 목적의 쌍꺼풀 수술	외모 개선 목적의 쌍꺼풀 수술
수면무 호흡증	수면 무호흡증	단순 코골이
기타	의사의 처방이 있는 의약품	의사의 처방이 없는 의약품, 의약외품, 임신, 출산, 비만, 요실금 등

제4부

자식 위험에
대비하는 방법

1

미움받을 용기와

분가(分家)

심리학 중 아들러 심리학은 오스트리아 출신의 유대계 의사이며 개인심리학의 창시자인 알프레드 아들러가 창시한 심리학을 말하며, 개개인의 특성에 맞춘 개인심리학이다. 아들러는 프로이트, 융과 함께 심리학의 3대 거장으로 알려져 있으며, 데일 카네기, 스티븐 코비와 같은 자기 계발의 대가로 알려진 사람들에게도 영향을 주어, 자기 계발의 아버지라고도 불린다. 그는 "인간은 누구나 변할 수 있고, 누구나 행복해질 수 있으나, 그러기 위해서는 미움받을 용기 등이 필요하다."고 했다.

이러한 아들러 심리학에 감명받은 일본의 철학자인 기시미 이치로(きしみいちろう)와 베스트셀러 작가인 고가 후미다케(こがふみたけ)가 아들러의 심리학을 대화체로 기술한 책이 『미움받을 용기』이다. 주요 내용을 요약하면 다음과 같다.

- 다른 사람의 기대를 만족시키기 위해 살지 마라. 다른 사람이 아닌, 나 자신을 위한 인생을 살아라.
- 과제를 나의 과제와 타인의 과제로 분리하여 타인의 과제는 과감히 버려라. 자식 공부 문제는 나의 문제가 아니고 자식의 문제이다.
- 다른 사람으로부터 인정받기를 원하는 욕구를 버려라.
- 진정한 자유란 타인으로부터 미움을 받는 것이다.
- 칭찬은 자기보다 능력이 뒤떨어지는 상대를 조정하기 위한 것이다. 칭찬받는 것이 목적이 되어 버리면 결국 타인의 가치관에 맞춰 삶을 선택하게 된다.

인간은 사회적 존재이기에 아들러는 "인간의 고민은 전부 인간관계에서 비롯된 고민"이라고 말한다. 어떤 종류의 고민이든 반드시 타인과의 관계가 얽혀 있기 마련이고, 행복해지기 위해서는 인간관계로부터 자유로워져야 한다는 것이다. 특히 모든 사람에게 좋은 사람이길 원하는 사람은 타인의 눈치를 볼 수밖에 없기 때문에 진정 자유로워지고 행복해지기 위해서는 '미움받을 용기'를 가져야 한다고 강조한다.

노후에 직면하게 되는 자식 위험을 줄이기 위해서는 무엇보다도 미움받을 용기가 필요하다. 여기서 자식 위험이란 가진 재산을 일찍 자식에게 물려주고, 노후에 자식으로부터 부양받지 못하여 어려운 노후 생활을 보내야 하는 위험 등을 말한다. 우리나라 부모만큼 자식에게 올인하는 나라도 별로 없다.

노후에 빠지기 쉬운 착각 중 하나가 '자식이 나의 노후를 책임져 줄 것이다.'라는 생각이다. 이미 자식은 부모 품 안에서 온갖 재롱을 피우면서 효도를 다했다. 투자 차원에서 생각해 보면 과거 여러 명의 자식을 둘 때가 분산투자라고 한다면, 지금과 같이 한 명만 낳는 시대는 몰빵 투자라는 생각이 든다. 하나뿐인 자식에게 올인했다가 뜻대로 되지 않으면 부모와 자식 모두가 어려운 상황에 부닥치게 된다.

우리나라 말에 '분가(分家)'라는 말이 있다. 자식이 결혼해서 살림을 나가는 것을 우리는 분가한다고 한다. 네이버 지식백과에는 '본가에서 분리하여 새로운 일가를 창립하는 신분행위'라고 하였고, 국어사전에는 '가족의 한 구성원이 주로 결혼 따위로 살림을 차려 따로 나감'이라고 하였다. 이 말은 '결혼하여 분가한 자식은 더 이제 가족이 아니라 독립된 별도의 가족'이라는 의미이다.

결혼한 자식을 대하는 이런 마음가짐이 바로 미움받을 용기이다. 유일한 노후 자금인 퇴직금을 자식 사업자금으로 주지 않는 용기와 장성한 미혼 자녀의 귀환을 막는 용기도 미움받을 용기라 하겠다.

노후설계 강의를 할 때 꼭 하는 질문이 있다. "만약 여러분에게 3박 4일 무료 해외여행 상품권을 줬는데, 조카 결혼식과 겹친다면 어떻게 하시겠습니까?" 강의를 듣는 사람들의 성별과 연령에 따라 다소의 차이는 있지만, 조카 결혼식인 경우 대부분 사람은 무료 해외여행을 간다고 대답한다.

이번에는 질문을 바꾸어 부모님 제삿날과 겹친다면 어떻게 하실 것이냐고 물어보면, 부모님 제삿날에도 해외여행을 간다고 응답하는 비율이 절반 정도는 나온다.

이 질문에 정답은 없다. 내 마음속에 진정 무엇을 원하느냐가 중요하다. 남으로부터 인정받고자 하는 욕구를 버리고 진정 내가 하고 싶은 일을 할 수 있는 용기가 바로 미움받을 용기이며, 노후에 꼭 갖추어야 할 중요한 마음가짐 중 하나라고 생각한다.

2

밥상머리 교육과

자식 위험

결혼해서 잘 살고 있는 줄만 알았던 아들이 어느 날 술에 잔뜩 취해서 찾아와서 하는 말. "아버지, 저도 이제 나이가 40입니다. 한 살이라도 더 먹기 전에 제 사업을 꼭 해 보고 싶습니다. 조금만 도와주세요." 장성한 자식이 부모에게 이처럼 부탁할 때 매정하게 거절할 수 있는 부모가 대한민국에서 과연 몇 퍼센트나 될까?

한때 SNS상에 많이 회자된 50대 이상 중장년층의 3대 팔불출은 ① 가진 재산을 미리 자식들에게 물려주고 나이 들어서 찬물에 밥 말아 먹는 사람, ② 자식하고 같이 살려고 나이 들어서 큰 집으로 이사 가는 사람, ③ 손자와 손녀 유치원 데려다주기 위해 동창 모임에 안 나오는 사람이었다. 여러분은 여기에 해당하지 않는가?

경제적 위험이나 건강 위험 등은 사전에 어느 정도 예방 또는 준비가 가능하나, 자식 위험은 예측이 불가능하기 때문에 어찌 보면 노후에 직면하게 되는 위험 중 가장 큰 위험일 수 있다. 이러한 지식 위험에 대비하는 좋은 방법은 없을까? 만나는 사람마다 물어보지만, 속 시원하게 대답해 주는 사람이 없다. 이것은 그만큼 자식 위험에 대비하기가 어렵다는 뜻일 수도 있고, 사람마다 생각이 다양하다는 뜻이기도 하다.

자식 위험에 대비하는 좋은 방법의 하나가 밥상머리 교육이다. 사람답게 사는 법과 바른 교육의 길이 무엇인지 알려 준 『조선의 밥상머리 교육 - 500년 조선의 역사를 만든 위대한 교육』이라는 책에서 저자는 인성교육을 왜 어릴 때부터 해야 하는지, 품격 있는 사람으로 키우기 위해 무엇을 가르쳤는지에 대한 내용을 자세히 담고 있다. 또한 『밥상머리 교육』이라는 책에서 저자는 농사 중에서 자식 농사가 최고라고 하면서 태교에서부터 대학교 교육까지 밥상머리에서 부모가 자식에게 가르쳐야 할 교육법을 정리하였다.

경주 최 부잣집에서 대대로 내려오는 육훈(六訓)과 육연(六然)도 밥상머리 교육의 실천 방법이다. 육훈(六訓)은 집안을 다스리는 지침으로 ① 과거를 보되 진사 이상 벼슬을 하지 마라, ② 만석 이상의 재산은 사회에 환원하라, ③ 흉년에는 땅을 늘리지 마라, ④ 과객(過客)을 후하게 대접하라, ⑤ 주변 백 리 안에 밥 굶는 사람 없게 하라, ⑥ 시집온 며느리는 3년간 무명옷을 입어라 하는 여섯 가지 가르침을 말한다.

육연(六然)은 자신을 지키는 지침으로 ① 자처초연(自處超然: 스스로 초연하게 지내고), ② 대인애연(對人靄然: 남에게 온화하게 대하며), ③ 무사징연(無事澄然: 일이 없을 때 마음을 맑게 가지고), ④ 유사감연(有事敢

然: 일을 당해서는 용감하게 대처하며), ⑤ 득의담연(得意淡然: 성공했을 때
는 담담하게 행동하고), ⑥ 실의태연(失意泰然: 실의에 빠졌을 때는 태연히
행동하라)의 여섯 가지이다.

물론 요즘 세상에 어울리지 않는 내용도 있지만 노블레스 오블리
주(noblesse oblige)를 실천할 수 있으며, 자기 소양을 쌓을 수 있는 좋
은 덕목이라 생각한다.

그러나 과연 우리 사회는 이러한 밥상머리 교육을 얼마나 실천하
고 있는가? 필자도 자식들에게 밥상머리 교육을 얼마나 했던가 자문
해 보면 별로 할 말이 없다. 한 가정의 가장으로서 열심히 사회생활을
하여 가족 구성원을 먹여 살려야 한다는 역사적 사명감으로 직장 생
활에만 최선을 다한 지난 세월이 지금 돌이켜 보면 가끔 후회될 때도
있다. 지금은 일과 가정의 양립 문제가 사회적 이슈이지만 20~30년
전에는 꿈도 못 꿀 일이었다. 만약 내가 다시 태어난다면 밥상머리 교
육은 꼭 해 보고 싶은 일 중 하나이다.

밥상머리 교육의 대표적 사례가 바로 유대인들의 자녀 교육이다.
노벨상 수상자의 30% 이상을 배출한 유대인들에게 온 가족이 함께하
는 식사 자리는 부모와 자식 간 소통의 자리이고, 진정한 자식 교육의
장이며, 전통을 배우는 자리이다. 온 가족이 함께하는 식사는 감사의
기도로 시작하는데, 자녀들은 밥상머리에서 자연스럽게 전통을 배우
게 되고 감사하는 마음을 갖게 된다. 타인을 배려하는 마음, 자녀를
신이 내린 선물로 인식하는 부모의 마음가짐, 어릴 때부터 시작하는
철저한 경제 교육 등 밥상머리 교육과 가정으로부터 대대로 내려오는

전통과 인성 교육이 유대인 사회를 지탱하는 버팀목이다.

우리나라는 그동안 빠른 산업화의 진전으로 전통적인 가족 체제가 무너지고 핵가족화를 가져왔으며, 높은 교육열과 학력 지상주의가 만연하면서 입시 위주의 교육으로 흘러온 것이 현실이다. 부모와 자녀가 밥상머리에 같이 앉을 시간이 거의 없으며, 설령 같이 식사하더라도 관심 사항은 온통 자녀의 학교 성적이다.

밥상머리는 온 가족이 함께 모여 식사하면서 가족 간 대화를 통해 서로의 생각을 공유하고, 소통의 장을 마련하는 공간이며, 자녀에게 인성과 전통을 가르치는 교육의 장이다. 이러한 밥상머리 교육의 지속적인 실천은 자식 위험을 줄이는 좋은 방법의 하나라고 생각한다.

3

유언장과

유언대용신탁

우리가 노후에 직면하게 되는 상속 문제를 해결하는 방법에는 사전에 증여하는 방법과 상속을 하는 방법이 있다. 상속에는 유언장을 작성하는 방법과 유언대용신탁에 가입하는 방법이 있으며, 두 방법의 차이점은 다음 페이지의 표와 같다.

유언장 작성 방법에는 다음 다섯 가지 방법이 있다. 첫째, 자필증서이다. 이 방법은 증인 없어도 되고 작성 비용도 들지 않으며 만 17세 이상이면 누구나 쉽게 할 수 있다는 장점 때문에 가장 흔한 유언 작성 방법이다. 다만, 유언자가 사망 후 사망자의 유언이 맞는다는 법원의 확인을 받아야 한다는 번거로움이 있다. 워드로 작성한 유언장은 법적으로는 효력이 없다. 자필증서에는 유언 내용, 유언 연월일, 유언자 주소, 유언자 성명, 날인이 필수적으로 들어가야 한다.

자필 유언장 작성 시 주의 사항은 다음과 같다. 자필로 작성해야 하

유언장과 유언대용신탁 차이

구분	유언장	유언대용신탁
방식 방식	유언내용과 아무런 이해관계가 없는 보증인 2인 등 필요	금융회사와 계약서 작성
	자필증서 · 녹음 · 공정증서 등 방식에 따라 요건 충족해야	특별한 작성 방식 없음. 의사 합치되면 유효
세대 간 연속 상속 가능 여부	아래 1세대 수증자 지정 가능	여러 세대에 걸친 수증자 지정 가능
유언 집행	사망 후 유언장 효력, 유언집행자 등 추가 논의 필요. 금전의 경우 모든 상속인의 동의가 필요한 상황이 많음	신탁계약서에 따라 금융회사에서 상속 집행. 사후수익자 신분 확인 만으로 집행 가능
재산관리	유언장만 작성되어 있을 뿐 재산관리는 불가	생전부터 관리 가능. 사후 본인 뜻대로 자산관리 및 운용 가능
비용 발생 여부	자필증서인 경우 비용 없음	수수료 발생(1% 내외)

므로 타인이 대신 작성하거나 컴퓨터 등을 사용하여 워드로 작성하거나, 원본이 아닌 복사본, 파일 등은 자필 유언장으로 인정되지 않는다. 그리고 유언자가 자신의 성명을 기재하고 도장 또는 지장(指印)을 찍어야 하며, 서명(사인)은 인정되지 않는다.

유언장을 작성한 시점인 연월일은 모두 구체적으로 기재해야 한다. 예를 들어 '2022년 4월'만 기재해서는 안 되고, '2022년 4월 21일'과 같이 기재해야 한다. 유언장을 작성한 시점인 연월일을 기준으로 의사 능력 여부를 판단하고, 유언을 여러 번 한 경우 연월일을 기준으로 나중의 유언이 우선된다.

또 구체적인 주소를 기재해야 하므로 동 호수 지번까지 기재해야

229

한다. 다만 주소는 반드시 주민등록지 주소일 필요는 없고, 생활근거지 주소를 기재해도 무방하다. 유언장에 직접적으로 주소를 기재하지 않았다면, 유언장 전체의 내용으로 보아 주소를 알 수 있다고 하더라도 주소 요건을 갖추지 못한 것이므로 무효가 된다.

유언의 내용은 최대한 구체적으로 정확하게 기재해야 한다. 부동산을 유언으로 증여하는 경우 대상 부동산의 지번을 정확하게 기재해야 하며, 명의 신탁된 부동산을 상속 또는 유언으로 증여한다고 유언하는 경우 명의신탁이라고 주장하는 근거와 이유 등을 구체적으로 기재하고 증거까지 제시해야 추후 분쟁을 줄일 수 있다. 만일 자필 유언장에 문자를 삽입하거나 삭제 또는 변경하는 경우에는 유언자가 이를 자필로 기재하고 날인하여야 한다.

만약 자필 유언장이 발견되면 가정법원에 검인 신청을 하여 검인을 받는 것이 좋다. 이때 검인은 '이러한 유언장이 발견되었다'라는 취지로 유언장 자체의 상태를 확정하고 다음에 위조 또는 변조된 유언장이 나오는 것을 방지하며 유언장이 분실되는 것을 대비하여 보존하는 것에 불과하다. 그러므로 유언장을 검인받았다고 해서 유언장이 민법이 정한 유언장 작성 방법 및 요건을 충족했다는 의미는 아니다.

둘째, 녹음기, 음성기록기(Voice Recorder), MP3플레이어 등의 장비를 이용하여 유언자의 육성으로 유언을 남기는 방법으로 유언 내용, 유언자 성명, 유언 연월일, 증인의 녹음은 필수적으로 녹음해야 할 내용들이다. 또한 음성은 정확하게 들려야 하는데 제대로 들리지 않으면 무효이다.

셋째, 공정증서이다. 공증인이 유언자에게 유언을 듣고 대신 기술하는 방법으로 영화나 드라마 등에서 기업 회장님 등이 많이 선택하는 방법이다. 유언하는 자리에 2인 이상의 증인이 참석해야 하며, 공증인이 받아 적은 내용을 유언자와 증인들에게 낭독하면 유언자와 증인들이 필기한 내용이 정확함을 승인한 후 각자 사명 또는 기명날인을 하여 유언장의 내용을 확인한다.

넷째, 비밀증서이다. 자필증서에 법적 공증의 효력을 더한 개념이다. 유언자가 유언장을 봉투에 넣어 밀봉한 뒤 봉투 표면에 유언자가 자신의 이름을 적어 그 봉투를 2명 이상의 증인의 면전에 제시하여 자기의 유언서임을 표시한다. 이후 유언자가 밀봉서 표면에 연월일을 기재하고 유언자와 증인들이 각자 서명 또는 기명날인을 하여 유언장의 내용을 확인한다. 이 방법으로 남긴 유언은 밀봉서 표면에 기재된 연월일로부터 5일 이내에 공증인에게 제출하여 그 봉인상에 확정일자인을 받아야만 유언으로 인정받을 수 있다.

다섯째, 구수증서이다. 질병 등으로 기타 급박한 사유로 인하여 다른 방법으로 유언을 할 수 없을 때 시행하는 유언이다. 2명 이상이 참여한 가운데 유언자가 유언 내용을 말하면 증인 중 1명이 그 내용을 받아 적은 후 다른 증인과 유언자에게 유언장을 낭독하여 확인시킨 뒤 유언자와 증인들이 각자 서명 또는 기명날인을 하여 유언장의 내용을 확인한다. 이 방법으로 남긴 유언은 유언 후 7일 이내에 법원에서 확인받아야 유언으로 인정받을 수 있다.

유언장은 일반적으로 죽음을 앞두고 있을 때 작성하는 것이나, 최근에는 재산 상속 및 유훈(遺訓) 등 사후를 대비하여 미리 작성하고 있다. 특히 '이 세상에 태어날 때는 순서가 있어도 죽을 때는 순서가 없다.'라는 말이 있듯이, 나이가 들어가면서 죽음이 언제 나에게 닥쳐올지는 아무도 모른다. 은퇴 후 유언장을 한번 작성해 봄으로써 지금까지 살아온 인생을 정리할 수 있고, 남은 삶을 어떻게 살아가야 할지를 생각해 보는 좋은 기회가 된다.

유언대용신탁은 할아버지가 손자에게 상속이 가능한 제도이다. 2012년에 신탁법이 개정되면서 우리나라에서도 유언대용신탁 제도가 도입되었는데, 신탁계약 시 사후수익자를 지정함으로써 유언장과 동일한 효과를 발생시킬 수 있다. 유언대용신탁의 장점으로는 ① 유류분 해결에 유용, ② 공증 및 증인 필요 없음, ③ 구체적인 상속 설계가 가능하다는 점 등이다. 여기서 유류분이란 상속재산 중 피상속인이 유언이나 증여를 통해 마음대로 처리하지 못하는 상속재산의 일정 비율을 의미한다.

구체적인 예를 들어 보자. 홍길동 씨는 길동 빌딩을 소유하고 있고, 배우자와 자녀 2명이 있다고 가정하자. 빌딩에 관한 지분을 상속하게 되면 빌딩임대료 배분을 둘러싼 상속인들 간의 분쟁 또는 자녀들의 상속재산 탕진과 고령의 어머니에 대한 부양 의무 소홀 등의 문제점이 있을 수 있다. 이러한 문제점을 해결하기 위하여 유언대용신탁을 설정해 신탁회사가 빌딩을 상당 기간 보유하면서 전문적으로 관리하고, 수익자로 지정된 자녀들은 신탁재산으로부터 임대료 등을 취득하되, 어머니의 사망 전까지는 자녀들이 어머니를 부양하는 데 수익금 중 일부를 사용하도록 하고, 이를 어길 경우 수익권을 박탈하도록 정할 수 있을 것이다.

금융회사들이 판매하고 있는 유언대용신탁 상품은 다음과 같다.

금융회사별 유언대용신탁 상품 종류

금융회사	상품명	금융회사	상품명
하나은행	하나 리빙트러스트	대구은행	DGB 대대손손 사랑 신탁
농협은행	NH All 100 플랜 사랑 남김 신탁	신한은행	신한 S Life Care 유언 대용 신탁
우리은행	우리 내리사랑 GOLD 신탁	국민은행	KB 위대한 유산신탁
신영증권	플랜 업 유언대응신탁	NH투자증권	100세 시대 대대손손신탁

최근 민법 개정안이 국무회의를 통과하여 유류분 권리자에서 형제자매가 제외되었다. 현행 민법상 배우자와 직계비속(자녀 등)은 법정상속분의 2분의 1을, 직계존속(부모 등)과 형제자매는 법정상속분의 3분의 1을 유류분으로 보장받고 있다. 과거와 달리 형제자매 간 경제적 유대 관계가 느슨해진 사회적 상황과 1인 상속인이 증가하는 현실을 감안하고, 상속 재산 처분에 대한 피상속인의 자유의사를 존중하기 위한 조치라 하겠다.

상속 분쟁은 '피보다 돈이 더 진하다.'라는 자조적인 말이 회자될 정도로 많이 발생하고 있다. 피상속인 생전과 사후 가리지 않고 발생하기 때문에 분쟁 발생 후의 해결 방법 모색보다는 상속 관련 다양한 제도를 활용하여 분쟁 없는 상속 절차가 이루어지도록 하는 것도 행복한 노후 생활을 위하여 매우 중요하다 하겠다.

◆ **위대한 유산(Great Expectations)**

1998년 6월에 개봉한 알폰소 쿠아론 감독의 영화로, 1861년 발표된 동명의 찰스 디킨스의 원작 소설을 각색하여, 배경을 현대 미국으로 옮겼다. 이 영화에서 주인공인 핀(소설에서는 핍)은 익명의 후원자로부터 막대한 유산을 상속받아 부자가 되었고, 자신에게 많은 유산을 남겨 준 사람이 소박하고 순수한 영혼과 마음을 가진 매형 조라는 사실을 깨달아 간다.

만약 영화 〈위대한 유산〉에서 후원자로부터 상속받은 유산이 제대로 전달되지 않았다면 또는 유언장이 유실되거나 후원자의 자녀가 상속받을 권리가 있다고 주장했다면 어떻게 됐을까? 현실 세계에서는 충분히 일어날 수 있는 일이다. (네이버 영화 참조)

알아 두면 유익한

상속 · 증여 관련 15문(問) 15답(答)[4]

사람이 살아가면서 피할 수 없는 두 가지가 있다면, 그것은 바로 죽음과 세금이다. 미국 달러화 중 100달러에 도안으로 채택된 건국의 아버지로 불리는 벤저민 프랭클린은 "이 세상에서 죽음과 세금만큼 확실한 것은 없다."고 하였다. 상속세는 사람의 죽음을 계기로 이전되는 재산에 부과되는 세금이므로 죽음과 세금에 모두 관련된다.

또한 상속세는 OECD 36개국 중 13개 나라가 폐지한 만큼 상속세 존폐와 관련하여 논란이 많은 세금이다. 요즘 우스갯소리로 "평생 고생해서 모은 재산, 죽고 나면 나라님만 좋은 일 시킨다."라는 말이 있다. 특히 상속세는 과세표준이 클수록 세율이 높아지는 누진세율이

· · ·

4 본 내용은 『상속의 기술』(최봉길 외, 매일경제신문사, 2018) 및 『궁금한 상속증여』(김동욱 외, 한국경제신문, 2022)를 요약 정리하였음.

다 보니 은퇴자들이 더욱 부담을 느끼는 세금이다.

부모가 살아생전에 자녀에게 재산을 일부 주는 증여는 상속에 비해 공제가 적으며, 면제 등의 요건을 제대로 살피지 않으면 과세당국으로부터 세금을 추징당할 위험이 있다. 상속세 및 증여세법 제46조에 의하면 사회 통념상 인정되는 이재 구호금품, 치료비, 피부양자의 생활비, 교육비 및 시행령으로 정하는 이와 유사한 금품을 비과세한다. 동법 시행령 제35조 제1항 제4호는 기념품·축하금·부의금 기타 이와 유사한 금품으로 통상 필요하다고 인정되는 금품 등을 비과세 항목으로 구체적으로 적시하고 있다.

우리나라 상속·증여 현황

구분		2020년	2021년
증여 건수		21.5만 건	26.4만 건
상속 신고 인원(피상속인 수)		11,521명	14,951명
상속·증여 신고	상속재산	27.4조 원	66.0조 원
	증여재산	43.6조 원	50.5조 원
	계	71.0조 원	116.5조 원

자료: 국세청 2021 국세 통계 연보

이러한 상속과 증여 관련 은퇴자들이 궁금해하는 내용들을 15개의 문답식으로 정리하였다.

Q1. 상속과 증여의 차이점은?

상속과 증여는 재산이 무상으로 이전된다는 점에서는 같지만, 증여세는 재산을 주는 사람이 살아 있을 때 재산을 받은 경우에 내는 세금이고, 상속세는 재산을 주는 사람의 사망으로 인해 재산을 받았을 때 내는 세금이다. 상속세와 증여세에 적용되는 세율은 동일하게 5단계 초과 누진세율이 적용된다.

상속 및 증여세율

과세 표준	1억 원 이하	5억 원 이하	10억 원 이하	30억 원 이하	30억 원 초과
세율	10%	20%	30%	40%	50%
누진공세액	없음	1천만 원	6천만 원	1억 6천만 원	4억 6천만 원

그러나 상속세는 상속개시일이 속한 달의 말일부터 6개월 이내에 피상속인 주소지 관할 세무서에 신고·납부를 해야 하고, 증여세는 증여재산의 취득일(등기해야 하는 경우는 등기접수일)이 속하는 달의 말일부터 3개월 이내에 수증자 주소지 관할 세무서에 신고하고 내면 된다. 또한 상속세는 상속인이 몇 명인지에 관계없이 전체 상속재산을 구한 뒤 상속인 각자가 상속받은 재산에 따라 비율대로 상속세를 부과하는 방식이다.

증여세는 10년 이내 동일인에게 증여받은 재산의 합계가 1천만 원 이상인 경우 이를 합산해 과세하는데, 증여받은 사람별로 세금을 계산해 각자 납세 의무를 부담하게 된다. 또한 상속세와 증여세는 공제 항목도 다르며, 상속세는 기초공제와 그 밖의 인적공제를 대신해 일괄로 5억 원 공제도 가능하다.

그럼, 상속과 증여 중 어느 것이 더 나을까? 상속과 증여 중 어느 것이 더 나은지에 대한 획일적인 정답은 없다. 기본적으로 상속세율과 증여세율은 동일하나 공제액의 크기는 상속공제가 증여공제보다 많기 때문에 일반적으로는 상속이 증여보다 유리하다.

또한 상속재산이 상속공제액을 초과할 경우, 미리 증여하여 상속세의 누진세율을 회피하는 것이 좋다. 다만 사망일 이전 10년 이내에 한 사전증여는 상속재산에 다시 가산되므로 큰 절세 효과는 없다. 그리고 재산이 증가하여 상속 시점에 상속세액이 클 것으로 예상되면 생전 증여하는 것이 바람직하다.

Q2. 부의금은 상속재산에 포함되나?

피상속인의 사망으로 인하여 받게 되는 부의금은 피상속인에게 귀속되는 재산에 해당하지 않지만, 상속인이 조문객으로부터 증여받은 재산에 해당하는 것이며, 사회 통념상 통상 필요하다고 인정되는 금품에 해당하면 증여세를 비과세한다고 해석하고 있다. 따라서 사회 통념상 통상 필요하다고 인정되는 금액은 비과세이지만 초과하는 금액은 증여세 부과 대상이다. 여기서 사회 통념상 필요하다고 인정되는 금액은 구체적으로 정해져 있는 것은 아니다.

Q3. 사망하기 전 예금을 인출하면 상속세가 줄어드나?

피상속인 계좌에서 인출한 금액이 1년 이내에 2억 원 이상이거나

노후설계 행복 콘서트

또는 2년 이내에 5억 원 이상인 경우 사용처를 입증해야 한다. 만약 객관적으로 용도가 분명하지 않으면 세법에 따라 계산한 금액을 상속재산에 포함한다. 상속재산에 포함되는 금액은 사용처가 불분명한 금액에서 인출 금액의 20%와 2억 원 중 적은 금액을 차감한 금액만 상속재산에 포함한다.

Q4. 며느리나 사위에게 증여하면 상속세가 줄어드나?

며느리와 사위는 상속인 이외의 자에 해당하여 사망일 전 5년 전에 증여한 재산은 상속재산에 포함되지 않는다. 만약 며느리와 사위에게 5년 이내에 증여한 후 시아버지(장인)가 사망하면 며느리와 사위에게 증여한 재산은 상속재산에 포함된다. 반면에 아들과 딸은 상속인에게 해당하여 사망일 전 10년 이내에 증여한 재산은 상속재산에 포함되기 때문에 며느리와 사위와는 차이가 있다.

Q5. 사전증여재산만 있는 경우, 상속인이 모두 상속을 포기하면 어떻게 되나?

사전증여가 언제 일어났느냐에 따라 달라진다. 만약 사망일 전 10년 이내에 증여가 이루어졌다면 이는 상속재산에 포함되므로 상속재산 총액을 계산해야 하고, 상속세를 납부해야 한다.

Q6. 자녀가 상속재산을 제대로 관리할 수 있을까 걱정된다면?

유언대용신탁에 가입하면 된다. 금융회사(수탁자)와 유언대용신탁 계약을 체결하고 수탁자에게 재산을 맡기고, 계약에서 정한 바에 따라 수익자에게 재산에서 발생한 수익을 지급하고, 재산을 관리·처분하는 방법을 활용하면 된다. 유언대용신탁 계약을 체결하면 위탁자는 복잡한 유언 절차를 거치지 않고도 자신의 의사표시로 생전뿐 아니라 사망 후 상속재산의 관리와 분배, 수익자 등을 자유롭게 정할 수 있다. 다만 금융회사에 신탁 수수료를 지급해야 한다.

Q7. 생명보험 보험금도 상속세를 내야 하나?

부모가 가입한 생명보험계약의 수익자가 법정상속인으로 되어 있다면 민법과 세법 모두 상속재산이 되며 상속세를 납부해야 한다. 그러나 수익자가 지정된 경우, 민법은 보험계약에 따라 보험금을 받은 것이니 상속재산이 아니라 고유재산으로 본다. 따라서 보험금의 수익자로 지정돼 피보험자의 사망에 따른 보험금을 수령하는 경우 수익자 고유의 권리에 의해 취득하는 것이어서 수익자가 상속인인 경우에 상속 포기를 하더라도 보험금을 수령할 수 있다.

다만 세법은 피상속인의 사망으로 인하여 받는 생명(손해)보험의 보험금으로서 피상속인이 보험계약자인 보험계약에 의하여 받는 것을 상속재산으로 보고(상속세 및 증여세법 제8조) 상속세 과세 대상에 포함하고 있다. 이는 보험금 취득으로 인한 경제적 효과가 다른 상속재산 취득과 실질적으로 같은 결과가 발생한다고 보기 때문이다. 이때 보험금의 수익자가 누구인지는 문제가 되지 않는다. 상속인의 고유재산임에도 불구하고 상속재산으로 보아 상속세를 부과하도록 하는 규정이 헌법에 위반되는 것인지 여부가 헌법재판소에 다투어진 적이 있는데, 헌법재판소도 합헌이라고 결정하였다.

Q8. 상속세를 분할 납부하려면 어떻게 해야 하는가?

상속세 자진 납부 금액이 2천만 원 이하인 경우 1천만 원을 초과하는 금액, 2천만 원을 초과하면 그 세액의 50% 이하 금액은 2개월 내 분납이 가능하다. 납세의무자에게 과중한 부담이 된다면 연 단위로 나눠 납부 기한을 연장하는 연부연납(장기간 분납)도 할 수 있다. 상속세 납부세액이 2천만 원을 초과하는 경우, 상속인 전원이 상속세 과세표준 신고 기한 또는 결정통지에 의한 납세고지서상 납부 기한까지 신청해야 하고, 납세보증보험증권 등 법에서 정한 담보를 제공해야 한다.

연부연납 기간은 상속인이 신청한 기간으로 하되, 가업 상속재산인 경우 최대 20년까지 가능하며, 가업 상속재산 외의 상속재산인 경우 허가받은 날로부터 10년까지이다. 연부연납 가산금 이자율은 연 1.2%이며, 연부연납을 허가받은 경우에는 상속세 분납이 허용되지 않는다.

Q9. 상속받은 부동산에 대한 세금 납부 시 주의 사항은?

상속세 과세표준이 되는 부동산의 시가는 상속세 및 증여세법에 따라 원칙적으로 상속개시일 전후 6개월 이내에 매매된 사실이 있으면 그 매매가액으로 하고, 없으면 두 개 이상의 감정기관이 평가한 감정가액의 평균 금액으로 하게 되어 있다. 일반적으로 토지는 실제 거래가격이 공시지가보다 높은 경우가 많은데, 만약 상속 개시 후 6개월 이내에 상속받은 부동산을 처분하면 해당 거래가격이 토지의 시가로 인정돼 상속세 산정 시 부동산 가액의 공시지가가 아니라 실제 거래가격이 상속재산총액으로 인정될 수 있다.

또한 담보대출을 받기 위해서는 감정기관에서 토지를 평가하는데, 평가액 역시 시가로 인정되므로 공시지가보다 감정평가액이 높으면 상속세 부담 금액이 증가하게 된다. 국세청이 감정평가를 하기 전에 상속개시일로부터 6개월의 평가 기간 내에 감정평가액으로 상속재산총액을 신고하는 것을 고려할 필요가 있다. 한편 매매 사례 가액이 존재한다고 하더라도 그러한 가액이 사회 통념상 정상적인 거래로 인정되는 가액에 해당해야 이를 시가로 볼 수 있다.

Q10. 생활비 송금도 증여세 대상일까?

사회 통념상 인정되는 생활비·교육비 등은 증여세 과세 대상은 아니나, 일정 요건을 충족해야 한다. 우선 생활비나 교육비를 지급한 사람이 지급받은 사람에 대해 민법상 부양 의무를 부담하는 경우여야 한다. 직계혈족 사이에는 함께 살고 있지 않더라도 부양 의무가 인정된다.

아버지가 부양 능력이 있는 경우, 할아버지는 손자에 대한 부양 의무가 없으므로 할아버지가 보낸 교육비에는 증여세가 과세될 수 있다. 또한 지급한 금액이 실제로 생활비나 교육비로 사용된 경우여야 한다. 생활비 명목으로 지급했더라도 상당한 금액이 남

거나 다른 용도로 사용될 경우, 증여세 대상이 될 수 있다는 점을
유의해야 한다.

Q11. 축의금도 증여세를 내야 하나?

결혼축의금이란 혼사가 있을 때 혼주(부모)의 경제적 부담을 덜어
주려는 목적으로 혼주인 부모에게 조건 없이 무상으로 건네는 금
품을 말한다. 상속세 및 증여세법 제46조 제5호 및 같은 법 시행
령 제35조 제4항 제3호에 따라 사회 통념상 인정되는 범위 내에
서의 결혼축의금 등에 대해서는 증여세를 부과하지 않는다.

통상 결혼축의금은 결혼 당사자 또는 혼주에게 들어오는데, 각자
에게 들어온 축의금에는 사회 통념상 적정한 금액까지는 증여세
가 과세되지 않는다. 그러나 부모에게 들어온 축의금은 부모의 재
산에 해당하므로 이를 자녀에게 준 경우에는 증여로 해석돼 증여
세 과세 대상이 될 수 있다는 점에 유의해야 한다.

Q12. 부모가 빌려준 전세자금도 증여세를 내야 하나?

세법에는 개인의 직업이나 연령, 소득 및 재상 상태에 비춰 볼 때
어떤 재산을 취득했다고 보기 어렵다고 평가할 경우 그 재산 취득
자금을 증여받은 것으로 추정한다. 예를 들어 경제적 능력이 없
는 미성년자가 상당한 규모의 주식을 취득한 경우는 증여세 추징
대상이 될 수 있다. 부모가 직접 임대인에게 전세보증금을 송금해
부모와 자녀 간 금융거래를 남기지 않은 경우도 마찬가지이다.

부모와 자녀 간에 주고받은 금액이 증여받은 돈이 아니라 추후 갚

을 돈이라는 점에 대해 별도로 증명해야 한다. 이를 위해서는 당사자 간 계약 내용을 담은 계약서, 확인서, 차용증서 등을 증빙으로 준비해 둘 필요가 있다. 또한 당사자 간에 적정한 이자를 주고받은 뒤 관련 금융거래 기록을 보관해 둘 필요가 있다. 현행 세법에서 정한 연 4.6%의 이자율을 적용한 이자 금액과 실제 수취한 이자 금액을 비교해 그 차액만큼을 증여세로 과세할 수 있다. 다만 세법은 그 차액이 1천만 원을 넘어야 비로소 과세할 수 있도록 하고 있다.

Q13. 자금출처조사에 따른 증여세 과세는?

자금출처조사란 재산취득자의 재산 취득, 채무 상환 등에 든 자금과 이와 비슷한 자금의 원천이 직업, 연령, 소득, 재산 상태 등으로 보아 본인의 자금 능력에 의한 것이라고 인정하기 어려울 때 그 자금의 출처를 밝혀 증여세 등의 탈루 여부를 확인하기 위해 실시하는 세무 조사를 말한다. 이러한 자금출처조사에서 자금 출처를 밝히지 못한다면 그 재산의 취득 자금을 재산 취득자가 증여받은 것으로 추정하며, 이는 채무 상환 금액에도 동일하게 적용한다.

다만 입증되지 않는 금액이 취득 재산 총액의 20%에 상당하는 금액 또는 2억 원 중 어느 하나에 미달하는 경우와 취득자금 또는 상환자금 출처에 관한 충분한 소명이 있는 경우에는 과세하지 않는다. 아울러 재산취득일 전 또는 채무상환일 전 10년 이내에 주택과 기타 재산의 취득가액 및 채무 상환 금액이 각각 다음 표의 기준에 미달하고, 주택 취득자금, 기타 재산 취득자금 및 채무 상환 금액의 합계액이 총액 한도 기준에 미달할 때도 증여 추정 규정을 적용하지 않는다.

증여 추정 배제 기준

구분	취득재산		채무상환	총액한도
	주택	기타 재산		
30세 미만	5천만 원	5천만 원	5천만 원	1억 원
30세 이상	1억 5천만 원	5천만 원	5천만 원	2억 원
40세 이상	3억 원	1억 원	5천만 원	4억 원

Q14. 증여세 합산과세는 어떻게 부과되나?

현행 법률은 과세표준에 따른 구간을 다섯 개로 나누어 과세표준 1억 원 이하인 경우에는 10%의 세율을 적용하지만, 마지막 단계인 30억 원을 초과하는 구간에는 50%의 누진세율을 적용하고 있다. 증여세 산정 방식이 누진세율이다 보니 재산을 한 번에 증여하지 않고 여러 번에 나눠 증여함으로써 증여재산 공제를 여러 번받고 누진세율 적용을 회피하는 문제가 발생할 수 있다.

이런 문제 발생을 방지하기 위하여 법은 증여받은 사람이 해당 증여일 10년 이내에 같은 사람(직계존속인 경우 그 직계존속의 배우자 포함)으로부터 증여받은 가액의 합계가 1천만 원 이상일 땐 그 종전에 받은 증여재산총액까지 합산해 과세하도록 규정하고 있다. 다만 창업자금과 가업승계 주식 등은 합산을 배제하고 있다.

Q15. 상속재산으로 보지 않는 재산은 어떤 것인가?

상속세 및 증여세법 제10조와 같은 법 시행령 제6조에 따라 다음의 재산은 상속재산으로 보지 않는다.

① 국민연금법에 따라 지급되는 유족연금 또는 사망으로 인하여 지급되는 반환일시금. ② 공무원연금법 또는 사립학교교직원 연금법에 따라 지급되는 유족연금, 유족연금부가금 또는 재해보상금. ③ 군인연금법에 따라 지급되는 유족연금, 유족연금 부가금, 유족연금일시금, 유족일시금 또는 재해보상금. ④ 산업재해보상보험법에 따라 지급되는 유족보상 연금, 유족 보상일시금, 유족특별급여 또는 진폐 유족연금. ⑤ 근로자의 업무상 사망으로 인하여 근로기준법 등을 준용하여 사업자가 그 근로자의 유족에게 지급하는 유족보상금 또는 재해보상금과 그 밖에 이와 유사한 것. ⑥ 전직 대통령예우에 관한 법률 또는 별정우체국법에 따라 지급되는 유족연금, 유족연금일시금 및 유족일시금.

◆ **간 큰 가족**

2005년에 개봉한 코미디영화로 아버지의 소원인 남북통일을 향한 간 큰 가족들이 벌이는 황당하고 상상을 초월하는 내용이다. 수십 년을 함께 살아온 마누라 앞에서 북에 두고 온 마누라 타령만 해대는 간 큰 남편 김 노인은 오매불망 북에 두고 온 아내와 딸을 만나는 게 소원인 실향민이다.

여느 때처럼 통일부에 북한 주민 접촉 신청서를 내고 돌아오던 김 노인은 그만 발을 헛딛고 계단에서 굴러 병원에 입원하게 되고, 가족들은 김 노인이 '간암 말기'라는 뜻밖의 사실을 알게 된다. 게다가 간암 말기 아버지에게 50억 원의 유산이 있었다는 사실을 알게 된 가족들! 하지만 이 유산은 '통일이 되었을 경우에만 상속받을 수 있다'는 기이한 조항을 달고 있다. (네이버 영화 참조)

제4부 · 자식 위험에 대비하는 방법

5

상속세

절세 방법

　절세와 탈세는 분명 다른 개념이다. 우리는 살아가면서 법이 정한 범위 내에서 가능한 한 절세하는 것이 바람직하다. 이를 위하여 세무사와 변호사 등 전문 직업이 필요한 것 아닌가. 특히 몰라서 절세하지 못한다면 이 또한 금융문맹이라 하겠다. 그럼, 어떻게 하면 상속세를 절세할 수 있을까?

　첫째, 상속재산을 줄여라. 상속재산을 줄이는 방법에는 상속 전(생전)에 줄이는 사전증여와 상속 후(사망 시) 줄이는 방법이 있다.

　사망 후 줄이는 방법에는 세법상 평가 방법을 활용하여 사망일에 망자(亡者)의 재산을 시가로 평가하지 않고 시가보다 낮은 가격으로 평가하여 상속재산을 낮추는 방법이다. 생전 증여 시에는 증여세와 취득세가 추가로 발생할 수 있으며, 시세 상승이 가장 클 것으로 예상

되는 자산을 시세가 낮을 때 증여하면 상속세 절세 효과는 훨씬 크다.

한편 상속세 계산 시 상속재산 가격은 원칙적으로 해당 재산의 시가로 결정하지만, 시가를 파악하기가 어려운 경우에는 상속세법상 정해진 평가 방법으로 해당 자산을 평가한다. 부동산의 경우 사망일 전후 각 6개월 동안 매매 사례 가격, 감정 가격 또는 공(경)매 가격 등이 있으면 이 가격을 시가로 하고, 이 가격이 없다면 해당 부동산의 기준 시가로 한다.

상장주식은 사망일 이전·이후 각 2개월 동안(총 4개월)의 종가 평균으로 하며, 상장 채권은 사망일 이전 2개월 동안 공표된 매일의 거래소 최종 시세 가액의 평균액과 사망일 이전 최근 일의 최종 시세 가액 중 큰 금액으로 한다.

펀드의 경우 사망일 현재의 기준 가격을 적용하며, 예·적금은 예금총액에서 미수이자를 더하고 원천징수 세액을 차감하여 산출한다.

둘째, 공과금과 채무를 최대한 공제받아라. 상속세 과세표준을 산출할 때 공과금과 채무 및 장례비용은 한도 없이 전액 공제받을 수 있으므로 상속세 납부 전 반드시 이를 확인해야 한다.

공과금은 피상속인이나 상속재산에 관련된 소득세와 부가가치세 등 각종 세금과 전기요금, 전화요금 등의 공공요금을 말한다. 다만 사망일 이후 상속인이 책임져야 할 공과금은 제외됨에 유의해야 한다. 상속재산에서 차감하는 채무는 사망일 현재 피상속인이나 상속재산에 관련된 채무로 상속인이 실제로 부담하는 사실이 증명되는 부채여야 한다.

셋째, 상속공제를 최대한 활용하라. 상속공제에는 기초공제, 그 밖의 인적공제, 일괄공제, 배우자 상속공제, 금융재산공제, 동거 주택 상속공제, 재해손실공제가 있다. 거주자의 사망으로 인하여 상속이 개시되는 경우에 상속세 과세액에서 상속공제(기초공제, 배우자공제,

상속공제의 종류

구분		공제 한도
기초 공제	거주자 사망	2억 원
	가업 상속	가업상속 자산 가액에 상당하는 금액 (200~500억 원 한도) 추가 공제
	영농 상속	영농재산총액에 상당하는 금액(15억 원 한도) 추가 공제
그 밖의 인적 공제	자녀 공제	자녀 수 × 1인당 5천만 원
	미성년자공제	미성년자 수 × 1천만 원 × 19세까지의 잔여 연수
	연로자 공제	연로자 수 × 1인당 5천만 원
	장애인 공제	장애인 수 × 1인당 1천만 원 × 기대여명 연수
일괄공제		기초공제 2억 원과 그 밖의 인적공제액의 합계액과 5억 원 (일괄공제) 중 큰 금액을 공제
배우자상속공제		상속 금액이 5억 원 미만: 5억 원 공제 상속 금액이 5억 원 이상: 30억 원 또는 별도 산식에 의한 금액 중 적은 금액
금융재산공제		2천만 원 이하: 전액 2천만~1억 원 이하: 2천만 원 1억 원 초과~10억 원 이하: 순 금융재산총액 × 20% 10억 원 초과: 2억 원
동거 주택상속공제		요건 충족 시 6억 원 한도
재해손실공제		손실 가액

그 밖의 인적공제, 일괄공제, 금융재산 상속공제, 재해손실공제, 동거 주택 상속공제)를 공제할 때 상속공제의 총합계 금액은 다음의 산식에 의해 계산한 공제 적용한도액을 초과할 수 없으며, 공제한도액까지만 공제된다.

넷째, 다양한 상속세 납부 방법을 활용하라. 납부할 상속세가 많을 경우, 분납과 물납 또는 연부연납을 활용하여 납부할 수 있다. 물론 상황에 따라 대출받아 상속세를 납부할 수도 있고, 얼마 전 모 그룹 부회장처럼 보유 주식 일부를 처분하여 상속세를 납부할 수도 있다. 보유 재산을 일정 기간 내 현금화가 가능하다면 분납을 최대한 활용하는 것이 좋다.

반면 분납이 불가능하고 재산 처분도 쉽지 않다면 대출을 받아야 하는데, 이때 활용할 수 있는 방법이 바로 연부연납(年賦延納)이다. 소득세법상 분납은 납부할 세액이 2천만 원을 초과할 경우에는 납부 기한이 지난 후에 2개월 이내에 세금을 분할해서 낼 수 있으나, 연부연납의 경우 최장 20년(증여세는 5년)에 걸쳐 납부할 수 있다. 이 경우 납부할 세액의 120%에 상당하는 담보(금전, 유가증권, 납세보험증권, 납세보증서)를 제공해야 한다.

연부연납 기간은 납세자가 신청한 기간으로 하되, 각 회분의 분할 납부세액이 1천만 원을 초과하도록 기간을 정해야 한다. 연부연납을 하게 되면 납부 기간은 길게 하면서도 낮은 이자(2021년 3월 현재 연 1.2%, 매년 변경 금리 적용)를 부담하는 효과가 있다.

또한 상속재산 중 부동산과 유가증권의 가액이 해당 상속재산총액

251
—

의 50%를 초과하고, 상속세 납부세액이 2천만 원을 초과하며, 상속세 납부세액이 상속재산총액 중 금융재산의 가액을 초과하면 물납신청이 가능하다.

◆ **나이브스 아웃(Knives Out)**

〈스타워즈: 라스트 제다이〉를 연출한 라이언 존슨 감독이 연출한 2019년 영화이며, 재산상속을 둘러싼 다양한 인물 사이에서 범인을 찾는 미스터리 탐정 추리극이다. 브누아 블랑(다니엘 크레이그)이 라이언 존슨 감독의 새로운 살인 추리극에서 겹겹이 싸인 미스터리를 파헤치러 돌아온다.

85세 유명 소설가가 살해된 사건 과정에서 수사를 진행한 사립 탐정의 집요하고 치열한 추리, 가족들 간의 관계와 충격적인 유언, 그리고 간병인의 특이한 증상과 내부에서 나온 범인의 실체까지 마치 한 편의 추리소설을 보는 듯하다. 영화는 애거사 크리스티 작가로 대표되는 고전 추리소설을 닮았다. 추리극을 표방하고 있지만 미국 사회 전체를 아우르는 블랙코미디로 보는 시각도 있다. 이 영화의 흥행 성공으로 속편인 〈나이브스 아웃: 글래스 어니언〉이 제작되었다. (네이버 영화 참조)

6

증여 시

유의 사항

증여란 당사자의 일방이 무상으로 재산을 준다는 의사표시를 하고, 상대방이 이를 승낙함으로써 성립하는 계약을 말한다. 증여계약의 성립에는 따로 특정 방식이 있는 것은 아니지만, 서면으로 진행되지 않은 증여인 경우 아직 이행하지 않은 부분에 대하여 언제라도 각 당사자가 이를 철회할 수 있다. 이번에는 노후에 발생할 수 있는 재산 증여 시 유의 사항에 대해서 알아보자.

첫째, 증여의 조건 등을 문서화하라. 부모 부양 조건으로 자식에게 전 재산을 증여한 부모가 자신을 부양하지 않는다는 이유로 자식을 상대로 소송을 통해 재산을 돌려받으려는 경우가 있는데, 일단 증여를 실행한 이후에는 쉽지 않다. 일명 '먹튀' 불효자를 막기 위해서 작성하는 계약서가 바로 '부담부 증여계약서(일명 효도계약서)'이다.

부담부 증여란 수증자가 증여받는 동시에 일정한 의무를 부담하는 증여를 말한다. 반드시 공증받을 필요는 없으며, 계약 날짜와 두 사람의 이름, 사인 또는 도장 날인은 필수이다. 계약서에 들어가야 할 내용으로 증여 대상과 항목, 자식이 부모에게 이행할 조건과 기간 및 조항 위반 시 반환 약속 등을 명기해야 한다.

둘째, 10년 주기로 나눠서 증여하라. 증여세율은 과세표준 금액이 1억 원 이하인 경우 10%이며, 금액에 따라 최저 10%에서부터 최고 50%까지 누진세율 구조로 되어 있다. 배우자는 10년간 6억 원(2007년 이전에는 3억 원), 직계비속인 자녀들은 5천만 원(수증자가 미성년자인 경우 2천만 원)까지는 공제받을 수 있다. 따라서 배우자에게는 10년 주기로 6억 원을, 자녀에게는 5천만 원을 증여한다면 증여세 부담을 줄일 수 있다.

증여세 면제 한도

수증자	배우자	직계존속	직계비속(성인)	직계비속(미성년)	기타 친족
공제한도액	6억 원	5천만 원	5천만 원	2천만 원	1천만 원

주) 기타 친족: 배우자, 직계존비속을 제외한 6촌 이내 혈족, 4촌 이내 인척.

셋째, 증여세는 3개월 이내에 신고하라. 증여세는 증여일이 속하는 달의 말일로부터 3개월 이내에 신고해야 하는데 신고 기한까지 자진하여 신고하면 납부해야 할 증여세액의 3%를 공제받을 수 있기 때문이다.

증여세 신고 시 필요 서류는 계좌이체 영수증, 가족관계증명서, 주민등록등본이며, 계좌이체 영수증에는 이체 일자, 금액, 송금인 이름, 수취인 이름이 확인되어야 한다. 배우자로부터 증여받아 부동산을 취득하는 경우, 배우자 공제제도에 의해 증여세를 납부하지 않더라도 취득세 등은 납부해야 한다.

넷째, 부부 공동명의가 유리하다. 물건을 기준으로 부과되는 취득세, 재산세 등과 사람을 기준으로 부과되는 종합부동산세, 종합소득세, 양도소득세는 대부분 부부 공동명의가 유리하다. 왜냐하면 양도소득세 기본 공제도 받을 수 있고, 양도차익도 분산되어 낮은 세율을 적용받을 수 있기 때문이다.

다섯 번째, 직계존비속 간이나 특수 관계인 간의 금전대차는 증여로 볼 가능성이 높기 때문에 주의해야 한다. 금융자산을 증여가 아니라 대차하는 경우 차용증, 금전대차 계약서 등 해당 목적에 맞게 적절한 서류를 작성해 두는 것이 좋다. 또한 당연히 원금과 이자에 대한 상환명세가 있어야 증여로 보지 않는다. 이자는 법정이자율인 연 4.6%로 계산하면 된다.

여섯 번째, 증여한 것을 다시 취소할 때는 3개월 이내에 해야 한다. 증여를 취소하고 해당 자산을 다시 반환받는 경우의 반환자산에 대해서도 증여세가 부과될 위험이 있다. 증여세를 면제받기 위해서는 금전 이외의 자산은 증여일로부터 3개월 이내에 반환하여야 증여 시 자산과 반환자산 모두에 대해서 증여세를 부과하지 않는다. 그러나 3개월 이후부터는 증여세가 별도로 부과된다.

일곱 번째, 국세청 홈택스(www.hometax.go.kr)를 활용하라. 세법상 증여세는 증여받은 사람(受贈者)이 납부하는 것이 원칙이기 때문에 증여세를 부모가 대신 내주면 세금 또한 증여로 보기 때문에 추가 과세가 될 수 있다. 그러므로 국세청 홈택스를 통해서 증여세를 납부한다면 증여받은 자녀 명의로 가입한 홈택스 아이디로 세금을 납부하는 것이 좋다.

◆ **상속 작전(Greedy)**

1994년에 개봉한 미국 코미디영화 〈상속 작전(Greedy)〉은 고철 처리장을 비롯한 여러 사업체를 소유하고 있는 갑부 노인의 재산을 상속받기 위한 주변 친척들의 인간적인 모습들을 코믹하게 그리고 있다. 백만장자인 조 맥티그의 재산을 호시탐탐 노리는 친척들은 그의 시중을 드는 간호사 말리가 그의 재산을 노릴까 봐 노심초사한다. 그들은 그녀를 감시하기 위해 어린 시절 조 맥티그의 사랑을 독차지했지만, 지금은 연락을 끊고 사는 조카 다니엘을 집으로 불러들인다. (네이버 영화, 다음 영화, 씨네 21 참조)

시간 위험에
대비하는 방법

1

은퇴 후

시간 위험

은퇴자에게 닥치는 여러 가지 위험 중 시간 위험이 있다. 30년 직장 생활을 한 사람이 직장에서 보낸 시간을 계산해 보면 78,000시간(10시간 × 260일 × 30년)이 된다. 은퇴 후 보내는 하루 24시간 중에서 수면 8시간, 식사(준비와 실제 식사에 걸리는 시간) 3시간, 개인 유지 활동(세면, 화장실 등) 2시간을 빼고 나면 11시간의 여유 시간이 생긴다. 60세에 은퇴하고 80세까지 활동한다고 가정하면 8만 시간(11시간 × 365일 × 20년)이 생기며, 30년 직장 생활을 하면서 보낸 시간과 비슷한 시간을 보내야 한다.

문제는 이 시간을 어떻게 보낼 것인가 하는 것이 바로 위에서 언급한 시간 위험이다. 물론 이 많은 시간 중 일정 부분은 요양원 또는 요양병원에서 보내겠지만, 은퇴 후 적어도 15~20년은 무언가를 하면서 시간을 보내야 한다.

은퇴 후 주어지는 많은 시간을 어떻게 관리하는 것이 좋을까? 라이나생명보험의 사회공헌재단인 라이나전성기재단에서 발행하는 월간잡지 『전성기(www.junsungki.com)』에는 은퇴 후 시간 관리법 다섯 가지와 은퇴 후 모자라는 시간을 효율적으로 활용할 수 있는 시간 테크닉 다섯 가지를 다음과 같이 제시하고 있다.

시간 관리법 및 시간 테크닉

시간 관리법	①	습관화 · 패턴화로 생활을 단순하게 바꾼다. 자신만의 루틴을 찾아라
	②	삶에 여백을 만들어라. 아무것도 하지 않는 여유가 필요하다
	③	배우자(가족)와 더 많은 시간을 가져라
	④	은퇴 후 시간표에 배움의 시간표를 반드시 넣어라. 60세 이상 은퇴자들이 TV 시청에 보내는 시간이 하루 평균 3시간 27분이다.
	⑤	건강관리 스케줄은 절대로 빠뜨리지 마라. 자신의 생체리듬을 파악하고 적절한 수면시간을 확보해라.
시간 테크닉	①	최신쇼핑 기술을 배워라. 생필품 구매는 온라인으로 하라
	②	생활공간을 줄여라. 집을 줄이면 생활비도 줄이고 생활도 간편해지며 집 안 청소에 드는 시간도 줄어든다.
	③	요리에 들어가는 시간을 줄여라. 요리에 들어가는 시간을 줄이는 만큼 다른 일을 할 수 있다.
	④	가사 부담을 줄여주는 가전제품을 적극적으로 활용하라. 식기세척기와 로봇청소기를 적극적으로 추천한다.
	⑤	일상에서 결정과 선택의 수를 줄여라. 스티브 잡스가 청바지에 검은색 터틀넥을 입는 이유는 선택에 드는 시간과 에너지를 줄이기 위해서이다.

한편, BNP파리바 카디프생명에서는 은퇴 후 시간 관리법으로 ① 습관화 · 패턴화로 내 일상의 루틴 만들기, ② 삶의 여백 만들기, ③

적극적 여가 활동, ④ 놀 준비를 하자, ⑤ 나다운 삶, 자아 찾기를 제시하고 있다.

또한 은퇴 후 8만 시간을 행복하게 보내는 방법으로 돈, 건강, 일, 여가, 관계의 다섯 가지 요소가 균형을 이루는 것이 중요함을 강조하고 있다. 현존하는 최고의 시간 관리 전문가 중 한 사람인 로타르 J. 자이베르트는 『독일 사람들의 시간 관리법』이라는 책에서 시간을 컨트롤하기 시작하면 인생의 80%를 하고 싶은 일에 쓸 수 있다고 하였다.

사람들은 각자 추구하는 가치관과 사고방식이 다르기 때문에 은퇴 후 시간 관리 방법도 천차만별이다. 나는 은퇴 후 다음 네 가지 시간 관리 원칙을 최대한 지키려고 노력하고 있다.

첫째, 꿈(dream=passion)을 가져라. 나이가 든다는 것은 점점 꿈이 없어지는 것과 같다. 은퇴 후에도 꿈이 있어야 그 꿈을 달성하기 위해 은퇴 후 주어지는 많은 시간을 효율적으로 활용할 것이다.

둘째, 지금(현재)을 즐겨라. 영어 단어 'present'는 '지금, 현재'라는 의미도 있지만 '선물'이라는 뜻도 있다. 즉 지금, 현재는 신이 우리에게 준 최대의 선물이다. 로마 시대 시인 호라티우스도 "말하는 사이에도 우리를 시샘한 세월은 흘러갔다. 내일은 믿지 마라. 오늘을 즐겨라."라고 하였다. 은퇴 후 남은 기대여명을 생각한다면, 지금 이 순간이 허투루 소비할 수 없는 너무나 소중한 시간이다.

셋째, 나만의 취미 생활을 해라. 일주일 내내 등산만 갈 수는 없지 않은가. 어떤 취미 생활도 좋다. 본인에게 맞는 취미 생활을 즐겨라. 특히 부부가 같이 취미 활동을 할 수 있다면 금상첨화이다. 부부 금실도 좋아지고 건강관리도 가능한 일석이조의 효과를 볼 수 있다. 골프를 좋아하는 사람이라면 스크린골프도 부부가 같이할 수 있는 가성비 좋은 취미 생활 중 하나이다.

넷째, 진짜 하고 싶은 공부를 해라. 여기서 이야기하는 공부란 학교 공부와 같이 어쩔 수 없이 하는 공부가 아니다. 진정 내가 배우고 싶고, 알고 싶은 분야를 공부하는 것이다. 은퇴 후 방송통신대학에 입학하여 평소 공부하고 싶었던 분야에 대해 만학(晚學)의 열정을 불태우는 것도 좋은 방법이다.

그러나 은퇴 후 사람들이 사용하는 다음의 시간 관리 방법은 가급적 피하는 것이 좋다. 먼저, 슈퍼 노인 증후군이다. 은퇴 후 갑자기 늘어난 자유 시간을 즐기지 못하고 죄책감을 느끼는 경우이다. 한가롭게 여유를 즐기는 시간을 견디지 못하고 강박적으로 무언가를 해야 한다고 생각하는 사람들이다. 현직에 있을 때처럼 여전히 나 자신이 살아 있음을, 열정적으로 활동하고 있다는 것을, 아직 내가 사회에서 밀려나지 않았음을 보여 주기 위해 시간을 무리하게 사용하는 경우이다. 이제 더 이상 다른 사람들에게 보여 주기 위한 인생을 살 필요는 없다.

다음은 '백수(白手)가 과로사(過勞死)한다.'라는 우스갯소리처럼, 각종 사교 모임과 동창 모임 등에 열심히 찾아다니는 경우이다. 이런 사교 모임은 일시적 즐거움은 얻겠지만 뚜렷한 목적이 없는 모임은 오래갈 수 없다. 50명이 참석하는 고등학교 동기 모임에 나가서 몇 명의 친구들과 진솔한 대화를 나눌 수 있을까? 은퇴 후에는 인간관계의 다이어트도 필요하다.

　미국의 벤저민 프랭클린은 "인생을 사랑하는가? 그렇다면 단 한
순간도 시간을 낭비하지 마라. 인생은 곧 시간으로 이루어져 있으므
로."라고 하였다. 시간 관리란 자신의 시간과 일에 지배당하는 것이
아니라 지배하는 것이다. 인간은 100년을 살면서 무려 14년을 허송
세월로 보낸다는 말이 있다. 세상 모든 사람에게 공평하게 주어진 시
간을 누가 얼마나 효율적으로 사용하느냐가 한 사람의 인생을 좌우한
다. 내가 오늘 헛되이 보낸 시간은 어제 세상을 떠난 사람들이 그렇게
기다리던 내일이다.

◆ 내가 죽기 전에 가장 듣고 싶은 말(The Last Word)

　은퇴한 광고 에이전시 보스 '해리엇'은 자신의 사망 기사를 미리 확정
하기 위해 사망 기사 전문기자인 '앤'을 고용한다. 까칠한 80세 마녀
와 작가를 꿈꾸는 사망 기사 전문기자, 그리고 말썽꾸러기 문제 소녀
'브렌다'까지 합세해 써 나가는 '해리엇'의 인생 부고 기사. 인생의 마
지막에서 자신의 파트너를 만난 해리엇은 자신의 마지막도 스스로 선
택한 사람이 된다.

　죽기 전에 듣고 싶은 말은 사람마다 다를 것이다. 죽기 전 중요한 것
이 무엇인지, 내 인생은 무엇인지를 알려 주는 영화이다. (네이버 영화
참조)

2

평생 현역과

실질 은퇴 연령

　여러분은 은퇴 후 어떤 꿈을 가지고 계시는가? 늙어 간다는 것은 꿈이 점점 없어지는 것이라고 하였다. 『나이 든다는 것과 늙어간다는 것』이라는 책에서 저자인 빌헬름 슈미트는 멋지게 나이 들어가기 위해서는 나이 듦의 의미를 제대로 이해하고 받아들일 필요가 있다고 하였다. 또한 나이 든다는 것은 각종 능력이 쇠하고 외형이 볼품없어지면서 늙어 가는 것이 아니라, 다른 생명의 성장을 돕고 경험을 이어 전달하며 인생의 또 다른 가능성을 만들어 가면서 늙어 가는 것이라고 하였다.

　영국의 신학자이며 설교자인 조지 휫필드(George Whitefield)는 좀 쉬면서 하라는 주위 사람들의 말에 "녹슬어서 없어지느니, 차라리 닳아서 없어지는 것이 더 낫다."라고 하였다. 은퇴 후 주어지는 8만 여유 시간을 열정적으로 보내는 가장 좋은 방법이 바로 평생 현역으로 뛰는 것이다. 월 1백만 원을 번다는 것은 은행에 정기예금 3억 6천만 원(정기예금 금리 연 4% 가정)을 가지고 있는 것과 동일하다.

OECD 회원국 공식 은퇴·실질 은퇴 연령을 보면 대부분의 선진 국은 공식 은퇴 연령과 실질 은퇴 연령의 차이가 크지 않다. 여기서 실질 은퇴 연령이란 노동시장에서 완전히 빠져 경제활동을 하지 않는 나이를 말한다.

그러나 우리나라 남성의 경우 공식 은퇴 연령은 국민연금 수급 개시 연령인 62세이나, 실질 은퇴 연령은 72.3세로 격차가 무려 10.1년 이나 된다. 실질 은퇴 연령이 공식 은퇴 연령보다 높다는 것은 국민연 금 수급 개시 이후에도 고령층이 노동시장에 상당 기간 남아 소득 활 동을 계속한다는 의미이다. 이는 그만큼 경제적 노후 준비가 부족한 상황임을 나타낸다고 할 수 있다.

OECD 주요국 공식 은퇴·실질 은퇴 연령 (단위: 세)

구분	한국	멕시코	일본	칠레	미국	스웨덴
공식	62	65	65	65	66	65
실질	72.3	71.3	70.8	70	67.9	66.4
차이	10.1	6.3	5.8	5.0	1.9	1.4

자료: 미래에셋투자와 연금센터(데이터솜, 2022.03.17.자), 2018년 남성 기준

최근 『김형석의 인생 문답』이라는 책을 출간하신 김형석 교수는 1920년생이시지만, 활발한 강의 활동과 더불어 『백 년을 살아 보니』

노후설계 행복 콘서트

를 필두로 『영원과 사랑의 대화』, 『백세일기』 등 저술 활동도 꾸준히 하고 있다.

크리스마스카드에 많이 등장했던 그림을 그린 모지스(Anna Mary Robertson Moses) 할머니는 가난한 농부의 딸로 태어나 결혼해서도 농부의 아내로 열심히 살았고, 76세에 평소 하던 자수가 불가능해지자 붓을 들어 그림을 그리기 시작했다. 늦게 시작한 그림이지만 모지스 할머니는 80세에 개인전을 열었고, 88세에 '올해의 젊은 여성'으로 선정되었으며, 93세에는 『타임』지 표지 모델이 되었다. 76세에서 돌아가신 101세까지 무려 1,600여 점의 그림을 남긴 모지스 할머니 이야기는 『인생에서 너무 늦은 때란 없습니다』라는 책에 담겨 있다.

르네상스의 거장 미켈란젤로는 90세에 시스티나 성당 벽화를 완성하였고, 대문호 괴테도 대작 『파우스트』를 60세에 시작하여 82세에 마쳤으며, 작곡가 베르디는 85세에 그 유명한 〈아베마리아〉를 작곡하였다. 향년 105세로 돌아가신 구당 김남수 옹도 돌아가시기 전까지 왕성한 활동을 하셨고, 1880년생인 맥아더 장군도 70세에 한국전에 참전하여 인천상륙작전을 성공적으로 수행하였다.

호서대 설립자인 강석규 박사는 「어느 95세 노인의 수기」에서 다음과 같이 기술하고 있다.

"젊었을 때, 정말 열심히 일했습니다. 65세 때 당당한 은퇴를 할 수 있었죠. 30년 후인 95세 생일 때 후회의 눈물을 흘렸습니다. 남은 인생은 그냥 덤. 30년을 고통 없이 죽기만을 기다렸습니다. 내 나이 95세. 어학 공부를 시작합니다. 이유는 단 한 가지. 105번째 생일날 95세 때 왜 아무것도 시작하지 않았는지, 후회하지 않기 위해서."

물론 평생 현역으로 일한다는 것에 대해 찬반양론이 있을 수 있다. 30년 이상 현역으로 열심히 일했으니, 은퇴 이후에는 그동안 못했던 여행도 다니면서 여가를 보내겠다는 사람도 꽤 많다. 그러나 필자가 만나 본 은퇴자 대부분은 은퇴 이후에 할 일이 없다는 사실에 많은 스트레스를 받고 있다. 어떤 일이든 좋다. 공식 은퇴 이후 실질 은퇴까지 진정 내가 하고 싶은 일을 하면서 경제적 목적도 달성한다면 인생 후반전을 가장 행복하게 보내는 사람이 되지 않을까.

◆ **인턴(The Intern)**

누군가가 나에게 지금까지 본 영화 중 어떤 영화를 가장 많이 보았느냐고 묻는다면 주저 없이 낸시 마이어스(Nancy Meyers) 감독의 〈인턴〉이라고 대답한다. 세대를 초월하고, 직급을 불문한 열정 많은 30세 CEO와 경험 많은 70세 인턴의 직장 생활을 다룬 영화이다. 명절만 되면 항상 TV에 방영되었던 영화이다 보니 대부분이 한두 번은 이 영화를 보았으리라 생각한다.

이 영화는 노후설계 관련해서 행복한 노후 생활을 위해서는 가능하다면 본인이 하고 싶은 일을 하면서 살아야 한다는 것과, 은퇴 후에도 사람은 꿈을 가지고 있어야 하며, 그 꿈을 이루기 위해 노력해야 한다는 두 가지 큰 시사점을 제시하고 있다. (네이버 영화 참조)

3

노후 생활과

카르페 디엠(carpe diem)

영어 단어 'present'에는 '현재와 지금'이라는 의미 이외에 '선물'이라는 뜻도 있다. 왜 present에 선물이라는 뜻이 있을까? 우리가 지금보내는 이 시간은 너무나 소중한, 어제 죽은 사람들이 그렇게 기다리던 내일이기 때문에 신이 우리에게 준 최고의 선물이라는 뜻이다. 『탈무드』에도 "지금 당신이 사는 이 순간은 훗날 당신의 삶에서 가장 멋진 추억이 될 것이다."라고 하였다. 행복한 노후를 보내는 방법의 하나가 신(神)이 우리에게 준 지금을 즐기면서 열심히 사는 것이다.

독일의 신학자 예르크 칭크는 현대인을 '오아시스 물가에서 목말라죽는 사람'이라고 하면서 현대인을 다음과 같이 정의하였다.

"많은 것들을 곁에 두고 다 써 보지도 못하고 죽어 가는 이상한 현대인, 미래의 노후 대책 때문에 오늘을 살지 못하는 희소병에 걸린 현대인, 늘 행복을 곁에 두고도 다른 곳을 헤매며 찾아다니다 일찍 지쳐

버린 현대인, 벌어 놓은 재산은 그저 쌓아 놓기만 했지, 써 보지도 못하고 재산 싸움으로 자식들을 갈라서게 만드는 이상한 부모들이 너무 많이 존재하는 현대인."

라틴어 '카르페 디엠(carpe diem)'은 현재를 즐기(seize the day = pluck the day)라는 의미로, 1990년에 개봉된 영화 〈죽은 시인의 사회〉에서 이제 고인이 된 로빈 윌리엄스가 연기한 키팅 선생이 학생들에게 한 말로 유명하다. 좋은 대학, 직장이라는 미래만 생각하며 학창 시절의 낭만과 즐거움을 포기하고 있는 학생들에게 지금 이 순간이 무엇보다 소중하고 중요함을 깨닫게 해 주었다.

카르페 디엠은 로마 시대 시인 호라티우스가 자신의 시집에 처음으로 사용한 말이다. 로마 황제가 자신의 개인 비서가 되어 달라고 했지만 거절하고 인생을 즐기면서 살아간 호라티우스는 시 「오데즈」에서 "카르페 디엠이란 소리가 들리지 않니? 우리는 언젠가 죽는다. 시간이 있을 때 장미 꽃봉오리를 즐겨라. 너만의 인생을 살아라. 자신의 삶이 잊히지 않게."라고 하였다. 끔찍한 전쟁을 겪으며 두려움과 슬픔에 젖은 로마인들에게 마음 편히 오늘을 소중히 여기며 살자는 메시지를 전한 것이다. "말하는 사이에도 우리를 시샘한 세월은 흘러갔다. 내일은 믿지 마라. 오늘을 즐겨라."

미래를 준비하기 위해 현재를 희생하는 것은 분명 가치 있는 일이다. 그러나 현재를 희생한다고 해서 꼭 미래가 행복해지리라는 보장은 없다. '미래의 나'도 '나'이지만, '현재의 나'도 '나'이다. 너무 미래만 좇다가 현재의 나를 잃어버리는 것은 아닌지, 자신을 환기하는 단어

노후설계 행복 콘서트

가 바로 '카르페 디엠'이다. SNS상에 회자되고 있는 '마지막에 웃는 사람이 좋은 인생인 줄 알았는데 자주 웃는 사람이 좋은 인생이었어.'라는 말과 일맥상통한다.

먹고 싶은 것이 있고 가고 싶은 곳이 있으면 지금 당장 실천에 옮겨라. 어버이날이 있는 5월이 오면 자식들 때문에 가슴앓이하는 부모들이 있다. 갈비를 먹고 싶은데 결혼한 자식들은 아무도 이를 알아주지 않는다. 내가 갈비를 먹고 싶다는 사실을 아는 사람은 이 세상에 나 말고는 없다. 그럼 어떻게 해야 하나? 내 돈 주고 갈빗집에 가서 사 먹으면 된다. 사느라 바쁜 자식들에게 기대지 마라.

내 돈, 내 재산이란 내 앞으로 되어 있는 재산(법률적 재산)이 아니고 내가 죽을 때까지 쓴 돈(실질적 재산)이다. 검은 머리가 하얗게 세고, 눈이 침침해져 잘 안 보이기 시작하고, 갱년기가 와 부부 생활이 어려워진다는 것은 이제부터 돈을 벌기보다는 써야 할 시점이라고 신이 우리에게 경고 메시지를 보내는 것이다. 여행은 가슴이 떨릴 때 가야지, 다리가 떨릴 때 가면 민폐이다. 특히 패키지여행을 갈 때는.

18세기에 괴테는 자신의 문학 작품에 "한 사람은 인생에서 딱 한 번만 살 수 있다."라고 표현하였다. 호스피스 병동에서 생의 마지막을 기다리고 있는 환자들에게 인생에서 가장 후회하는 것이 무엇이냐고 물었을 때, '미래를 걱정하느라 현재를 낭비했던 것'이라는 답변이 가장 많았다고 한다. 이 세상에 태어나는 순서는 있어도 이 세상을 떠나는 순서는 없다는 말이 있다. 행복한 노후 생활을 위하여 다 같이 카르페 디엠! 오늘을 즐기자.

◆ **라스트 홀리데이(Last Holiday)**

병원으로부터 시한부 생명이라고 잘못된 판정을 받은 한 미국 여성이 유럽으로 '마지막 여행'을 떠나서 일으키는 소동을 그린 코미디물로, 알렉 기네스가 주연한 동명의 1950년 작을 리메이크한 작품이다.

백화점에서 주방용품 판매원으로 일하고 있던 조지아 버드는 같은 백화점에서 일하고 있는 숀 매튜스를 좋아하게 된다. 숀 매튜스와 함께 수다를 떨던 조지아 버드는 서랍장에 머리를 부딪쳐 병원에서 CT를 찍게 된다. CT 결과 프린터기가 고장이 나 머리에 종양이 생긴 것처럼 결과가 나왔고, 의사는 그 사실을 모른 채 조지아 버드에게 이대로 가다가는 3주밖에 남지 않았다고 전한다.

노후설계 행복 콘서트

4

취미는

노후 생활의 절친

한국의 중년은 여가 활동을 어떻게 하고 있을까? 통계청의 「2021 사회조사 결과」에 따르면, 조사대상자 중 60세 이상 중년의 경우 주말이나 휴일에 하는 여가 활동으로 TV와 유튜브 등 동영상 시청이 54.7%, 휴식이 22.2%이고, 취미와 자기 계발은 4.7%에 불과한 것으로 나타났다. 반면 앞으로 하고 싶은 여가 활동은 1위가 관광 활동으로 42.6%를 차지하였다. 노후에 다양한 취미 활동을 하고 싶으나, 경제적 여건과 열정 부족 등 여러 가지 사유로 대부분의 사람이 하고 싶은 여가 활동을 못 하는 것으로 파악된다.

은퇴 후 노후 생활에 왜 취미가 필요할까? 은퇴 후 주어지는 많은 시간을 어떻게 보내야 할지 막막해하는 시간 위험을 줄이는 방법으로 취미 생활을 적극적으로 추천한다. 다양한 취미 활동을 즐기면서 노후 생활을 건강하고 열정적으로 보낼수록 더 오래 건강하게 살 수 있다.

구분	동영상 시청	관광 활동	취미	휴식	기타	계
현재 하는 여가 활동	54.7	1.5	4.7	22.2	16.9	100
앞으로 하고 싶은 여가 활동	15.7	42.6	9.8	8.5	23.4	100

자료: 통계청, 60세 이상

　반대로, 스스로 해야 할 일을 찾지 못하거나 할 수 있는 일이 없다고 느낄 때 우울증에 걸릴 수도 있고, 신체의 노화 현상을 촉진할 수도 있다. 이를 극복하기 위해서는 하고 싶은 취미 생활이나 일을 하는 것이 꼭 필요하다. 또한 나이가 들수록 가만히 앉아만 있는 것은 건강에 크게 도움이 되지 않는다. 전문가들은 신체 활동 시간을 늘리는 것이 매우 중요하다고 말한다.

　취미 생활을 하기 위해 어디로 가야 할까? 우리나라는 복지제도가 매우 잘 갖추어져 있다. 집 가까운 곳에 있는 복지관, 구청, 시청, 주민자치센터, 대형마트 문화 교실 등을 이용하면 된다. 이외에도 도서관과 박물관 등에서도 다양한 문화프로그램을 운영하고 있으니, 우리 주변에 있는 다양한 기관들을 활용한다면 적은 비용으로 많은 것을 배울 수 있다.

　이번에는 취미 활동 선택 시 고려 사항에 대해서 살펴보자. 첫째, 가능하면 부담스럽지 않은 선에서, 돈이 많이 들지 않으면서, 내가 사는 주거지 근처에서, 언제든지 할 수 있는 취미가 좋다.

둘째, 이왕이면 가족이나 배우자와 함께할 수 있는 취미 활동을 선택하라. 특히 배우자와 동일한 취미 활동을 한다면 부부지간에 공통적인 관심사가 생기면서 부부 관계가 훨씬 부드러워질 것이다. 골프를 좋아하는 사람이라면 부부가 같이 스크린골프를 즐기는 것도 추천할 만한 노후 취미 활동 중 하나이다.

셋째, 본인의 체력과 나이 등을 감안하여 취미 활동을 선택하라. 무리한 취미 활동은 건강에 오히려 마이너스가 될 수 있고, 지속적인 취미 활동이 어렵다.

넷째, 취미 생활을 두세 가지 병행하라. 취미 활동을 한 가지만 하게 되면 쉽게 싫증을 느낄 수 있다. 따라서 낮에는 자전거 주행을 즐기고 저녁에는 서예를 한다든지, 또는 낮에는 스포츠댄스를 즐기고 저녁에는 바둑을 두는 등 두세 가지 취미 활동을 병행하는 것이 시간 위험을 줄일 수 있는 좋은 방법 중의 하나이다.

다섯째, 이 세상에서 모든 사람에게 가장 좋은 취미는 없다. 사람마다 취향이 다르고, 건강 상태와 체력 등이 다르기 때문에 본인에게 맞는 취미를 선택하면 된다. 남들이 장에 간다고 지게 지고 장에 갈 필요는 없다.

여섯째, 취미 생활을 통하여 약간의 경제적 수입이 생기면 금상첨화이다. 노후에 하게 되는 취미 생활의 끝판왕은 Hobby To Job 족(族)이라 하겠다. Hobby To Job 족(族)은 재취업 또는 이직 대신 전문성을 가진 취미를 인생의 두 번째 직업으로 연결하여 수익을 창출하는 형태를 말한다. 이들에게 취미란 자신이 가장 좋아하고 가장 잘할 수 있는, 가장 자신 있는 일을 업(業)으로 삼을 수 있다는 것이 특징이 있다. 경제적 독립은 물론 의미 있는 노후를 보낼 수 있다는 점에서 은퇴 후 시간 위험에 대처하는 최고의 방법이라 하겠다.

취미를 직업으로 삼기 위해서는 수익성과 더불어 지속성이 있어야 한다. 만약 등산을 좋아한다면 숲 해설가를 하면 된다. 숲 해설가는 숲을 찾아오는 방문객들을 대상으로 숲을 체험할 수 있도록 도와주는 사람이다.

손재주가 있고 내 손으로 직접 무엇을 만드는 일을 좋아하는 사람이라면 목공예를 추천한다. 자신만의 브랜드가 걸려 있는 공방에서 따뜻함과 사랑이 느껴지는 소품을 만들어 가족들에게 선물할 수도 있다. 내가 아는 지인은 은퇴 후 서각(書刻)에 관심을 가지고 블로그 등을 통해 자신만의 서체와 솜씨를 발휘하면서 취미 생활을 경제적 활동으로 연결하고 있다.

그럼 어떻게 하면 취미를 직업으로 연결할 수 있을까? 첫째, 가족과 지인들을 대상으로 시작하는 것이 필요하다. 아무리 전문성을 가지고 있고, 자신이 하는 일에 자신감이 있더라도 이를 믿고 구매하고 관심을 두는 소비자가 없다면 직업으로 이어지기 어렵다. 따라서 자신의 취미 생활 활동을 가장 가까이서 지켜봐 온 가족 또는 지인들을 대상으로 샘플 판매와 기호 테스트 등을 먼저 해 보는 것이 필요하다.

둘째, 즐거움을 바탕으로 해야 한다. 네이버 국어사전에도 '취미'란 '전문적으로 하는 것이 아니라 즐기기 위하여 하는 일'이라 정의하고 있다. 취미의 가장 큰 장점은 즐길 수 있는 일이라는 것이다. 즐거운 일을 할 때 힘이 들지도 않고, 시간 가는 줄도 모르고 몰입할 수 있게 된다.

셋째, 전문성을 가지고 있어야 한다. 아무리 취미이더라도 꾸준한 연습을 통해 자신만의 비결과 차별성을 가지는 것이 중요하다.

영국의 윈스턴 처칠 경은 "진정으로 행복하고 안정된 삶을 누리려면, 적어도 두세 가지의 취미는 갖고 있어야 하며, 그것도 가식이 아닌 아주 진솔한 것으로 지니고 있는 것이 바람직하다."라고 하였다.

돈이 있어야만 취미 생활을 할 수 있는 것은 아니다. 하고자 하는 열정과 이를 뒷받침해 주는 건강만 있다면 얼마든지 취미 생활을 할 수 있다. 인간관계가 점점 줄어들게 되는 은퇴 이후에는 자신에게 알맞은 취미 생활이야말로 진정한 친구가 아닐까.

제5부 · 시간 위험에 대비하는 방법

5

버킷리스트와

엔딩노트

영화 〈버킷리스트〉에 나오는 목록을 보면 ① 스카이다이빙 하기, ② 스포츠카 무스탕으로 자동차 경주하기, ③ 영구 문신 새기기, ④ 이집트 피라미드, 인도 타지마할 보기와 홍콩 여행, ⑤ 오토바이로 중국 만리장성 질주, ⑥ 낯선 사람 도와주기, ⑦ 눈물 날 때까지 웃기 등 일상의 사소한 일들에서부터 많은 돈과 시간이 필요한 일들까지 다양하다.

두 사람은 버킷리스트를 실천에 옮기기 위한 여행을 통하여 이 시간이 인생 최고의 순간이며, 서로의 인생에 있어서 최고의 기쁨과 의미와 삶의 보람을 느낀 시간이라고 생각한다. "인생은 짧다. 젊을 때 즐겨라."는 영화 〈버킷리스트〉에 나오는 명대사 중 하나이다.

여기서 버킷리스트는 'kick the bucket'에서 유래한 단어이다. 약간 높은 곳에 올라가서 목을 매고 양동이를 발로 차서 스스로 죽는다는 뜻이기 때문에 양동이를 발로 찬다는 것은 죽음을 의미하며, 이러한 죽음 이전에 꼭 하고 싶은 일을 버킷리스트라고 한다. 즉, 내 생(生)에 꼭 하고 싶은 일들을 말한다.

이와 유사한 일본판 버킷리스트에는 〈엔딩노트〉라는 영화가 있다. 2012년 11월에 개봉한 60대 가장의 죽음을 그린 영화로, 정년퇴직한 아버지가 암을 선고받고 삶을 정리해 가는 과정을 딸의 시각에서 바라본 다큐멘터리 영화이다. 인생의 마지막을 맞이하면서 부인과의 대화를 담은 장면이 화면에 비칠 땐 모두가 숙연해질 수밖에 없다. 바로, 지금, 여기서 내가 무엇을 해야 할지를 생각하게 하는 영화이다.

영화 〈엔딩노트〉 주인공의 버킷리스트를 보면 ① 소홀했던 가족을 위해 가족 여행 떠나기, ② 손녀들과 맘껏 놀아 주기, ③ 평생 믿지 않았던 신을 믿어 보기, ④ 한 번도 찍어 보지 않았던 야당에 투표하기, ⑤ 자신의 장례를 치를 장례식장 고르기 등 사소하지만 절대 사소하지 않은 일이다. 실제 일본에서는 법적인 효력은 없지만, 엔딩노트가 판매되고 있다고 한다.

국내에서 출판된 버킷리스트 관련 책들을 살펴보자. 2011년에 출간된 『버킷리스트: 죽기 전에 이뤄야 할 자신과의 약속』, 『죽기 전에 가 봐야 할 국내 여행 버킷리스트』 등 여행 관련 책들과 『버킷리스트: 운명을 바꾸는 종이 위의 기적』 등이 있다. 『버킷리스트: 죽기 전에 이뤄야 할 자신과의 약속』은 오랫동안 간직해 온 꿈부터 일상의 작은 실천까지 버킷리스트를 작성하고 실천해 간 실제 사례들을 풍부하게 소

277

제5부 · 시간 위험에 대비하는 방법

개하고 있다.

여러분의 버킷리스트는 무엇인가? 은퇴 후 죽기 전까지 하고 싶은 것들을 종이에 적으면 바로 버킷리스트가 된다. 나의 인생 3막 버킷리스트는 ① 대학원 박사 과정, ② 65세까지 경제 활동하기, ③ 노후 설계 책 집필, ④ 스페인 여행(산티아고 순례), ⑤ 성서 공부(자원봉사), ⑥ 유튜브 활동(노후 재무 설계) 등이며, 차근차근 버킷리스트를 실행에 옮기고 있다.

그럼, 버킷리스트는 어떻게 작성할까? 지금 당장 하고 싶은 것들을 생각나는 대로 적으면 된다. 어떤 사람은 퇴직 후 버킷리스트 100가지를 작성한 후 실행에 옮긴 과제는 리스트에서 삭제한다고 했다.

그런데 버킷리스트를 작성하라고 하면 대부분 본인의 버킷리스트만 작성하여 실천하는 경향이 있다. 은퇴 후 노후 생활은 혼자 하는 게임이 아니라 부부가 같이하는 협동 게임이다. 따라서 버킷리스트를 작성할 때 가급적 부부가 같이 협의하여 작성할 것을 권하고 싶다.

은퇴 후 기대여명이 25~30년이고, 평균 건강수명이 67년임을 감안할 때, 버킷리스트 작성은 은퇴 전 꼭 실천해야 하는 사전 준비 활동이라 할 수 있다. 무엇이든 좋다. 죽기 전에 꼭 해 보고 싶은 것들을 종이에 차례대로 적은 후 하나하나 실천해 가다 보면 남은 노후 생활이 재앙이 아니라 축복이 되지 않을까? 오늘 저녁만큼은 100세 시대 행복한 노후를 위하여 오롯이 여러분의 버킷리스트를 작성하는 시간이 되었으면 좋겠다.

◆ **버킷리스트(Bucket List)**

2008년에 상영되었으며 영화배우 모건 프리만(Morgan Freeman)과 잭 니컬슨(Jack Nicholson)이 주연한 영화이다. 각각 시한부 인생을 남겨 두고 우연히 같은 병실에 입원하게 된 두 사람. 가난하지만 한평생 가정을 위해 헌신을 하며 살아온 정비사 '카터'(모건 프리만)와 자수성가한 백만장자이지만 괴팍한 성격에 아무도 주변에 없는 외로운 사업가 '에드워드'(잭 니컬슨).

공통점이라곤 티끌조차 없는 이 두 사람의 유일한 공통점은 오로지 앞만 보고 달려온 인생과 그 끝이 얼마 남지 않았다는 것. 우연히 에드워드는 카터가 만들어 놓은 버킷리스트를 보고서, 망설이는 카터를 설득하여 버킷리스트를 실행하기 위한 두 사람만의 여행을 떠나게 된다. (네이버 영화, 나무위키 버킷리스트 참조)

제5부 · 시간 위험에 대비하는 방법

건강 위험에
대비하는 방법

1

죽음을

준비하는 시대

여러분은 죽음에 대해서 생각해 보신 적이 있는가? 죽음이란 생명 활동이 정지되어 다시 원상태로 돌아오지 않는 생물의 상태를 말하며, 생물의 생명이 없어지는 현상을 가리키는 일반 용어이다. 죽어 간다는 것은 삶의 한 부분이며, 우리가 죽음을 두려워하는 것은 지극히 자연스러운 현상이다.

독일 저널리스트 롤란트 슐츠(Roland Schulz)는 『죽음의 에티켓』이라는 책에서 "인간은 평생 자신이 반드시 죽는다는 걸 부인하기 위해 노력한다. 그리고 바로 그 이유로 생각하는 존재가 되었다."라고 말한다. 오스트리아 철학자 곰페르츠(Theodor Gomperz)는 서른 살이 되면서부터 인간은 8년에 한 번씩 바로 다음 해에 죽을 확률이 두 배로 높아진다는 죽음의 법칙을 이야기하였다.

미국의 정신과 의사이자 세계 최초로 호스피스운동을 전개한 엘리자베스 퀴블러 로스(Elizabeth Kubler Ross)는 말기 환자 5백여 명을 인터뷰하여 쓴 책 『죽음과 죽어 감(On Death and Dying)』에서 사람이 죽음을 선고받고 이를 인지하기까지의 과정을 5단계로 나누어 설명한다.

1단계는 부정(denial)의 단계로, 제일 먼저 자신의 상황을 부정한다. '아니야, 그럴 리가 없어, 검사가 잘못된 거겠지.'와 비슷한 말을 하면서 수많은 병원을 돌아다니고, 다른 사람이 자신에 관해 물어보면 별일 아니라는 식으로 이야기한다.

2단계는 분노(anger)의 단계로, 자신 주변의 모든 것이 분노의 대상이 된다. '다른 사람은 다 멀쩡한데 왜 나만 이렇게 된 거지?' 혹은 '왜 그 수많은 사람 중에 나지?'와 같은 말을 하며 가족, 친구, 의사, 혹은 신에게까지 분노를 표출한다. 감정 기복이 심하기 때문에 주변 사람들이 어떠한 행동을 하더라도 그것을 분노로 연결해 주변 사람들이 굉장히 다루기 어려워한다.

3단계는 타협과 협상(bargaining)의 단계로 죽게 된다는 상황도 받아들이고, 분노도 충분히 표출했으며 더 이상 상황이 나아지지 않을 것이라는 걸 깨닫고 상황을 미루려 한다. 이는 협상의 형태로 나타난다. 죽음을 앞둔 사람의 경우 생명의 연장이라는 목적을 이루기 위해 신에게 맹세하는 경우가 많다.

4단계는 우울과 절망(depression)의 단계로, 결국 협상도 되지 않는다는 것을 깨달으면서 극심한 우울 증세가 나타난다. 이 단계에선 증상이 더욱 확실하게 나타나 환자도 알아차릴 수 있다. 우울증은 자기

283

가 죽으면 남겨질 사람들에 대한 걱정으로 발생하는 우울증과 가족과 친구들을 잃는다는 생각에 발생하는 예비적 우울증으로 나뉜다.

5단계는 수용(acceptance)의 단계로, 모든 감정이 지나간 뒤 상황을 받아들이게 된다. 이 단계에선 우울하지도 않고 활기차지도 않으며 차분하게 자신의 감정을 정리하는 시간을 가진다. 환자는 눈에 띄게 약해지고 뭔가 의미 있는 일을 하려 한다.

여러분은 죽음을 맞이하면서 묘비명에 어떤 말을 남기고 싶은가? 1926년 노벨문학상을 받은 영국의 극작가인 조지 버나드 쇼(George Bernard haw)의 묘비명에는 "충분히 오래 어슬렁거리면 이런 일이 일어날 줄, 난 알았어(I Knew if I stayed around enough, Something like this would happen)."라고 적혀 있다.[5]

로마 트라야누스(Trajanus) 황제를 보필했던 신하 시밀리스라는 일생을 편안하고 순탄하게 보냈지만, 그의 묘비명에는 "나는 땅 위에서 76년을 머물렀고, 7년을 살았다."라고 되어 있다. 그의 일생 76년 중 겨우 7년만 자기 인생이고 나머지는 황제를 위해 살았다는 뜻이리라.

코미디 프로그램인 〈왈가닥 루시(I Love Lucy)〉의 루실 볼(Lucille Ball)은 나중에 인생을 돌아볼 때 '젠장, 해 보기라도 할걸….'이라고 말하는 것보다는 '세상에, 내가 그런 짓도 했다니!'라고 말하는 편이 낫다고 하였다.

· · ·

5 우물쭈물하다가 이렇게 될 줄 알았지.

호스피스 간호사인 브로니 웨어(Bronnie Ware)가 쓴 『내가 원하는 삶을 살았더라면(The Top Five Regrets of the Dying)』이라는 책에는 죽을 때 가장 후회하는 다섯 가지를 다음과 같이 제시하고 있다.

- 난 나 자신에게 정직하지 못했고, 따라서 내가 살고 싶은 삶을 사는 대신 내 주위 사람들이 원하는 삶을 살았다.
- 그렇게 열심히 일할 필요가 없었다. 대신 가족과 시간을 더 많이 보냈어야 했다. 어느 날 돌아보니 애들은 이미 다 커 버렸고 배우자와의 관계조차 서먹해졌다.
- 내 감정을 주위에 솔직하게 표현하며 살지 못했다. 내 속을 터놓을 용기가 없어서 순간순간의 감정을 꾹꾹 누르며 살다 세월 다 가 버렸다.
- 친구들과 연락하며 살았어야 했다. 다들 죽기 전에 얘기하더라고 한다. '친구 ○○을 한번 봤으면.'
- 행복은 결국 내 선택이었다. 훨씬 더 행복한 삶을 살 수 있었는데 겁이 나 변화를 선택하지 못했다.

죽음학 권위자인 최준식 교수는 죽음을 '또 다른 시작'으로 본다. 최 교수는 죽음은 몸의 허물을 벗고 영혼이 영적 세계로 가는 것이며, 소멸(消滅)이나 마지막이 아니라 또 다른 세계, 또 다른 차원으로 이동하는 것이라면서 중환자실에서 임종을 맞이하는 것은 피해야 한다고 하였다. 또한 바람직한 죽음의 5단계를 다음과 같이 제시하였다.

- 임종이 임박한 시점까지 건강해야 한다.

- 의식은 확실히 깨어 있어야 한다.
- 그렇게 있다가 임종이 닥쳐오면 약 2주나 한 달 정도만 건강이 나빠지는 것이 좋다. 갑작스레 이승을 떠나기보다 죽음을 준비하면서 다음 세상을 맞이할 준비를 하는 것이다.
- 가족과 친지들과 충분하게 이별을 나눈다. 이렇게 마음을 정리한다.
- 이런 시간을 보내다 때가 되면 사랑하는 가족들이 보는 가운데 편안하게 죽음을 맞이한다.

나이 들어가면서 언젠가 맞이하게 될 죽음을 사전에 준비하는 것도 현명한 노후 생활을 보내는 한 방법이라 생각한다.

◆ **그린 마일(Green Mile)**

사형수와 교도관의 우정을 그린 미국 영화이며, 톰 행크스가 주연을 맡았다. 프랭크 다라본트 감독의 데뷔작 〈쇼생크 탈출〉의 원작 소설가 스티븐 킹과의 두 번째 협업 작품이다. 여기서 그린 마일은 '라스트 마일'이라고도 하며, 마지막 사형수가 집행을 위해 걸어가는 길이 녹색 바닥으로 깔려 있어 그린 마일이라고 불리던 것에서 제목을 따온 영화이다.

단지 흑인이라는 이유로 살인 누명을 쓰고 교도소에 사형수로 들어간, 신이 주신 특별한 능력을 갖춘 존 커피에 대한 이야기를 주로 그리고 있다. 비록 사형수이지만 그들의 인권을 존중하며 마지막 가는 길까지 최선을 다하는 폴과 그의 동료 교도관들의 노력이 인상적인 영화이다. 특히 마지막 사형 집행 전 자신의 죄를 뉘우치는 사형수들의 모습이 가슴에 와 닿는다.

상영 시간이 188분임에도 불구하고 배우들의 탁월한 연기력 덕분에 지루하지 않으며, 2000년대 명작 영화로 꼽히고 있다. (네이버 영화, 왓챠피디아 참조)

2

노후 친화적

보험

　100세 시대에 꼭 피해야 할 세 가지 폭탄은 암, 치매, 중풍 등 치명적 질환과 사별(死別) 및 장성한 미혼 자녀의 귀환이라고 한다. 이 중 첫 번째 폭탄이 바로 건강 위험인데, 건강 위험은 치료비 등 경제적 손실뿐만 아니라 인간답게 살 수 있는 최소한의 권리마저도 앗아 가는 경우가 많다. 따라서 건강은 행복한 노후 생활에 있어서 소중한 것 중 하나이다.

　우리나라 사람들이 65세 이상의 나이부터 죽을 때까지 지출하는 의료비는 얼마나 될까? 국민건강보험공단의 「2021년 건강보험 통계연보」에 따르면 국민건강보험에서 급여하는 총진료비 95.4조 원 중에서 65세 이상 고령층의 진료비 비중은 43.4%인 41.4조 원이나 된다. 또한 65세 이상 고령자의 1인당 연간 진료비는 2021년 전체 적용인구 1인당 평균 진료비 186만 원보다 2.7배 많은 509만 원이다.

평균수명인 84세까지 생존한다고 가정하면 65세 이상 지출하는 의료비는 9,671만 원이며, 이 중 본인부담금을 20% 수준으로 계산하면 1,934만 원이 본인부담금이다. 은퇴 이후 노후 생활을 보내면서 부담하게 되는 의료비는 원칙적으로 보험으로 해결하는 것이 바람직하다. 노후 의료비 부담을 줄이기 위한 노후 친화적인 보험 상품은 어떤 것이 있을까?

첫째, 치매보험이다. 치매는 조기 발견이 중요하며, 장기간 진행되는 질환이기 때문에 치매보험에 미리 가입하고 치매 진단 확정 시 보장받는 것이 많은 도움이 된다. 치매 정도를 판단하는 경도인지장애 (mild cognitive impairment)는 자연스러운 노화 현상과 치매의 중간 단계이다. 일종의 치매 전조 증상이라고 할 수 있는데, 증상에 따라 7단계(GDS: Global Deterioration Scale)로 구분하고 있다.

경도인지장애 7단계

1단계	인지 장애가 없는 상태, 임상적으로 정상
2단계	매우 경미한 인지 장애, 건망증, 직장/사회생활에 문제가 없음
3단계	경미한 인지 장애, 분명한 장애를 보이는 초기 상태, 객관적인 기억장애
4단계	중등도의 인지 장애, 홀로 외출하기와 금전 관리를 하는데 지장
5단계	초기 중증의 인지 장애, 초기 치매 상태, 전화번호 등을 기억하지 못함
6단계	중증의 인지 장애, 중기 치매, 최근의 사건/경험을 기억하지 못함
7단계	모든 언어 구사 능력이 상실된 말기 치매

경도인지장애 상태는 알츠하이머병을 조기에 발견할 수 있는 단계이기 때문에 치매를 늦추거나 예방하기 위해선 경도인지장애 판단 여부를 가리는 것이 우선이다. 만약 경도인지장애를 진단받게 되면 적절한 약물요법과 함께 두뇌 훈련을 통하여 치매로 진행되는 속도를 늦추는 것이 중요하다. 보건복지부의 「대한민국 치매 현황 2020」 자료에 의하면 2019년 65세 이상 노인 인구수 7,718,616명 중 전국 65세 이상 치매 상병자 수는 864,805명으로 치매 유병률은 1.2%나 된다.

치매 상병자 수 및 추정 치매 환자 추이 (단위 : 명)

구분	2011년	2019년	2030년(E)	2050년(E)
치매 상병자	312,221	864,805	1,360,864	3,023,404
노인인구	5,525,630	7,718,616	12,979,573	19,007,129
비율	5.6%	11.2%	10.5%	15.9%

자료 : 보건복지부, 대한민국 치매 현황

치매보험은 환자 본인에게는 인간성 상실을 가져와 가족에게 가장 잔인한 질병인 치매를 보장하는 보험으로, 보험사마다 지급 기준에 따른 보장 금액 한도와 중증 간병자금의 최대 지급 기준 등이 다양하다. 일반적으로 보험회사는 치매의 종류를 혈관성치매, 알츠하이머, 루이소체미채 등 30여 개로 분류해 놓고 약관에 명시된 치매만 보상하고 있다. 따라서 보험료 대비 치매 등급별 지급 금액, 중증 치매 시 지급 조건 등을 꼼꼼히 따져 보고 가입하는 것이 중요하다.

노후설계 행복 콘서트

둘째, 간병보험도 준비하자. 간병보험은 다른 사람의 병간호가 필요한 경우 보험회사가 간병자금 또는 간병인을 지원하는 보험 상품이다. 보건복지부 자료에 의하면 치매 환자 1인당 연간 관리 비용은 2010년 1,851만 원에서 2019년에는 2,072만 원으로 추정된다. 이는 2019년 4분기 60세 이상 노인 가구주 가구당 연간소득(4,151만 원)의 절반에 해당하는 금액으로, 사전 준비가 없다면 심각한 경제적 부담을 줄 수 있다.

특히 연간 관리 비용 중 직접 의료비는 의료보험으로 해결한다고 하지만, 의료보험 적용이 되지 않은 병간호비용은 간병보험으로 해결하자. 또 같은 상품이더라도 나이, 성별, 보험회사에 따라 실제 납입하는 보험료가 달라진다는 점에도 유의해야 한다. 간병인 지급 기준도 보험회사가 지정한 기관에서 간병인을 신청할 수 있는 보험이 있고, 자체적으로 간병인을 사용하고 발생한 비용의 일부를 청구할 수 있는 두 가지 형태가 있다.

셋째, 실버암보험 가입이다. 가입 연령은 만 61세부터 80세까지로 일반 암보험에 비해서 가입 연령이 높게 설정되어 있으며, 가입 후 일정 기간이 지난 시점부터 보장이 개시되기 때문에 보험금이 100% 지급되는 시점이 언제인지를 비교하는 것이 중요하다. 보험계약일 이후 1~2년 이내 암 진단 확정 시 보험금의 50%만 지급되며, 암 진단 확정 시점 및 암 종류에 따라 보험금이 다르다.

넷째, 노후실손의료보험이다. 고령자 가입이 어려웠던 일반 실손

의료보험의 한계를 보완하여 2014년 8월부터 시행된 보험으로, 통상 만 50~75세인 경우 심사를 거쳐 가입이 가능하다. 보험료는 일반 실손 의료보험의 70~80% 수준이며, 보장 금액 한도는 입원·통원 구분 없이 연간 1억 원이다.

지금까지 기술한 내용을 표로 정리하면 다음과 같다.

노후 친화적 보험

구분	급여항목	비급여 항목	병간호비용
건강보험	적용	미적용	미적용
진료비	보건복지부 장관이 가격 결정 고지	병원에서 자체 결정	자율결정
비용 부담	건강보험공단+ 본인(환자)	본인 부담 (환자)100%	본인 부담 (환자)100%
	⇩	⇩	⇩
보험	건강보험, 치매보험, 실버 암보험	노후 실손 의료보험	간병보험

3

장기요양 등급 신청과

치매

100세 시대의 도래와 함께 핵가족화 및 가족 구성원의 경제 활동 참여가 활발해지면서 가족의 부담으로 인식되던 장기요양 문제가 이제 더 이상 개인이나 가계의 부담이 아니라 사회적 · 국가적 책무로 변하고 있다.

이와 같은 사회 환경의 변화와 이에 대처하기 위하여 선진국에서는 장기요양보장 제도를 도입하여 운용하고 있다. 이에 따라 우리나라도 2008년 7월부터 노인장기요양보험 제도를 시행하고 있는바, 건강보험제도와는 별개로 운영하고 있다. 그러나 제도 운용의 효율성을 도모하기 위하여 보험자 및 관리 운영기관을 국민건강보험공단으로 일원화하고 있다.

노인장기요양보험은 국고 지원이 가미된 사회보험 방식을 채택하고 있고, 재원은 가입자가 납부하는 장기요양보험료 및 국가 지방자

치단체 부담금, 장기요양급여 이용자가 부담하는 본인부담금이다. 또한 고령이나 노인성 질병 등으로 인하여 혼자의 힘으로 일상생활을 영위하기 어려운 대상자에게 요양시설이나 재가 기관을 통해 신체 활동 또는 가사 지원 등의 서비스를 제공하는 제도이다.

먼저 인정 절차에 대해서 구체적으로 알아보자. 첫째, 등급 신청이다. 만 65세 이상 또는 만 65세 미만의 노인성 질환자(치매, 뇌혈관성 질환, 파킨슨병 등 대통령령에서 정하는 질병)의 본인 또는 대리인(가족) 등이 국민건강보험공단에 방문, 우편, 팩스, 인터넷, The 건강보험 앱으로 등급 신청을 하면 된다. 여기서 대통령령이 정하는 노인성 질병은 알츠하이머병에서의 치매, 혈관성 치매, 알츠하이머병, 뇌내출혈, 뇌경색증 등이 있다. 신청인은 본인 또는 대리인이며, 제출서류에는 장기요양 인정신청서, 의사 소견서, 본인의 신분증 등이 있다.

둘째, 인정조사 절차이다. 국민건강보험공단에서 공단 직원이 신청인 거주지를 방문하여 신체 상태 등 인정조사를 실시한다. 조사 내용은 기본적 일상생활 활동(BADL: Basic Activities of Daily Living), 수단적 일상생활 활동(IADL: Instrumental Activities of Daily Living), 인지기능, 행동 변화, 간호 처치, 재활 영역 각 항목에 대한 신청인의 기능 상태와 질병 및 증상, 환경 상태, 서비스 욕구 등 12개 영역 90개 항목을 종합적으로 조사하고 이 중 52개 항목으로 요양 인정점수를 산정하고 있다. 장기요양 인정조사표는 다음과 같다.

또한 병원, 의원, 한의원 및 보건소 등의 의사로부터 의사 소견서를 발급받아 제출해야 한다. 공단에 '의사 소견서발급의뢰서'를 발급

영역	항목	
신체기능 (12항목)	①옷 벗고 입기 ②세수하기 ③양치질하기 ④옮아앉기 ⑤식사하기 ⑥목욕하기 ⑦체위 변경하기 ⑧방 밖으로 나오기 ⑨일어나 앉기 ⑩화장실 사용하기 ⑪대변 조절하기 ⑫소변 조절하기	
인지기능 (7항목)	①단기 기억장애 ②지시 불인지 ③날짜 불인지 ④장소 불인지 ⑤상황 판단력 감퇴 ⑥의사소통/전달 장애 ⑦나이/생년월일 불인지	
행동변화 (14항목)	①망상 ②서성거림/안절부절못함 ③물건 망가트리기 ④환청/환각 ⑤길을 잃음 ⑥돈/물건 감추기⑦슬픈 상태/울기도 함 ⑧폭언/위협 행동 ⑨부적절한 옷 입기 ⑩도움에 저항 ⑪규칙 수면/주야 혼돈 ⑫밖으로 나가려 함 ⑬대/소변 불결행위 ⑭의미가 없거나 부적절한 행동	
간호처치 (9항목)	①기관지 절개관 간호 ②경관영양 ③도뇨 관리 ④흡인 ⑤욕창 간호 ⑥장루간 호 ⑦산소요법 ⑧투석 간호 ⑨암성통증강호	
재활 (10항목)	운동장애(4항목)	관절 제한(6항목)
	①우측 상지 ②우측 하지 ③좌측 상지 ④좌측 하지	⑤어깨관절 ⑥팔꿈치관절 ⑦고관절 ⑧ 손목 및 수지관절 ⑨무릎관절 ⑩발목 관절

자료: 국민건강보험공단 홈페이지

받아 의료기관에 제출하면 국가 또는 지자체, 공단에서 발급 비용 일
부를 부담한다.

  셋째, 장기요양 인정점수 산정 및 판정이다. '장기요양 인정조사표'
에 따라 작성된 심신 상태를 나타내는 52개 항목의 조사 결과를 가지
고 '영역별 점수 합계'를 구한 후 영역별 100점 환산 점수를 산정한다.
이때 52개 항목 조사 결과와 영역별 100점 환산점수는 수형 분석(Tree
Regression Analysis)에 적용하여 장기요양 인정점수 산정 후 합계를

구한다. 여기서 수형 분석이란, 데이터 마이닝 기법에 의하여 결과를 예측하거나 분류하고자 할 때 사용하는 통계적인 방법을 말한다.

다음에는 장기요양 인정점수의 합을 가지고 등급판정 기준에 의해 장기요양 등급을 판정하게 된다. 등급 판정은 국민건강보험공단에서 등급 판정위원회를 개최하여 등급 판정을 실시(1~5등급, 인지 지원 등급, 등급 외)한다.

등급별 신체 상태 및 인정점수

구분	신체 상태 및 인정점수
1등급	심신의 기능 상태 장애로 일상생활에서 전적으로 다른 사람의 도움이 필요한 사람으로서 장기 요양 인정 점수가 95점 이상인 사람
2등급	심신의 기능 상태 장애로 일상생활에서 상당 부분 다른 사람의 도움이 필요한 사람으로서 장기 요양 인정 점수가 75점 이상 95점 미만인 사람
3등급	심신의 기능 상태 장애로 일상생활에서 부분적으로 다른 사람의 도움이 필요한 사람으로서 장기 요양 인정 점수가 60점 이상 75점 미만인 사람
4등급	심신의 기능 상태 장애로 일상생활에서 일정 부분 다른 사람의 도움이 필요한 사람으로서 장기 요양 인정 점수가 51점 이상 60점 미만인 사람
5등급	치매(노인장기요양보험법 시행령 제2조에 따른 노인성 질병에 해당하는 치매) 환자로서 장기 요양 인정 점수가 45점 이상 51점 미만인 사람
장기요양 인지지원등급	치매(노인성 질병에 해당하는 치매로 한정) 환자로서 장기 요양 인정 점수가 45점 미만인 사람

자료: 국민건강보험공단 홈페이지

넷째, 판정서류 발급 및 요양 서비스 신청이다. 판정서류에는 장기요양 인정서, 표준장기요양 이용계획서, 복지 용구 급여 확인서가 있다. 장기요양 인정서는 수급자에게 주는 증서로 장기요양 등급, 급여

노후설계 행복 콘서트

종류 및 내용, 장기요양 인정 유효기간 등이 적혀 있다. 장기요양 인정 유효기간은 최소 2년이며 갱신 신청 결과, 직전 등급과 같은 등급으로 판정된 경우 유효기간이 연장된다. 갱신 신청은 유효기간 종료 90일 전부터 30일 전까지 신청이 가능하다. 요양 등급별 유효기간은 1등급은 4년, 2~4등급은 3년, 나머지는 2년이다.

개인별 장기요양 이용계획서는 수급자가 장기요양급여를 원활히 이용할 수 있도록 발급하는 이용계획서로 장기요양기관과 급여 계약 체결 시 장기요양 인정서와 함께 제시하면 된다. 복지 용구 급여확인서는 수급자의 심신 상태 등에 따라 구입 또는 대여할 수 있는 품목을 기재한 증서로 복지 용구 구입 대여 시 제시한다.

다섯 번째, 장기요양기관 선택 및 급여 계약 체결이다. 이용하고자 하는 장기요양기관(환자의 상태에 따라 요양원, 요양병원, 주야간 보호시설, 방문요양)을 선택한다. 장기요양기관에 연락하거나 방문하여 이용할 수 있는 급여 종류 및 내용, 비용 등에 관하여 상담을 받을 수 있다. 또한 '노인장기요양보험 홈페이지(www.longtermcare.or.kr) → 민원상담실 → 검색서비스 → 장기요양 기관 검색'에서 전국 장기요양기관 정보를 조회할 수 있다.

다음에는 선택한 장기요양 기관과 급여 계약을 체결하고, 장기요양 급여를 이용하면 된다. 장기요양 급여를 이용한 경우에는 장기요양 급여 제공명세 등이 적힌 장기요양급여 제공 기록지를 장기요양기관으로부터 1부 제공받게 된다. 아울러 장기요양급여를 이용한 후 본인부담금은 꼭 납부하여야 한다. 본인부담금은 다음과 같다.

다만 노인장기요양보험 수급자 중 감경 적용 기준(건강보험료 순위 0~50% 이하 등)에 해당하는 사람은 본인이 부담하는 장기요양급여 비용의 40% 또는 60% 감경이 가능하다.

급여 종류에 따른 본인 부담금

구 분	지원 내용	본인 부담금
재가 급여	장기 요양 요원이 수급자의 가정을 방문하여 신체활동 및 가사 활동 등을 지원하거나 목욕, 간호를 제공, 주야간 보호, 단기 보고, 복지 용구(구입 또는 대여) 등 제공	15%
시설 급여	노인요양시설 등 장기 요양기관에 입소한 수급자에게 신체 활동 지원/심신 기능의 유지, 향상을 위한 교육 훈련 등 제공	20%
특별현금급여 (가족요양비)	섬, 벽지 지역 거주자, 천재지변, 신체, 정신 또는 성격 등 대통령령으로 정하는 사유로 가족 등으로부터 방문 요양에 상당한 장기요양급여를 받은 경우 가족 요양비 월 15만 원 지급	

자료: 국민건강보험공단 홈페이지

◆ **어웨이 프롬 허(Away From Her)**

캐나다 출신 배우인 사라 폴리의 감독 데뷔작이다. 44년이라는 긴 시간을 함께한 부부 그랜트와 피오나에게 뜻하지 않은 불행이 찾아온다. 아내 피오나가 알츠하이머병에 걸린 것. 피오나는 자진해서 요양원에 입원하고 그랜트는 어쩔 수 없이 그녀의 결정을 받아들인다. 그러나 기억을 잃은 피오나가 요양원에서 다른 남자와 사랑에 빠지게 되고, 아무리 애써도 아내의 기억을 돌이킬 수 없음을 깨닫게 된 그랜트는 자신이 할 수 있는 마지막 일이 아내를 보내 주는 것임을 깨닫게 된다.

'삶에서 사랑이란 무엇일까?'라는 질문을 던져 주는 영화로, 캐나다 온타리오주 북쪽 호수 지역의 멋진 겨울 설경이 일품이다. (네이버 영화, 씨네 21 참조)

제6부 · 건강 위험에 대비하는 방법

4

연명의료 결정 제도와

고종명(考終命)

　얼마 전 언론에 세기의 미남 배우였던 알랭 들롱이 스위스에서 안락사를 신청했다는 기사가 보도되었다. 사람들은 누구나 편안하게 죽기를 원한다. 사람들은 일생 평안하게 살다가 천명(天命)을 마치는 고종명(考終命)의 복을 누리길 원하나, 2017년 기준으로 사망자 3명 중 1명은 요양원 또는 요양병원에서 평균 22개월을 보내다가 세상을 떠난다.

　대한민국에서 존엄사의 허용 여부가 논쟁이 된 사건인 김 할머니 사건을 기억하고 있는가. 2008년 2월 폐암 조직검사를 받다가 과다출혈로 식물인간이 되었으며, 자녀들은 연명치료 중단을 요구하여 재판 끝에 2009년 5월 대법원에서 승소한 사건이다. 대법원은 환자가 회복 불가능한 사망 단계에 진입하였고, 연명치료 중단에 대한 환자의 의사를 추정할 수 있는 경우라면 해당 환자에 대한 연명치료를 중단할 수 있다고 판결한 것이다.

이 사건을 계기로 '호스피스/완화의료 및 임종 과정에 있는 환자의 연명 의료 결정에 관한 법률(연명의료결정법)'이 제정되면서 의학적으로 무의미한 연명의료를 받고 있다고 의사가 판단한 경우라면, 환자의 의향을 존중하여 연명의료를 시행하지 않거나 중단할 수 있는 제도적 장치가 마련되었다.

연명의료에 관한 본인의 의사를 남겨 놓을 수 있는 연명의료 결정 제도는 사전연명의료의향서와 연명의료 계획서를 통해 의학적으로도 무의미하고, 환자도 원치 않는 연명의료를 받지 않을 수 있는 기준과 절차를 정립함으로써 환자가 존엄하게 삶을 마무리할 수 있도록 하는 것을 목적으로 하고 있다.

사전연명의료의향서와 연명의료 계획서

구분	사전연명의료의향서	연명의로 계획서
대상	19세 이상 성인	말기 환자 또는 임종 과정에 있는 환자
작성	본인이 직접 작성	환자의 요청으로 담당 의사가 작성
설명의무	상담사	담당 의사
등록	보건복지부 지정 사전연명의료의향서 등록기관	의료기관 윤리위원회를 등록한 의료기관(22.9 말 현재 319개)

사전연명의료의향서란 19세 이상의 사람이 향후 임종 과정에 있는 환자가 되었을 때를 대비하여 연명의료 및 호스피스에 관한 의사를 직접 문서로 밝혀 두는 것이다. 즉 심폐소생술, 혈액투석, 항암제 투

여, 인공호흡기 착용 등 치료 효과 없이 임종 과정만 연장하는 의학적 시술을 환자 본인이 선택적으로 중단할 수 있게 하는 것이다.

사전연명의료의향서 작성을 위해서는 반드시 보건복지부가 지정한 사전연명의료의향서 등록기관을 방문하든지, 국립 연명의료 관리기관의 연명 의료정보처리시스템(intra.lst.go.kr)을 통해 온라인으로도 작성이 가능하다. 등록기관을 통해 작성·등록된 사전연명의료의향서는 연명의료 정보처리시스템의 데이터베이스에 보관되어야 비로소 법적 효력을 인정받을 수 있다.

사전연명의료의향서 작성 가능 기관은 2022년 9월 말 현재 전국에 586곳이 있으며, 본인 확인을 위하여 신분증을 반드시 지참해야 한다. 작성 시 유의 사항을 살펴보면 작성자 본인을 확인해야 하며, 반드시 본인이 직접 작성해야 하고, 본인은 언제든지 그 의사를 변경하거나 철회할 수 있다. 또한 연명의료의 시행 방법 및 연명의료 중단, 호스피스의 선택 및 이용과 사전연명의료의향서의 효력, 효력 상실, 작성 등에 관한 사항에 대한 충분한 설명을 듣고 그 내용을 이해한 후 작성하여야 한다.

사전연명의료의향서 등록 건수는 시행 첫해인 2018년 말 8만 6,691명이었으나 2022년 9월 말 현재 146만 474명에 달한다. 이러한 현상은 우리나라에서도 가망 없는 질병으로 큰 고통을 겪으면서 생명을 연장하기보다는 자연스러운 죽음을 받아들이자는 인식이 확산된 결과이다.

중단할 수 있는 의료행위에는 법률이 정하는 심폐소생술, 혈액 투석, 항암제 투여, 인공호흡기 착용과 대통령령으로 규정하는 체외 생

연도	2018년	2019년	2020년	2021년	2022.9월
등록자	86,691	532,667	790,193	1,158,585	1,460,474

자료: 국립 연명의료 관리기관

명 유지술(ECLS: Extra corporeal Life Support), 수혈, 혈압 상승제(승압제) 투여 등 7개로 한정하고 있다.

연명의료 계획서는 말기 환자 또는 임종 과정에 있는 환자가 연명의료의 유보 또는 중단에 관한 의사를 남겨 놓을 수 있는 계획서를 말한다. 환자의 의사에 따라 담당 의사가 작성하며, 말기 환자 또는 임종 과정에 있는 환자인지 여부는 해당 환자를 직접 진료한 담당 의사와 해당 분야의 전문의 1인이 동일하게 판단해야 한다.

연명의료 계획서 작성은 의료기관 윤리위원회가 설치된 의료기관에서만 가능하며, 2022년 9월 말 현재 전국에 319개 의료기관이 있고, 97,744명이 등록하였다. 연명의료 계획서를 이미 작성한 경우에도 본인은 언제든지 그 의사를 변경하거나 철회할 수 있다.

연명의료를 유보 또는 중단하기 위한 요건에는 해당 환자에 대한 시술이 더 이상 치료 효과가 없다는 의학적 판단과 환자도 더 이상 치료를 원치 않는다는 요건이 동시에 갖추어지면 연명의료를 시행하지 않을 수 있다.

연명의료 계획서 작성 대상

구분	말기 환자	임종 과정에 있는 환자
대상질병	질병 제한 없음	질병 제한 없음
상태	적극적인 치료에도 불구하고 근원적인 회복의 가능성이 없고 점차 증상이 악화하여 수개월 이내에 사망할 것으로 예상	회생의 가능성이 없고, 치료에도 불구하고 회복되지 아니하며, 급속도로 증상이 악화하여 사망이 임박한 상태
확인	임상적 증상, 다른 질병 또는 질환의 존재 여부, 종전의 진료 경과 등을 종합적으로 고려하여 담당 의사와 전문의 1인이 진단	담당 의사와 해당 분야의 전문의 1인이 판단

환자 또는 환자 가족 결정 확인 방법에는 ① 사전연명의료의향서, ② 연명의료 계획서, ③ 환자 가족 2인 이상 진술, ④ 환자 가족 전원 합의가 있다. 2022년 9월 말 현재 실제 연명의료 중단 등 결정 이행서 통보 현황은 다음과 같다.

실제 연명의료 중단 등 결정 이행서 통보 현황

(단위: 명)

연명의료계획서	사전연명의료 의향서	환자 가족 2인 이상 진술	환자 가족 전원 합의	계
78,204	13,076	81,385	66,991	239,656

자료: 국립 연명의료 관리기관

한국 사회에서 가장 싫어하는 숫자는 죽음을 의미하는 4이며, 죽음을 이야기하는 것은 금기사항에 해당한다. 그러나 존엄사(well-

노후설계 행복 콘서트

dying) 문화운동 공동대표인 원혜영 대표는 준비된 죽음이 좋은 죽음이며, 삶의 마지막 단계에서 필요한 결정을 본인이 직접 결정하는 것을 의미한다고 하였다. 또한 닥쳐올 죽음에 대비해 내 신체, 재산, 장례 절차 등의 문제를 잘 정리함으로써 삶을 아름답게 마무리할 수 있다고 하였다.

◆ **밀리언 달러 베이비(Million Dollar Baby)**

혼자 낡은 체육관을 운영하며 권투 선수들을 키우는 프랭키(클린트 이스트우드)에게 매기가 찾아온다. 선수로 키워 달라는 말에 프랭키는 30살이 넘은 여자라는 이유로 매몰차게 거절하지만 매기는 체육관에 와서 연습하길 멈추지 않는다. 챔피언의 꿈을 위해 샌드백을 두드리는 가난한 여성 복서와 선수치료사 출신의 노장 트레이너 간의 가족보다 진한 사랑을 그린 영화로, 권투 영화의 형태를 띤 가족영화이다. 인연은 혈육이 아니더라도 얼마나 깊어질 수 있는지를 복싱을 통해 보여 주고 있다. 영화의 마지막 장면은 너무 슬퍼서 진한 여운이 가슴에 남게 된다.

여기서 '밀리언 달러 베이비'는 모든 상품이 단지 1센트에 판매되는 가게에서 백만 불 이상의 가치를 가진 물건을 발견한다는 1970년대 한 미국 노래의 가사에서 유래한 말로, 뜻밖의 순간에 행운처럼 소중한 사람을 만난다는 뜻으로 사용된다. (네이버 영화, 넷플릭스, 씨네21 참조)

제6부 · 건강 위험에 대비하는 방법

putter와 attitude ▶▶▶

인간에게 있어서 궁극적인 인생 목표가 있다면 그것은 바로 행복이라고 말할 수 있을 것이다. 네이버 국어사전에 의하면 '행복이란 복된 좋은 운수, 생활에서 충분한 만족과 기쁨을 느끼어 흐뭇함 또는 그러한 상태'라고 하였으며, 행복의 정의에 대해서는 수많은 철학자와 사상가들이 나름대로 정의를 내리고 있다. 현재 우리는 행복을 개인적인 즐거움이나 안락함으로 생각하지만, 고대 그리스에서 풍족하고 행복한 삶을 나타내는 의미로 쓰인 '에우다이모니아(eudaimonia)'는 자기에게 주어진 의무를 다했을 때의 상태를 말한다.

미국 일리노이대학 심리학과 교수인 에드 디너(Ed Diener) 교수는 행복을 주관적인 안녕감이라 정의하면서 '행복 = 개인이 달성한 것(성취 정도)/개인이 원하는 것(열망 정도)'이라고 하였다. 행복이 주관적 마음가짐의 문제라면 마음가짐에 따라 행복이 어떻게 결정되는 것일까? 디너 교수는 행복이 주위의 환경이나 조건에 의해서 결정되는 것이 아니라 바로 삶에 대한 마음의 태도(Attitude)에 달려 있다고 했다.

올림픽 시상대에 선 메달리스트 중 누가 가장 행복할까? 미국 토마스 길로비치(Thomas Gilovich) 교수의 실험 결과를 보면, 은메달 수상자는 평균 4.1점으로 동메달 수상자 평균 7.1점보다 낮게 평가하였다. 은메달 수상자는 금메달을 따지 못한 아쉬움에 행복도가 낮게 나타났고, 동메달을 딴 선수는 일단 메달을 획득했다는 안도감에 은메달 수상자보다 행복도가 높게 나타난 것이다.

영어 단어 알파벳 A~Z까지 A는 1점, B는 2점, Z는 26점으로 점수를 부여한 후, 100점짜리 영어 단어를 찾아보자.

A	B	C	D	E	F	G	H	I	J	K	L	M
1	2	3	4	5	6	7	8	9	10	11	12	13
N	O	P	Q	R	S	T	U	V	W	X	Y	Z
14	15	16	17	18	19	20	21	22	23	24	25	26

우리가 사용하고 있는 영어 단어 중 인기투표 1위를 차지한 영어 단어는 사랑(Love)이 아니라 어머니(Mother)라고 한다. 그러나 점수로 환산하면 Love는 54점(L=12, O=15, V=22, E=5)이고, Mother는 79점에 불과하다.

100점짜리 영어 단어에는 무엇이 있을까? 골프 단어 중에는 퍼트(Putter)가 100점(P=16, U=21, T=20, T=20, E=5, R=18)이다. 우리가 흔히 골프를 할 때 "드라이버는 자존심이요, 아이언은 실력이요, 숏 게임은 점수요, 퍼트는 돈이다."라고 하는 이유가 바로 여기에 있다.

그럼, 인생에 있어서 100점짜리 영어 단어는 무엇일까? 바로 디너 교수가 이야기한 태도(Attitude)가 100점(A=1, T=20, T=20, I=9, T=20, U=21, D=4, E=5)짜리 영어이다. 왜 Attitude가 100점짜리 영어 단어

일까? 우리가 인생을 살아가면서 어떤 자세(태도)로 살아가느냐가 가장 중요하기에 이 단어가 100점짜리가 아닐까?

　NH투자증권 100세시대연구소에서는 「행복한 노후에 이르는 7가지 관문」이라는 리포트에서 행복한 노후를 위해서는 건강, 재산, 가족, 여가, 일, 친구, 마음이라는 일곱 가지 관문을 균형 있게 준비해야 한다고 하였다. 이 중에서 건강·재산·가족은 체계적인 설계와 꾸준한 관리가 필요한 장기플랜이며, 일·여가·친구·마음은 개인의 만족도, 가치관이나 삶의 기준에 따라 기준치가 달라지기 때문에 자신의 기준에 맞춰 노후를 준비하는 것이 바람직하다고 하였다.

　은퇴 후 남은 생애 동안 다들 행복하게 살기를 원한다. 어떻게 하면 은퇴 후 노후 생활을 행복하게 살 수 있을까? 노후에 행복하게 살 것인가 아니면 불행하게 살 것인가는 결국 우리의 마음먹기에 달려 있다. 자신을 낮추는 겸손한 마음과 상대방을 배려하는 마음, 매사를 긍정적으로 바라보는 마음가짐을 갖추고 있느냐에 따라 행복이 결정된다고 생각한다.

　디너 교수가 정의한 행복 방정식을 다시 한번 살펴보자. 분자(성취 정도)는 우리가 달성한 것이고, 분모(열망 정도)는 우리가 원하는 것이라 했다. 여기서 행복 지수를 높이는 방법은 분자를 키우는 방법과 분모를 줄이는 방법, 두 가지가 있다. 은퇴 후 노후 생활을 보내면서 분자를 키우기는 쉽지 않을 것이다.

　그렇다면 정답은 분모를 줄이는 것이다. 즉, 쉽지 않겠지만 욕심을 내려놓고 마음을 비우면서 사는 것이다. 비워야 새로운 것을 채울 수

노후설계 행복 콘서트

있으며, 손에 쥐고 있던 것도 놓아야 다시 새로운 것을 잡을 기회가
생긴다. 오늘도 열심히 비우자!

맺는 글

참고 자료

단행본

- KAIST 문술미래전략대학원 · KCERN, 『대한민국의 4차 산업혁명』, 창조경제연구회, 2017.

- NHK스페셜 제작팀, 『노후파산(장수의 악몽)』, 다산북스, 2016.

- NH투자증권, 『2022 TAX Library』, NH투자증권, 2022.

- NH투자증권 100세시대연구소, 『100세 시대 연금백서』, NH투자증권 100세시대연구소, 2020.

- NH투자증권100세시대연구소, 『100세 시대를 신박하게 살아가는 법』, 굿인포메이션, 2020.

- 가키야 미우, 『정년아저씨 개조계획』, 소미미디어, 2020.2.

- 강우원, 『은퇴학개론』, 책과나무, 2016.

- 강창희 외, 『오십부터 노후 걱정 없이 살아야 한다』, 포레스트북스, 2021.

- 기시미 이치로 외, 『미움받을 용기』, 인플루엔셜, 2014.

- 김기창, 『기후변화의 시대』, 민음사, 2021.

- 김동욱 외, 『김앤장 변호사들이 풀어 쓴 궁금한 상속 · 증여』, 한국경제신문, 2021.

- 김미라, 『조선의 밥상머리교육』, 보아스, 2018.

- 김성일 외, 『사라지는 미래』, 한스미디어, 2017.

- 김영극, 『밥상머리교육』, 책과나무, 2020.

- 김영하, 『여행의 이유』, 문학동네, 2019.

- 김웅철, 『연금밖에 없다던 김 부장은 어떻게 노후 걱정이 없어졌을까』, 부키, 2020.

- 김장섭, 『4차 산업혁명시대, 투자의 미래』, 트러스트북스, 2017.

- 김초엽, 『지구 끝의 온실』, 자이언트북스, 2021.

- 농림수산식품교육문화정보원, 『2022년 귀농귀촌 강사역량 강화교육』, 농림수산식품교육문화정보원, 2022.

- 레이 커즈와일, 『특이점이 온다』, 김영사, 2007.

- 로타르 J. 자이베르트, 『독일 사람들의 시간관리법』, 중앙북스, 2016.

- 롤란트 슐츠, 『죽음의 에티켓』, 스노우폭스북스, 2019.

- 박막례 외, 『박막례, 이대로 죽을 순 없다』, 위즈덤하우스, 2019.

- 박영숙 외, 『세계미래보고서 2035-2055』, 교보문고, 2020.

- 박종훈, 『자이언트 임팩트』, 웅진지식하우스, 2022.

- 브로니 웨어, 『내가 원하는 삶을 살았더라면』, 피플트리, 2013.

- 빌헬름 슈미트, 『나이 든다는 것과 늙어 간다는 것』, 책세상, 2014.

참고 자료

- 소노 아야코, 『노인이 되지 않는 법』, 리수, 2021.

- 송호근, 『그들은 절대 소리 내 울지 않는다』, 이와우, 2013.

- 애나 메리 로버트슨 모지스, 『인생에서 너무 늦은 때란 없습니다』, 수오서재, 2017.

- 에디 제이쿠, 『세상에서 가장 행복한 100세 노인』, 동양북스, 2021.

- 엘리자베스 퀴블러 로스, 『죽음과 죽어 감』, 청미, 2018.

- 오영수 외, 『백세시대 생애설계』, 박영사, 2020.

- 오츠 슈이치, 『죽을 때 후회하는 스물다섯 가지』, 21세기북스, 2009.

- 조영태, 『인구 미래 공존』, 북스톤, 2021.

- 최봉길 외, 『상속의 기술』, 매경출판, 2018.

- 최승우, 『다운시프트』, 용오름, 2019.

- 최윤식 외, 『제4의 물결이 온다』, 지식노마드, 2017.

- 최준식, 『임종학 강의』, 김영사, 2018.

- 크리스 스키너, 『디지털뱅크, 은행의 종말을 고하다』, 미래의 창, 2015.

- 피터 린치 외, 『전설로 떠나는 월가의 영웅』, 국일증권경제연구소, 2017.

- 하워드 막스, 『투자에 대한 생각』, 비즈니스맵, 2019.

- 한국농촌경제연구원, 『2021년 귀농 귀촌 동향과 시사점』, 한국농촌경제연구원, 2022.

- 한혜경, 『남자가 은퇴할 때 후회하는 스물다섯 가지』, 아템포, 2015.

연구 보고서 및 언론 보도자료

- NH투자증권, "행복한 노후에 이르는 7가지 관문", 2018.1.31.

- KB금융연구소, "2022 한국 부자보고서", 2022.

- KB금융지주 경영연구소, "2018 KB골든 라이프 보고서", 2018.12.

- KDI, "인구고령화와 주택시장", 2015.12.31.

- KTV국민방송, "영화로 알리는 기후 위기, 부산 첫 국제환경영화제", 2022.8.25.

- LAW-OK(law-ok.kr), "유언장 작성 방법", 2021.2.24.

- Queen, "은퇴 전에 챙기지 못해 후회되는 것", 2015.1.28.

- 경기신문, "강박사의 시선: 어떻게 살 것인가", 2019.8.5.

- 국민건강보험공단 외, "2021년 건강보험 통계 연보", 2022.

- 국회예산정책처, "4대 공적연금 장기 재정 전망", 2020.7.15.

- 금융감독원, "2021년 연금저축 현황 및 시사점", 2022.4.11.

- 기획재정부, "융복합·비대면 확산과 경쟁 촉진을 위한 외환서비스 혁신방안", 2020.6.4.

- 농촌진흥청, "기후변화로 살펴본 6대과일 미래지도", 2022.4.13.

- 미래에셋은퇴연구소, "미래에셋은퇴리포트 No.39, 은퇴자를 한 피사의 4

탑", 2018.

- 보건복지부, "대한민국 치매 현황 2020", 2022.

- 비건뉴스, "韓 최초 기후대재앙 소재 드라마 '러브 인 블루', 내달 공개", 2022.11.29.

- 아름다운은퇴연구소, "은퇴자들이 후회하는 10가지", 2020.11.2.

- 아시아경제, "은행에 숨은 금융자산 관리 전담조직 생긴다", 2022.12.13.

- 아시아경제, "세계 채권시장 사상 최악 손실… 2008 금융위기 때보다 손실 커", 2022.3.24.

- 이데일리, "김용일의 상속톡, 자필유언장 작성방법과 주의 사항, 유언장 검인", 2019.10.05.

- 인구보건복지협회, "2020 세계 인구현황보고서 한국어판 발간", 2020.6.30.

- 서울경제신문, "행복한 노후 보내려면… 기대수명과 행복 수명이 차이 나는 이유", 2017.10.10.

- 세계일보, "존엄사 120만 명 등록했지… 환자결정권 여전히 제한적", 2022.04.07.

- 신한은행, "미래 설계보고서 2022", 2022.6.20.

- 조선일보, "은퇴하면 집사람이 놀아줄 것, 회사형 남편들의 3가지 착각", 2022.1.5.

- 조선일보, "20세는 셋 중 하나, 40세는 5명 중 한 명… 100살까지 산다", 2020.10.13.

- 조선일보, "아직 현역이냐? 내가 너라면… 은퇴 선배들의 후회 4가지",

2021.8.8.

- 통계청, "2021 사회조사 결과(복지, 사회참여, 여가, 소득과 소비, 노동)", 2021.11.17.

- 통계청, "2022년 가계금융복지조사 결과", 2022.12.1.

- 통계청, "한국의 SDGs 이행현황 2022 발표", 2022.04.06.

- 통계청, "2022년 5월 경제활동인구조사 고령층 부가조사 결과", 2021.7.26.

- 한국경제신문, "부동산□주식 폭등에 소외감… 30대 절반 이상이 '나는 하위 층'", 2022.4.6.

- 한국경제신문, "형제지매의 상속 권리 사라진다… 민법 개정안 국무회의 통과", 2022.4.5.

- 한국은행, "인구 고령화가 주택시장에 미치는 영향", 2017.7.26.

- 하나금융경영연구소, "2021 korean wealth report: 부자와 대중부유층의 자산관리 트렌드", 2021.3.8.

홈페이지

- BNP파리바 카디프생명(www.cardif.co.kr)

- 고용보험(www.ei.go.kr)

- 국립연명의료관리기관 홈페이지(www.lst.go.kr)

- 국세청홈택스(www.hometax.go.kr)

- 금융감독원 파인(fine.fss.or.kr)

참고 자료

- 금융결제원(www.kftc.or.kr)

- 금융투자협회(www.kpfia.or.kr)

- 나무위키—유언장(namu.wiki/w/유언장)

- 노인장기요양보험(www.longtermcare.or.kr)

- 농림수산식품교육문화정보원(www.epis.or.kr)

- 농지은행(www.fbo.or.kr)

- 라이나전성기재단(www.junsunggi.com)

- 사람인(www.saramin.co.kr)

- 여신금융협회(www.crefia.or.kr)

- 예금보험공사(www.kdic.or.kr)

- 워크넷(www.work.go.kr)

- 은행연합회(www.kfb.or.kr)

- 정부24(www.gov.kr)

- 한국거래소(www.krx.co.kr)

- 한국예탁결제원(www.ksd.or.kr)

- 한국주택금융공사 홈페이지(www.hf.go.kr)

블로그 및 카페 등

- bbuzzaa, "일본 부동산의 잃어버린 20년", 2022.9.25.

- 대신증권, "노후준비를 망치는 5가지 착각", 2020.12.23.

- 데스카 오사무, "생명보험금도 상속세를 내야 할까", 2021.4.3.

- 仁者無敵, "오복(五福)은 무엇인가?", 2022.2.2.

- 탄소중립 실천 커뮤니티 기후나라, "소설인가 현실인가… '장르'로 정착한 기후소설이 온다", 2022.10.28.

- 타이거양, "일본 따라가는 한국… 일본 금융청 조언을 들어 보자", 2022.8.7.

참고 자료